China Knowledge：
金融与管理系列丛书
丛书主编　李志森

金融机构业务创新与金融市场监管案例研究

于宝山　胡怡彤　邹嘉琪　等著

苏州大学出版社

图书在版编目(CIP)数据

金融机构业务创新与金融市场监管案例研究/于宝山等著. —苏州：苏州大学出版社，2019.1
(China Knowledge：金融与管理系列丛书/李志森主编）
ISBN 978-7-5672-2402-5

Ⅰ.①金… Ⅱ.①于… Ⅲ.①金融机构-业务管理-研究-中国②金融市场-市场监管-案例-中国 Ⅳ.①F833

中国版本图书馆 CIP 数据核字（2018）第 266452 号

金融机构业务创新与金融市场监管案例研究
于宝山　胡怡彤　邹嘉琪　等著
责任编辑　薛华强

苏州大学出版社出版发行
（地址：苏州市十梓街1号　邮编：215006）
苏州市深广印刷有限公司印装
（地址：苏州市高新区浒关工业园青花路6号2号楼　邮编：215151）

开本 700mm×1000mm　1/16　印张 15　字数 254 千
2019 年 1 月第 1 版　2019 年 1 月第 1 次印刷
ISBN 978-7-5672-2402-5　定价：48.00 元

苏州大学版图书若有印装错误，本社负责调换
苏州大学出版社营销部　电话：0512-65225020
苏州大学出版社网址　http://www.sudapress.com

序 一

中国古代丝绸之路为当时沿途各国人民友好往来、互利互惠做出了贡献。如今"一带一路"倡议通过"丝绸之路经济带"和"21世纪海上丝绸之路"发展同各国的外交关系和经济、文化交流,构建人类命运共同体已经成为应对人类共同挑战的全球价值观,并逐步获得国际共识。

新加坡在"一带一路"特别是"21世纪海上丝绸之路"中发挥着积极作用,并成为重要的战略支点之一。2015年新加坡对华投资占"一带一路"沿线64个国家对华投资总额的80%以上,中国对新加坡投资占中国对"一带一路"沿线国家投资总额的33.49%,中新贸易额占中国与"一带一路"沿线国家贸易总额的8%,新加坡的地位和作用凸显。

继苏州工业园区和天津生态城之后,中新第三个政府间合作项目以"现代互联互通和现代服务经济"为主题,面向中国西部地区,项目运营中心落户重庆市,充分显示中新政治互信和经贸关系日益加强。

新加坡作为"一带一路",特别是"海上丝绸之路"沿线重要国家,也是亚太金融、贸易、航运中心,其独特的地理位置和有目共睹的"软"实力,孕育了与"一带一路"交汇的巨大潜力和发展机会。新加坡是一个非常重要的金融中心,新加坡是大量资本聚集地之一,是全球第二大财富管理中心、第三大金融市场中心,也是最大的大宗商品交易中心。在东南亚所有项目融资中,有60%是由在新加坡运营的银行安排的。作为一个全球金融中心,新加坡既可帮助中国资本和贸易走出去,也可为中国引入外资发挥作用。随着中国资本市场的进一步开放,新加坡可为中国企业进入全球债券市场提供帮助。

阿里巴巴在新加坡设立研究中心说明未来中新两国共同推动"一带一路"相关项目的前景十分广阔。"一带一路"倡议给中国经济、企业和金融机构带来很多机会,同时也给周边国家及区域经济体带来了一些机遇。世界各国都可以双赢模式共享发展成果。

新加坡是较早支持"一带一路"倡议的国家,中国对"一带一路"沿线国家的投资中有近三分之一均先流入新加坡,新加坡对中国的投资占"一带一路"国家对华投资总额的85%。新加坡现在正在打造四个平台以支持"一带一路"的发展。一是在金融方面,有很多中资企业到新加坡融资,这将为人民币率先在"一带一路"沿线国家实现国际化创造机会。二是在硬件设施方面,如正在推进的新加坡与苏州工业园区深度合作、重庆互联互通项目等。三是在三方合作领域,可为"一带一路"沿线国家的官员提供培训。四是在法务合作方面,可为国际商业纠纷提供帮助,新加坡已有完善的平台给企业提供这方面的服务。

在全球经济复苏不稳定,反全球化、民粹主义以及贸易保护主义抬头的背景下,新科技迅猛发展及地缘政治问题给世界经济发展带来巨大挑战,并且对世界各国就业市场带来巨大冲击。许多国家的企业,特别是中小企业,面临需求不振和成本居高不下等问题,迫切需要产业转型升级和开拓新市场。各国政府虽已采取许多鼓励措施帮助企业,并提高银行业对实体经济的支持力度,但中国银行业不仅要应对互联网企业的业务竞争,也要应对国内外同行业的业务竞争,其面临着许多亟待解决的问题和挑战,因此,需要从理论和实际上对这些难题进行深入探讨和研究。

China Knowledge 与苏州大学出版社合作出版的"金融与管理系列丛书"针对中国企业技术创新与金融业发展中的实践和理论问题进行深入研究,分析其原因并找到解决方案,这不仅对中国经济发展具有参考价值,而且对世界其他国家经济发展也具有借鉴意义。该系列丛书对增进国际经济发展与合作及学术交流具有推动作用。

新加坡中盛集团(China Knowledge)执行董事
赵中隆(Charles Chaw)

序二

本书是"China Knowledge：金融与管理系列丛书"中的一本,该系列丛书由法国 SKEMA 商学院(SKEMA BUSINESS SCHOOL)苏州分校前校长李志森教授主编。第一辑系列丛书包括四部著作,其中《中国商业银行经营模式创新案例研究》一书主要研究了上市商业银行竞争力问题、商业银行收入结构多元化的影响问题、商业银行理财产品业务发展问题、商业银行个人金融业务营销问题、商业银行贷款风险评估机制问题及城市商业银行操作风险问题等;《商业银行业务竞争与风险防范案例研究》一书主要研究了商业银行电商平台业务创新问题、商业银行个人理财业务营销策略问题、城市商业银行核心竞争力问题、中小企业信用贷款业务风险控制问题、商业银行个人住房贷款违约风险管理问题及商业银行宏观信用风险压力测试问题等;《企业技术创新与金融市场优化案例研究》一书主要研究了民营企业技术追赶战略和发展模式问题、价值链拆分的双重商业模式的战略选择问题、L 时装公司供应链管理系统问题、江苏省创业板上市公司成长性内部因素问题、再生能源项目 PPP 融资风险管理问题、D 证券公司资产管理问题、明星基金的溢出效应问题、股权结构对上市公司财务困境影响及融资融券对我国股市波动性影响等;《金融机构业务创新与金融市场监管案例研究》一书主要研究了民生保险互补共赢机制与制度创新问题、互联网金融产品创新与风险防范问题、互联网消费金融资产证券化问题、P2P 网贷平台风险与监管机制问题、小额贷款公司的法律监管与制度创新问题、寿险个人代理人制度创新问题、期货市场套期保值有效性问题、社保基金投资绩效问题、可转债发行的公告效用及其影响因素问题等。

本套丛书以理论联系实际为指导思想,运用案例分析或实证分析的研究方法,主要针对中国金融体系中的金融机构和金融市场在经济发展新常态大背景下所面临的发展困境与金融创新中的实际问题和对策进行深入探讨与研究,从中找到具有可操作性的解决方案。这些研究成果可以较全面地诠释在中国特色社会主义市场经济发展中,中国金融机构和企业的创新发展路径,因此,这套丛书不仅对中国金融机构和企业等的高层领导者的经营战略决策具有重要的参考价值,也对相关专业本科生和研究生及MBA学员深入探讨理论和从事工作实践具有一定的指导和参考价值。这也是SKEMA商学院在国际化教育的战略下,使国际校区也可以提供"为本地制造"的教学服务。

目前,随着"一带一路"倡议的提出,金融机构和企业也需要探索和把握今后如何开展中国产业全球布局和投融资业务。因此,这些研究成果不仅对于中国学者和金融从业人员具有实际参考价值,而且对于"一带一路"沿线国家金融业和实体经济发展也具有重要借鉴意义。

法国SKEMA商学院(SKEMA BUSINESS SCHOOL)苏州分校前校长

李志森教授(Prof. Laubie Li)

前言

随着我国金融科技的飞速发展,金融机构将客户扩大至从前未被金融服务覆盖的群体。金融产品向着追求体验至上转变,金融机构提供产品和服务的重点也将从简单的标准化转变为创造个性化的体验。尤其是利用移动互联网渠道展开的网上银行业务量大幅度上升使得商业银行实体分支机构的重要性逐渐下降。这些不仅使各商业银行之间的业务竞争加剧,也使商业银行与互联网金融机构之间形成激烈竞争。而未来人工智能、区块链和机器人流程自动化三项创新科技的发展将给金融业及社会经济发展带来深远的变化。

随着中国实体经济向工业4.0及共享经济演变,信息化、智能化和个性化将成为主流商业模式。为顺应这一潮流,未来金融服务业也将向3.0转型,从"产品和渠道为王"转变为以客户为中心。一方面,金融机构实体网点功能向产品和服务研发与生产中心、后台处理中心转型,所有的交易执行将通过智能渠道来完成。另一方面,金融服务也将融入生活,相关的支付、融资、保险等需求通过生活场景来挖掘。因此,未来的"新金融"服务模式,将包含"产品服务""应用场景""智能渠道"三大要素,而科技将是迈向"金融3.0"时代的重要支柱。

随着国际银行业的运行环境和监管环境发生巨大的变化,信用风险和市场风险以外的风险破坏力日趋显现,《巴塞尔协议Ⅰ》的局限性逐渐暴露出来。由于《巴塞尔协议Ⅰ》本身在制度设计上存在缺陷,同时随着经济金融全球化的进一步发展,金融创新层出不穷,金融衍生品大量使用,银行业趋于多样化和复杂化,信用风险以外的其他风险逐渐凸显,诱发了多起重大银行倒闭和巨额亏损事件;此外银行通过开展表外业务等方式来规避管理的水平和能力不断提高。因此,《巴塞尔协议Ⅱ》在最低资本要求的基本原则基础上,增加了外部监管和市场约束来对银行风险进行监管,构建了三大支柱——资本充足率、外部监管和市场约束，形成了对银行风险全面监管的完整体系。但2007年金融危机的爆发使得《巴塞尔协议Ⅱ》的问题也日益暴露出来，为应对金融危机，《巴塞尔协议Ⅲ》从银行个体和金融体系两方面提出了微观审慎监管和宏观审慎监管理念。2007年2月中国银监会发布了《中国银行业实施新资本协议指导意见》，标志着中国正式启动实施《巴塞尔协议Ⅲ》工程。按照中国商业银行的发展水平和外部环境，短期内中国银行业尚不具备全面实施《巴塞尔协议Ⅲ》的条件。而银监会确立了分类实施、分层推进、分步达标的基本原则。2012年6月银监会发布了《商业银行资本管理办法(试行)》，这对中国商业银行风险管理提出了更高的要求，因此，今后各商业银行如何推进风险防范与管理成为关注的焦点。

金融机构要提升自身业务竞争力就必须跟上金融科技发展的节奏。目前，金融机构不仅专注于系统升级，也着眼于相关解决方案。这除了可提高客户服务质量外，还有助于金融机构提升效率、降低成本、强化安全性。这一切不仅将对金融业从业者产生巨大压力，也将对金融专业学生的学习与就业产生巨大冲击，如果他们不能够在将来的工作中发挥机器不可替代的作用，就将被金融科技浪潮所淘汰。今后金融机构所需要的是复合型人才，数字技能、商业头脑、管理能力缺一不可。因此，如何培养面向未来的金融专业人才，不仅是大学教育需要深入探究的问题，也是金融机构所面临的重要课题。针对上述状况，本书对以下几方面问题进行了深入研究：

苏州地区利用福彩公益金投保方式引导商业保险机构参与民生保险，构建起城镇化建设中防灾减灾和救灾资金补偿渠道，政府、商业保险公司和居民之间构成灾害保险互补共融机制，为苏州现代化建设示范区筑起防灾安全保险体系。研究发现苏州灾害保险互补共融机制中存在多重复杂型委托代理关系，并在多环节有可能发生逆向选择和道德风险，需解决防灾减灾委托代理监管机制、灾害损失共担机制和灾害保险风险化解机制缺失问题。因此，建议政府部门通过机制和制度创新进一步完善苏州灾害保险互补共融机制。

随着我国金融业的不断开放，第三方支付、网络信贷、网络众筹等新型互联网金融服务模式迅速崛起。虽然互联网金融降低了融资成本，提高了社会资金的使用效率，推动了金融业务格局和服务理念的变化，它是对以银行为代表的主体金融机构投融资功能的有效补充，并完善了整个社会的金融体系；但互联网金融在给用户带来高效、便捷、低成本的同时，也酝酿着潜在的金融风险。因此,既要维护金融市场创新,又应防范其风险,这就使互联网金融在发展中面临着创新与监管的问题。通过分析互联网行业巨头的金融产品,发现其存在五种主要风险,通过提出应对互联网金融风险的监管措施和建议,以保证我国互联网金融业健康发展。

虽然中国人民银行等已发布《关于小额贷款公司试点的指导意见》,允许由民间出资成立小额贷款公司,以拓宽融资渠道解决中小企业融资难的问题,但同时也对小额贷款公司资金来源做了诸多限制。这虽然是应对系统性金融风险的需要,但也在一定程度上约束了小额贷款公司的资金来源,使小额贷款公司面临筹资难的问题。阿里小贷和东证资管推出我国首只小贷公司资产证券化产品——东证资管-阿里巴巴专项资产管理计划,为我国小贷公司通过资产证券化拓展融资渠道做了探索。研究"京东白条"应收账款债权资产支持专项计划和阿里小贷资产证券化,对未来小额贷款公司实施资产证券化具有借鉴意义。

P2P网贷平台是近十年出现的新业态,并得到了迅速发展,这对我国金融产业发展具有推动作用,但P2P网贷平台发展中存在的监管问题亟须解决。通过分析P2P网贷平台发展现状与特点及P2P网贷的主要产品,对P2P网贷平台的信贷行为、运营模式、风险及法律监管等问题进行研究并提出对策建议,这对于我国P2P网贷平台的健康发展具有重要意义。

我国小额贷款公司的主要经营对象为中小企业等,如何防范贷款风险不仅是小贷公司需要深入研究的问题,也是监管部门需要探索的重要课题。通过分析我国小额贷款公司的发展历程、发展状况、法律监管现状,并以苏州为例分析小额贷款公司的发展和监管问题,比较小额贷款公司与商业银行、农村信用社等银行业金融机构在监管上的区别,针对小贷公司监管中存在的问题提出对策及建议。

寿险个人代理人制度的引进,打破了传统个人寿险营销模式,个人寿险业务为寿险业发展提供了强大动力,但伴随着中国保险业快速发展,由国外引入的寿险个人代理人制度也出现了与国内金融市场环境及法律监管不协调的问题,因此,寿险个人代理人制度迫切需要进行改革。通过全面分析个人代理人制度,以苏州市A保险公司为调研对象,并分析寿险个人代理人制度的约束与激励机制,对其制度性缺陷提出对策建议。

在分析我国铜期货市场发展现状的基础上,选用上海期货交易所期货价格及全铜网上海现货价格的日数据与周数据作为研究对象,应用最小二乘法和误差修正模型计算套期保值比率,分析两种模型套期保值的有效性。研究结果表明,使用周数据并考虑协整关系的误差修正模型最终的套期保值效果更优。

随着全球老龄化趋势的出现,各国养老金的支付压力增大。我国提高社保基金增值保值效率迫在眉睫,而只有对收益和风险水平进行比较分析,才能判断投资组合既定目标的综合结果。通过讨论社保基金增值保值效率相关问题,介绍 VaR 和 RAROC 模型在社保基金投资组合中的应用,并运用经 VaR 调整的资本收益率(RAROC)指标来对全国养老基金重仓组合与上证综指的增值效率进行实证分析,对如何提高社保基金的运用效率提出投资管理建议。

我国越来越多的上市公司将发行可转债作为募集资金的重要方式,而可转换债券具有股权和债权的双重属性,因此可转债的发行对发债公司的股价产生何种影响成为学术界关注的焦点。以上海证券交易所和深圳证券交易所发行过可转债的 26 个上市公司为研究对象,运用事件研究法,以可转债发行信息公告日为关键事件点,得出可转债发行对发债公司股价产生正面影响的实证结果。运用逐步回归法和单因素方差分析法筛选得到显著影响可转债发行的公告效应的因素,分析这些因素的影响机制,并对有可转债融资意向的上市公司和普通投资者提出了合理化建议。

英文摘要

Chapter 1

Title: Insurance Complementary Mechanism and Regulation Innovation: Case Study on the Urbanization Construction of Suzhou

Abstract:

Guiding commercial insurance agencies to participate through lottery public welfare fund in the livelihood insurance coverage in Suzhou can facilitate building up disaster prevention and relief funds compensation channels in urbanization construction, and form the disaster insurance mutual complementary mechanism between the government and the commercial insurance company and residents in Suzhou Modernization Demonstration Zone. The study finds that Suzhou disaster insurance mutual complementary mechanism exists in the complex principal-agent relationship, and has possible adverse selection and moral hazard issues in different stages. It is crucial to solve the lack of principal-agent supervision mechanism of disaster prevention and mitigation as well as disaster insurance risk pooling mechanism. Therefore, it is suggested that the government should improve the Suzhou disaster insurance mutual complementary mechanism through innovation.

Chapter 2

Title: Investigation into Innovation and Risk Management in Online Financial Services: Comparative Study on Alibaba, Tencent and JD

Abstract:

With the continuous opening of China's financial industry, the new modes of the Internet financial services, such as the third-party payment, network credit and the Internet banking, have risen rapidly. Internet banking has been supporting to reduce the cost of financing, improve the utilization efficiency of social capital, and promote the change of financial business structure and service concept. It has improved the financial system of the whole society. However, the Internet banking also brings potential financial risks to users at the same time along with its advantages such as efficient, convenient and low cost. As such, we must encourage financial market innovation, but also guard against its risks in terms of Internet financial development. The question must be addressed on the road: How to balance the innovation and supervision of the Internet banking? This chapter analyzes the financial products of giant Internet companies as well as the innovative characteristics and five main risks, and puts forward the measures for the Internet financial risk supervision, which is to use the Internet thinking in terms of innovation and supervision mode and method, in order to promote healthy development of Internet banking, and thus boost the development of the real economy in China.

Chapter 3

Title: The Study on Asset Securitization of Online Consumer Financial Services

Abstract:

On May 2008, the People's Bank of China and the China Banking Regulatory Commission jointly issued guidance opinions on pilot projects for small loan companies. The government allows the establishment of small loan companies funded by the private sector, with innovative financing channels, to help solve the financing problem of small and medium-sized enterprises, but also has restrictions on the source of funding for microfinance companies. Therefore, the small loan company itself has been facing financing problems, and it is more difficult for many small and medium-sized loan companies to provide much-needed loan funds. In order to cope with this problem, small loan companies must innovate financing channels, and the securitization of small loan assets is a feasible program. In July 2013, Alibaba small loan and Topix Asset Management successfully launched China's first small loan company asset securitization products—Topix Alibaba special asset management plan. It provides an important reference for China's small loan companies to expand financing channels through asset securitization. This chapter will make a brief analysis of China's small loan company and their issues, through the study of "JD IOU" accounts receivable asset-backed special plan to have some implications for the same type of asset securitization in the future.

Chapter 4

Title: Study on the Regulation of Offline-based P2P Online Lending Platforms: Case Study on the P2P Lending Platform of Company X in Suzhou

Abstract:

P2P network lending platform is a new format for less than ten years, and in the past two years with the "Internet plus" background, it has been rapidly developed as part of the Internet banking services. It is crucial to the formation of a variety of formats for financial development, prosperity and development of China's financial industry. But the development of P2P net loan platform still has the regulatory problems needed to be solved. This chapter analyzes the specific problems faced by P2P net loan platform, and puts forward relevant countermeasures and suggestions, which have certain significance for the further development of P2P network lending platform. First the chapter introduces the theory of P2P net loan platform, including the commercial loan theory, capital transformation theory, microfinance theory and micro credit theory, etc. Then, it summarizes the common risks, credit behavior, platform development, operation model and legal supervision of P2P lending platform. And the specific analysis of the P2P network lending platform for the development status and characteristics, as well as the main product of P2P net loan platforms is conducted. Finally, the chapter puts forward relevant countermeasures and suggestions for lenders, borrowers, P2P net lending platform and regulatory authorities respectively.

Chapter 5

Title: Study on Legal Regulation and Institutional Innovation of Small Loan Companies in China: Case Study on Suzhou

Abstract:

Since the small loan business was introduced into our country in 1990s, it has been developed for more than 30 years. In 2005, China began to pilot small loan companies, in 2008 the central bank and the China Banking Regulatory Commission (CBRC) jointly issued the guidance on the small loan company pilot guidance, which is the first guideline about small loan companies. The main operating objects of small loan companies in China are to help solve the financing problems of agriculture sector, including rural areas and farmers. In addition to the small loan, China's commercial banks, rural credit cooperatives and other banking financial institutions also operate small loan business. At present, the supervision of small loan companies is not prudent, and from the legal perspective, we noticed the lack of appropriate regulatory laws and regulations. This chapter introduces the basic situation of China's small loan company's development history, the basic situation of legal supervision, and the necessity of supervision, taking Suzhou as an example, analysing the status quo of the development and supervision of small loan companies. By comparing the supervision system of small loan companies and commercial banks, rural credit cooperatives and other banking financial institutions, and combining with the current situation, this chapter puts forward some specific countermeasures and suggestions to improve the efficiency of small loan companies in China.

Chapter 6

Title: Innovation on the Individual Life Insurance Agent System in China: Taking Insurance Company A as an Example

Abstract:

In the 1980s China's insurance market gradually restored, the domestic life insurance business mainly focused on the group insurance, and life insurance company selling its own direct personal insurance products is the main mode. In 1992, with the establishment of Shanghai branch of AIA Ltd., the introduction of a new marketing mode, individual life insurance agent system broke the traditional life insurance marketing mode, and individual life insurance business has become a strong impetus to the development of the insurance industry. The insurance industry has entered a period of leapfrog development, and has become one of the fastest development in the national economy.

Behind achieving such a brilliant achievement, individual life insurance agent system has played a huge role. But with the rapid development of China economy and insurance industry, and the fact that it is introduced from abroad, the individual life insurance agent system also reflects the fact that the current domestic financial market environment and the legal and regulatory environment are uncoordinated. Individual life insurance agent system is an urgent need for the reform and finding out a road to adapt to the characteristics of Chinese market environment and legal environment. With the help of Potter's diamond model, based on data analysis and comprehensive analysis of the individual agent system, and taking A Insurance Company of Suzhou city as the research object, combined with the questionnaire and the interview, a comprehensive analysis of restraint and incentive mechanism of individual life insurance agent system are discussed, and finally policy suggestions on reform and innovation of the existing system are put forward.

Chapter 7

Title: An Empirical Study on the Effectiveness of Hedging in China's Future Market—Taking Shanghai Copper Futures as an Example

Abstract:

With the development of China's futures market, the study of hedging in futures market is becoming more and more significant for relevant companies. Based upon analyzing the current situation of copper futures market in China, this chapter calculates the hedging ratio with least squares method and error correction model of co-integration relation to estimate the effectiveness of hedging by using daily and weekly data of futures prices and spot prices on the Shanghai Futures Exchange.

The results show that the hedging effect of the error correction model of co-integration relation using weekly data is better than that of the other method.

Chapter 8

Title: An Empirical Analysis of the Investment Performance of China's Social Security Fund Based on RAROC and VaR

Abstract:

With the continuous improvement of economic development and living standards, there is a global trend towards aging development and the growing pressure of payment of each country's pension. The issue in China is more serious, and it is urgent to improve the efficiency of value added and maintenance of the social security fund. Only by analyzing and comparing the income and the risk level can we get the comprehensive result of the definite target of the portfolio. This chapter focuses on the issues related to the value of the social security fund hedging efficiency, and introduces the application of Value at risk (VaR) and Risk-adjusted return on capital (RAROC) in the model of social security fund investment portfolio. By using the VaR and RAROC, this chapter increases the efficiency of the index value of the national pension fund portfolio and stock index. The chapter puts forward the investment management suggestions for improving the efficiency of the use of social security funds in order to better control and manage the investment.

Chapter 9

Title: An Empirical Study of the Announcement Effect of Convertible Bonds and Its Influencing Factors: Case Study Based on the Analysis of 26 Listed Companies Issuing Convertible Bonds from 2008 to 2011

Abstract:

More and more Chinese listed companies are ready to issue convertible bonds as an important channel to raise funds at present, and the dual attributes of the convertible bonds with equity and debt, the issuance of convertible bonds can affect the corporation's share price and this has become the focus of academic attention. Under this background, this chapter uses data of 26 convertible bonds of listed companies from Shanghai Stock Exchange and Shenzhen Stock Exchange as the research object. By using the event study method, and the convertible bond issuance announcement information for key events, the empirical results of convertible bonds have a positive impact on the company's stock price. The stepwise regression method and single factor analysis of variance are used to screen the factors that significantly affect the announcement effect of convertible bond issuing, and the influencing mechanism of these factors is analyzed. Based on the above research results, this chapter gives reasonable recommendations to the listed companies and ordinary investors who have the financing intention of convertible bonds.

目 录

第一章 民生保险互补共融机制与制度创新
——以苏州城镇化建设为例 /1

一、引言 /1

二、文献综述 /2

三、灾害保险市场机制与风险收益分析 /5

四、福彩公益金投入民生综合保险的机制创新：以苏州地区为例 /9

五、结论与对策建议 /15

第二章 互联网金融产品创新与风险研究
——基于阿里、腾讯、京东比较分析 /17

一、引言 /17

二、我国互联网金融发展概况 /18

三、互联网金融三巨头(阿里、腾讯、京东)的竞争优势 /22

四、互联网金融三巨头的金融产品创新比较 /24

五、互联网金融产品创新的风险 /27

六、对于互联网金融创新的监管建议 /32

七、结语 /35

第三章 互联网消费金融资产证券化的探究
——以"京东白条"为例 /36

一、"京东白条"应收账款债权资产支持专项计划 /36

二、"京东白条"类互联网消费金融资产证券化产品优势 /39

三、"京东白条"类互联网消费金融资产证券化的问题 /40

四、互联网消费金融资产证券化对策建议 /41

五、结语 /41

第四章　基于线下操作方式的P2P网贷平台风险与监管机制研究
　　——以苏州X公司P2P网贷平台为例　/42

一、引言　/42
二、理论基础和文献综述　/44
三、P2P网贷平台发展现状分析　/50
四、苏州X公司P2P网贷平台案例分析　/60
五、基于线下操作的P2P网贷平台风险控制与监管对策　/74
六、结论与对策　/76

第五章　我国小额贷款公司的法律监管与制度创新研究
　　——以苏州为例　/77

一、引言　/77
二、文献综述　/78
三、我国小额贷款公司的概况　/80
四、我国小额贷款公司法律监管的概况　/84
五、我国小额贷款公司发展现状及问题：以苏州为例　/85
六、对策建议　/91
七、结论　/92

第六章　我国寿险个人代理人制度创新研究
　　——以A保险公司为例　/93

一、引言　/93
二、相关概念的界定与阐述　/97
三、我国寿险行业发展现状及渠道分析　/98
四、我国寿险个人代理人制度的积极作用及存在的问题　/108
五、A公司个人代理人制度创新方法和成果分析　/115
六、可以借鉴的成熟市场个人寿险营销模式　/118
七、我国寿险个人代理人制度改革与完善的政策建议　/126

第七章　我国期货市场套期保值有效性实证研究
　　——以沪铜期货为例　/131

一、引言　/131
二、文献综述　/132

三、现状分析　/133

　　四、数据与模型　/134

　　五、实证分析　/136

　　六、结论和政策建议　/146

第八章　中国社保基金投资绩效实证分析
　　　　——基于 RAROC 和 VaR　/148

　　一、前言　/148

　　二、我国社保基金增值效率现状　/149

　　三、国内外文献综述　/150

　　四、基于 VaR 值的 RAROC 业绩评价指标　/152

　　五、我国社保基金增值效率的实证分析　/155

　　六、结论及建议　/160

第九章　可转债发行的公告效应及其影响因素实证研究
　　　　——基于对 2008 年至 2011 年发行可转债的 26 家上市公司的分析　/162

　　一、引言　/162

　　二、文献综述　/166

　　三、可转债发行公告对于基础股票价格的影响　/174

　　四、发布可转债募集说明书对股票价格影响的成因分析实证模型　/190

　　五、结论与对策　/198

参考文献　/202

后　记　/215

第一章
民生保险互补共融机制与制度创新
——以苏州城镇化建设为例

苏州地区利用福彩公益金投保方式引导商业保险机构参与民生保险,构建起城镇化建设中防灾减灾和救灾资金补偿渠道,政府、商业保险公司和居民之间构成灾害保险互补共融机制,为苏州现代化建设示范区筑起防灾安全保险体系。本章研究发现苏州灾害保险互补共融机制中存在多重复杂型委托代理关系,并在多环节有可能发生逆向选择和道德风险,需解决防灾减灾委托代理监管机制、灾害损失共担机制和灾害保险风险化解机制缺失问题,因此,建议政府部门通过机制和制度创新进一步完善苏州灾害保险互补共融机制。

一、引 言

随着苏州经济发展进入城镇化建设的新阶段,如何吸引商业保险公司为居民群众的生命和财产提供保险服务成为亟待研究解决的重要课题。苏州利用福彩公益金向商业保险公司支付"自然灾害民生综合保险[①]"保费方式

---

① 自然灾害民生综合保险简称民生保险或灾害保险。苏州"民生保险"是一项广覆盖、具有公益性质的政策性保险。该保险保障的对象为当地户籍居民的人身安全与家庭财产,保险费主要有当地政府财政全额负担和投保居民与政府按比例分摊(政府承担绝大部分保费)两种模式,一般由民政部门统一为当地居民进行投保。出险之后,民政部门与商业保险机构共同查勘定损、协商理赔,保险赔付由双方各承担50%。李涛.浅议苏州"民生保险"的实施与完善[J].中国保险,2012(11):48-50.

来解决居民受灾后赔付问题是具有创新性的探索。①

在苏州实施的自然灾害综合保险中,通过福彩公益金向商业保险公司投保方式建立起财政、商业保险公司和居民之间的互补共融机制,改变了以往完全由财政资金救灾的方式,解决了灾害救济仅靠财政资金的问题,这是苏州在城镇化建设中为居民做好社会安全保障和改善民生所探索的一条新路。与其他保险项目不同,由于灾害保险市场长期存在参保收费困难、灾害赔付金额不确定、易引发商业保险机构损失严重等问题,一直以来商业保险公司很少单方介入此项业务,而灾害救助只依靠政府财政资金又会给财政预算带来很大压力,成为长期以来灾害保险业务拓展难以逾越的障碍,因此,政府以干预手段解决灾害保险市场失灵问题是一条有效路径。

我们拟通过总结苏州灾害保险互补共融机制和制度创新经验,分析该机制中存在的不足和问题,找出其产生的原因和解决方案,以进一步完善苏州灾害保险互补共融机制和相关制度,并对国内其他地区城镇化建设中构建灾害保险体系提供参考依据。因此,本研究具有重要的理论价值和现实意义。

二、文献综述

逆向选择(adverse selection)问题最早由 Arrow(1963)和 Akerlof(1970)提出。Rothchild 和 Stiglitz(1976)研究分析了保险市场中的信息不对称(information asymmetry)问题,并认为保险市场中信息不对称的主要表现方式之一是逆向选择。此后,逆向选择问题就成为保险经济学重点研究的问题之一。多数经验研究结果表明,在保险市场上普遍存在着逆向选择现象。逆向选择现象的严重程度、表现形式等因各种条件的不同而存在差异。逆向选择现象的存在使得保险资源不能达到最优配置,保险市场的效率降低,特别是使得保险市场可能不存在均衡(Puelz and Snow,1994;Chiappori and Salanié,

---

① 自然灾害民生综合保险是苏州市政府的民生工程,按照"广覆盖、保基本"原则,由政府出资为居民购买保险,建立政府社会救助制度与商业保险模式互补共融的新型灾害救助机制,拓展灾害救助资源,有效降低居民群众因自然灾害、意外事故造成的人身财产损失程度。2012 年年底苏州市姑苏区、工业园区、高新区启动实施自然灾害民生综合保险,实现了自然灾害民生综合保险全市覆盖,保险惠及户籍人口 642 万余人,213 万余户,截至 2013 年 7 月底,苏州市共受理自然灾害民生保险理赔案 865 例,理赔金额 2 000 万余元,受益群众达 1 126 户、4 900 余人。董开权,马千里. 苏州市:全面推进民生保险 建立防灾减灾协调机制[N]. 中国社会报,2013 – 09 – 04(4).

2000；Dionne，Gouriéroux and Vanasse，2001；K. I. Simon，2005）。因此，它一经提出便得到西方学术界的广泛重视。道德风险（moral hazard）是保险市场中存在的另外一种信息不对称形式。Jack（2002）以竞争性市场为背景，研究了这两种信息不对称形式（即逆向选择与道德风险）同时存在的市场均衡。Inderst和Wambach（2001）研究了"承保能力约束"（capacity constraints）对于保险市场均衡的影响。Georges Dionne，Scott E. Harrington（1992）认为市场自身缺乏修正机制，存在市场失灵现象。"市场失灵"是政府介入经济活动、实现经济效率的理论依据。要弥补市场失灵只能通过政府这只有形的手来实施市场干预和监督，因此，保险监管机构对消费者权益进行保护是实现保险资源有效配置的必要手段。

国内对灾害保险相关理论研究较早的梅广清、沈荣芳、张显东（1998）运用博弈论中的委托—代理理论建立自然灾害保险模型，对有关自然灾害的最优保险费率的确定及特征进行了研究，认为救灾保险在我国刚刚开始，自然灾害的保险机制还很不完善，加上自然灾害的不确定性，影响了保险部门和客户投保的积极性，因而在理论上和实践上都还有很多问题有待进一步研究。林毅夫、潘士远（2006）对信息不对称、逆向选择与经济发展进行了深入研究，并认为信息不对称会降低一国的社会福利水平，因此，社会会内生出一些制度安排来解决信息不对称问题，从而促进一国经济发展。石峰、刘翠侠（2006）认为面对灾害风险时，现阶段的损失补偿方式主要包括政府补偿、自我补偿、互助补偿和保险补偿四种，其中灾害保险补偿是最重要和有效的方式。投保人交付保险费并形成灾害保险基金作为经费来源，由保险公司具体组织实施损失补偿，同时保险公司通过再保险等手段进一步分散风险，从而形成高效的市场化灾害损失补偿机制。王珺、高峰、宋逢明（2008）的研究结果表明，存在逆向选择时，投保人风险厌恶程度较高、损失额不确定性较大是保险市场可以长期平稳运作的必要条件；而通过学习和对投保人出险历史的分析，保险公司能够更加准确识别投保人的风险类型，从而减轻逆向选择问题。陈华、王玉红（2012）认为委托人—代理人等问题，制约了保险消费者集体维权行为，使市场失灵，无法自动给保险消费者提供充分的保护。政府要不断提高对保险消费者保护的有效性，并且防范消费者保护产生的道德风险与逆向选择。在对国外构建灾害保险体系和模式的研究方面，吴铭奇、王润、姜彤（1999）对德国灾害保险体系进行的研究表明，德国保险业或保险公司除了在灾害发生后以索赔形式提供单纯的货币支付外，通过对灾害的研究分析、风险勘查与判别,以及从自身和投保人的经济利益出发制定一系列防灾措施等,在防灾减灾中将发挥重要作用。并且,在由投保人、保险公司和国家结成的风险伙伴关系中,国家出面总体协调经营与宏观环境。国家制定一系列政策服务于金融资本往来,为区域性直接保险人能够得到其所需要的接触国际再保险市场的机会,并为再保险人能够在全球范围实现风险平衡,可在任何时候支配自己的资金对损失进行赔偿创造条件。国家还有责任在个别情况下对风险太大而不具可保性的灾害进行保险。沙治慧、马振林(2012)对美国、新西兰、土耳其和挪威等国家应对自然灾害的模式进行了研究,认为单纯依靠政府的财政补偿是不可持续的。为拓展灾害救助所需资金来源渠道,几乎所有国家都采用了灾害保险的形式,并建立相关的灾害保险基金。灾害保险基金的主要来源渠道包括保费收入、投资收入、资本市场融资(巨灾债券或巨灾期货等)、本国政府和国际组织提供的贷款或借款、政府拨款。为保证本国巨灾基金的稳健运行,各国都在积极拓展资金的来源渠道,充实保险基金,提高偿付能力。在对国内灾害保险体系构建、风险转移和分担及灾害保险产品的供求关系等研究方面,杜林(2009)认为在灾害保险三方联动体系中,政府在对受灾群众进行适当补偿的同时,更加关注对商业保险公司的鼓励和扶持,进行积极的政策引导,推动保险市场的广泛参与。对国内和国外商业再保险公司实施传统的分保模式,降低自留风险,积极参与资本市场流通,实现资本市场证券化。提高风险事前防范意识,培养投保观念。通过三方联动体系的循环运作,有效实现灾害风险的社会分散效应。鲍文(2010)提出,我国可以通过发行灾害债券作为化解灾害风险的一种重要手段,与传统再保险相比,灾害保险债券这种融资方式突破了在原保险人、再保险人与被保险人之间转移和分摊风险的方式,而在其他风险偏好者中间转移和分担风险;灾害保险债券的定价和现金流的支付以潜在的随机变量为基础,投资者对这种形式的损失分担无法完全控制或者施加重要影响,因此,灾害保险债券能够防范道德风险;灾害保险债券不存在信用风险,由于资金已经预先进入债券发行者的手中,即使灾害发生时,债券发行者也不必向投资者支付本金和利息,因而不会产生信用风险。孙南申、彭岳(2010)认为自然灾害保险产品的需求和供给之间存在着巨大落差,单纯通过市场手段难以有效解决。在采取商业保险为基础、政府财政补贴为补充的混合保险模式时,应确保保险产品的价格以风险为依据、交易对象以值得保护为依据。在条件成熟时,应放开资本市场管制,允许保险风险证券化,积极扩充保险赔付资金池,以最大限度地满足人们对自然灾害风险的保险需求。

从近年来看,国外学者在信息不对称、逆向选择和道德风险对保险市场均衡、效率和福利等影响方面的问题进行了较为深入的研究,而目前国内关于信息不对称、逆向选择和道德风险对保险市场影响等问题的研究显得不足,尤其是在灾害保险人承保能力约束、灾害保险防灾减灾委托代理监督机制、灾害损失共同承担机制和灾害保险风险转化机制等方面有待进一步深入研究。

三、灾害保险市场机制与风险收益分析

现行的有偿救灾形式主要是灾害保险。灾害保险与其他类型的保险所依据的原理是一致的,即分摊危险、有偿互助。它在科学计算各种灾害发生的频率、大小等基础上,确定保险费率,将未来不确定的巨额灾害损失化为固定、小额的保费支出,并通过逐年累计建立雄厚的补偿基金,为广大保险人提供可靠及时的经济保障。[①]

(一) 灾害保险市场的供求关系分析

灾害保险作为一种金融商品,需要通过市场交易来完成,也存在着灾害保险市场供求双方的博弈关系。根据灾害保险市场的供求关系,对其市场参与主体进行以下假设:

(1) 政府部门是打破市场交易均衡的重要因素;

(2) 商业保险公司和居民群众是原保险市场交易的供求双方;

(3) 原保险交易市场主体是理性的,均追求自身效用最大化。

作为灾害保险的原需求方,居民群众购买保险的积极性和需求数量主要受到其自身收入水平和保险费率高低因素影响。因此,居民群众收入上升会增强其购买灾害保险的支付能力;而保险费率越高则购买保险的成本越大,居民对灾害保险的需求会相应减少。设灾害保险供给量为 Q,保险费率为 λ,经营成本为 C,其线性关系可表示为:

$$Q = e\lambda - fC \quad 其中, e > 0, f > 0$$

由于政府部门采取公开招标方式来选择商业保险公司,因此,其经营成本会随灾害发生次数和程度而变动,保险费率也会因竞标商业保险公司出价

[①] 孙卫东,彭子成. 有偿救灾初探[J]. 灾害学,1996(6):15-18.

不同而浮动,因此,商业保险公司是否中标,其竞标保险费率也是重要因素之一。虽然随着经济快速发展,居民的收入水平大幅度提高,但居民之间收入差距也日益加大。这有可能导致一部分居民无力支付灾害保险费,并严重抑制灾害保险的需求水平,反映在需求函数上即需求曲线在 λ 轴上的截距很小。以大数法则为基础的商业保险经营需要有足够的标的分散风险,交易量小对商业保险公司而言意味着集聚了很高的风险,这将迫使商业保险公司提高保险费率,而费率上升又会减少居民对灾害保险的需求,如此形成恶性循环会导致整个灾害保险市场日益萎缩。因此,仅有商业保险公司和居民两个主体参与灾害保险市场则难以达到保险市场的均衡。而民政部门以公益金为居民支付保费,一方面减轻了居民负担,另一方面,使得商业保险公司运营成本下降,增加了商业保险公司盈利的可能性,因而,可解决制约灾害保险供给水平过低的问题,使得在供给函数上即供给曲线在 λ 轴上的截距由大变小。通过上述分析可知,政府出资购买民生综合保险方式解决了灾害保险市场供求矛盾,因此,有可能改变以往灾害保险市场萎靡不振的状态。

在灾害保险市场中引入政府主体后,作为制度创新的主体可以在法律允许的范围内干预和管理灾害保险市场,这样就解决了供给和需求的矛盾。在政府采取措施介入市场后,理论上灾害市场的供求关系就会发生变化,政府为居民支付保费,就相当于增加了其可支配收入,需求曲线向上平移;政府通过福彩公益金为居民支付保费,就相当于减少了商业保险公司的经营成本,增加了商业保险公司的运营能力,供给曲线向下平移,由 S_0 移至 S_1;移动后的需求曲线与供给曲线产生新的交点,即由 E_0 移至 E_1。灾害保险交易量也相应增加。保险交易量的增加就会扩大保障范围,根据大数法则又可分散商业保险公司的风险,同时也可降低保险公司的单位成本。保险公司在此基础上降低保险费率,就会增加居民对保险的需求,从而形成良性循环,并以此促进灾害保险市场的可持续发展(图1.1)。

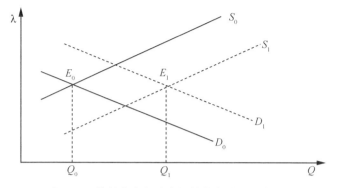

图1.1 苏州灾害保险市场的供求关系示意图

资料来源:根据苏州灾害保险市场供求关系编制。

(二)国家现行彩票公益金分配政策

彩票公益金是政府非税收入形式之一,指按照国家规定发行彩票取得销售收入扣除返奖奖金、发行经费后的净收入。彩票公益金专项用于社会福利、体育等社会公益事业,不用于平衡财政一般预算。彩票公益金的分配政策,由国务院财政部门会同国务院民政、体育行政等有关部门提出方案,报国务院批准后执行。随着我国经济和博彩事业的迅速发展,彩票公益金的分配政策进行了几次调整,其分配比例也有所调整。根据2006年财政部发布的《关于调整彩票公益金分配政策的通知》(财综〔2006〕7号),目前,我国现行彩票公益金的分配政策为:彩票公益金在中央与地方之间,按50∶50的比例分配;中央集中的彩票公益金,在社会保障基金、专项公益金、民政部和国家体育总局之间,按60%、30%、5%和5%的比例分配;地方留成的彩票公益金,将福利彩票和体育彩票分开核算,并按彩票发行宗旨使用,由省级人民政府财政部门与民政、体育部门研究确定分配比例。中央集中的彩票公益金,经过几次重大调整后,分配格局基本形成,主要用于补充社会保障基金、社会福利事业、体育事业以及国务院确定的其他社会公益事业(图1.2)。

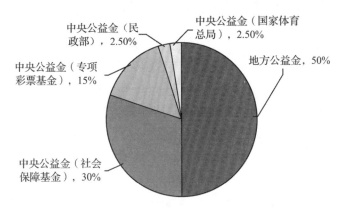

图1.2 彩票公益金分配比例图

资料来源：中华人民共和国中央政府http://www.gov.cn/gzdt/2006-04/11/content_250716.htm。

（三）苏州推动自然灾害民生险覆盖全市的利民措施

苏州市政府在"十二五"发展规划中明确提出了"总结经验、稳定推进民生保险的全面开展"的目标，实现苏州所辖7区5市"民生保险"的全覆盖。① 据《苏州日报》报道，苏州市举行姑苏区、苏州工业园区、高新区自然灾害民生综合保险签约仪式，2014年度三区自然灾害民生综合保险将惠及三区户籍居民近51万户、148万余人。

"自然灾害公众责任保险保费为每人每年1.77元；自然灾害家庭财产综合保险保费为每户每年1.77元。上述两项保费由市政府从苏州市福利彩票公益金中支付，由市民政局统一为居民投保，居民不需要承担费用，也无须办理投保手续。"这种政府社会救助制度与商业保险模式互补共融的新型灾害救助机制，拓宽了灾害救助渠道，有效降低了居民群众因自然灾害、意外事故造成的人身财产损失程度。② 苏州自然灾害民生综合保险赔付分类和金额如表1.1所示，这是苏州在城镇化建设过程中为构建和谐社会进行的一次探索与创新。

---

① 李涛.浅议苏州"民生保险"的实施与完善[J].中国保险，2012(11)：48-50.
② 据了解，2009年，张家港市开全省先河，由市乡两级财政出资，购买"民生保险"组合——自然灾害公众责任险、重大自然灾害房屋保险，为张家港百姓织就了特殊的"安全网"。2011年6月，吴江和太仓紧随其后启动自然灾害民生综合保险。接着，昆山市、常熟市、吴中区和相城区也先后为居民送出"民生保险"。2012年年底，姑苏区、苏州工业园区、高新区启动自然灾害民生综合保险，苏州率先在全省实现自然灾害民生保险全覆盖。截至目前，全市累计已投入3 426.58万元，共受理赔案2 723例，理赔金额2 310万元，受益群众达2 723户、13 706人。雪冰，《苏州日报》"读苏州•要闻"2013年12月5日，A02.

表1.1 苏州市三区自然灾害民生综合保险赔付分类和金额

自然灾害民生综合保险	自然灾害公众责任保险	被保险人因自然灾害、居家期间发生的火灾、爆炸、煤气中毒、触电、意外溺水造成的人身意外伤害,死亡、伤残赔偿限额为10万元,医药费赔偿限额为2万元
		在自然灾害、火灾、爆炸、意外溺水事件中参加抢险救灾人员发生的人身意外伤亡,最高赔偿额为20万元,医药费最高赔偿额为4万元
	自然灾害家庭财产综合保险	被保险人员因自然灾害、居家期间发生的火灾、爆炸和在抢险、施救过程中造成本身及周边居民家庭基本生活设施的损失,最高赔偿额为2万元

资料来源:雪冰.读苏州·要闻.苏州日报,2013-12-05(A02).

四、福彩公益金投入民生综合保险的机制创新:以苏州地区①为例

(一)自然灾害民生综合保险的"联办共保"机制:以常熟市为例

常熟市为健全和完善防灾减灾体系,减轻自然灾害和意外事故给市民生命、财产造成的损失,预防、化解和降低潜在的灾害风险,增强市民防灾能力,保障社会的和谐稳定,根据常熟市实际,特制定了《常熟市自然灾害民生综合保险实施办法(试行)》。具体内容如下:

1. 保险内容及保险模式

常熟市自然灾害民生综合保险由自然灾害团体人身意外伤害保险和重大自然灾害房屋保险两部分组成。按政策性农业保险招标单位确定承包单位,实行政府与保险公司"联办共保"方式,市民政局作为常熟市人民政府授权单位,为自然灾害民生综合保险的投保人单位。自然灾害民生综合保险保险费及风险责任由双方按5:5分摊。

2. 保险责任及赔付限额

(1) 自然灾害团体人身意外伤害保险。

① 自然灾害引起的人身伤亡[特指以下3项:第一,暴风、暴雨、崖崩、雷击、洪水、龙卷风、飑线、台风(热带风暴)、冰雹、雪灾、严重冰冻、泥石流、突发性滑坡自然灾害引起的人身伤害。第二,在上述自然灾害中因抢险救灾行为

---

① 苏州地区包括工业园区、高新技术开发区、姑苏区、吴江区、吴中区、相城区、张家港市、常熟市、昆山市、太仓市。

引起的人身伤害。第三,气象部门记录的灾害、严重冰冻造成路面结冰引起的意外事故],按保险合同约定金额给付赔偿金。医疗费用按责任类型比例给付,最高不超过3万元;伤残赔付金额按责任类型比例给付,最高不超过8万元;死亡人员赔付金额按责任类型比例给付,最高不超过10万元。

② 因居民居家期间发生火灾、爆炸、煤气中毒、触电意外事故的人身伤亡,溺水造成的人身伤亡,按保险合同约定金额给付赔偿金。医疗费用按责任类型比例给付,最高不超过1.5万元;死亡人员赔付金额按责任类型比例给付,最高不超过5万元。

③ 见义勇为行为造成的人员伤亡,按保险合同约定给付赔偿金。医疗费用按责任类型比例给付,最高不超过5万元;伤残赔付金额按责任类型比例给付,最高不超过10万元;死亡人员赔付金额按责任类型比例给付,最高不超过20万元。

(2) 自然灾害房屋保险。

① 因自然灾害[特指暴风、暴雨、崖崩、雷击、洪水、龙卷风、飑线、台风(热带风暴)、冰雹、雪灾、严重冰冻、泥石流、突发性滑坡]导致房屋损坏,按照保险合同约定金额给付赔偿金,最高不超过3万元;因火灾、爆炸引起的房屋损坏,按保险合同约定金额给付赔偿金,最高不超过10万元;火灾、爆炸事故施救过程中造成周边数户居民房屋和基本生活设施受损的,周边数户居民房屋和基本生活设施分项累计赔付金额不超过人民币1万元。

② 因自然灾害[特指暴风、暴雨、崖崩、雷击、洪水、龙卷风、飑线、台风(热带风暴)、冰雹、雪灾、严重冰冻、泥石流、突发性滑坡]导致家庭基本生活设施损坏,按保险合同约定金额给付赔偿金,最高不超过2万元;因火灾、爆炸导致家庭基本生活设施损坏,按保险合同约定金额给付赔偿金,最高不超过2万元。

常熟市实施自然灾害民生综合保险,是在传统的政府救灾、社会救助的基础上,探索多渠道社会保障体系建设的一项有益尝试。民生保险是商业保险与财政救助资金的一种有效结合,是通过充分利用商业保险经济杠杆作用为民生防灾减灾服务的探索。充分利用彩票公益金改变了以往单靠财政资金或商业保险资金而无法有效解决自然灾害救助的状况,通过自然灾害民生综合保险的"联办共保"创新机制为居民提供有效的安全保障。

但是,在这一创新机制中,由于商业保险公司将其承担的风险一部分转移给了政府财政部门或民政部门,这就容易导致逆向选择和道德风险问题的发生。如果商业保险公司将大部分风险转移给政府或民政部门,政府或民政部门与商业保险公司之间存在典型的代理关系方面的问题,即商业保险公司不以政府或民政部门的最大利益为其行为依据,转而可能采取更为冒险的商业行为,从而使政府或民政部门承受更大的风险,或者追求具有同等费率但含有更大风险的业务回报,从而获得额外收益。因此,需要对灾害保险的"联办共保"创新机制做进一步完善(图1.3)。

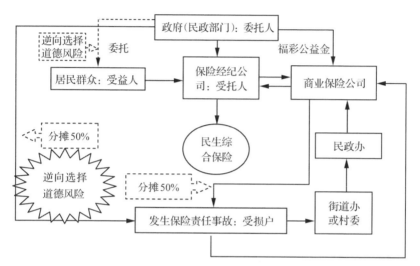

图1.3　灾害保险联办共保机制示意图

资料来源:根据常熟市自然灾害民生综合保险现状编制。

以委托代理理论分析常熟市自然灾害民生综合保险机制发现,政府与保险经纪公司、商业保险公司和居民之间存在多层次委托代理关系,政府与居民之间原本是一种受托人与受益人的关系,但政府采取使用福彩公益金为居民向商业保险公司支付保费的方式,使得居民对政府的委托代理关系被弱化,易在防灾、减灾和救灾机制中产生逆向选择和道德风险问题。

(二)政府为主导的防灾、减灾、救灾创新机制:以太仓市为例

为了减轻自然灾害给人民生命、财产造成的损失,预防、化解和降低潜在的灾害风险,增强市民防灾抗灾能力,该市决定开办自然灾害民生综合保险,由自然灾害团体人身意外伤害保险保障和自然灾害房屋保险保障两部分组成,采用政策性农业保险的运行模式,以1年为期限。团体人身意外伤害保险为该市户籍人员,保险费每人每年3元,最高赔偿限额6万元;自然灾害房屋保险对象为本区域居民自住的一处房屋,每人每年7元,最高赔偿限额4万元。保费由市、镇(区)财政各负担50%。该保险条款把地震、海啸等重大自然灾害也列入其中,保险保障范围更广,老百姓得到更多实惠。该保险授

权投保人单位为民政局,受市政府委托实施保险保障专项管理,由中国太平洋产险太仓支公司承办。①

太仓市本着"以人为本、统筹兼顾、全面预防、科学有效"的原则,加大了对防灾减灾基础设施的投入,于 2012 年建立"太仓市防灾减灾救灾指导服务中心"。指导服务中心下设三个分中心,分别为灾害救助应急指挥中心、救灾物资储备中心和防灾减灾宣传教育中心(简称"三中心"②)。自太仓市防灾减灾救灾指导服务中心正式投入运行以来,取得了明显成效。

2011 年 5 月,太仓市成立减灾委员会,主抓全市防灾减灾工作,太仓市民政局将防灾减灾救灾指导服务中心的建设作为市防灾减灾基础建设的重要项目,并得到了减灾委各成员单位的积极响应和大力支持,在各自职责范围内提供了专业保障和工作支持。

太仓市防灾减灾救灾指导服务中心成立以来,在功能运行上着力建立健全三项保障机制:第一,灾害应急保障机制③。灾害应急指挥分中心承担全市灾情的监测预警、预防和应对、组织指挥、抢险救灾功能。第二,救灾物资保障机制④。储存了灾民必要的生活类救助应急物资。为加强对物资的有序管理,太仓市根据物资的不同用途进行了分类储备,定期进行补充、更新和维护,确保应急状态下的物资能迅速调用。第三,减灾教育保障机制⑤。通过图文展示、音像资料播放、触摸屏知识互动、亲身模拟体验等方式向市民和中小学生介绍灾害知识,传播灾害预防和自救互救等应急常识。

"中心"成立以来,太仓市以增强防灾救灾能力为主线,不断拓展工作范

---

① 资料来源:中国保险报·中保网 http://www.sinoins.com/。
② "三中心"项目建有功能完备的应急指挥中心平台、生活类应急救助物资仓库和宣传教育展示馆。应急指挥中心配备了电脑、电话、传真机等通信设备;救灾仓库采购储备了棉被、大衣等生活救助物资和应急救灾工作装备;展示馆配备了多媒体宣教、急救模拟训练、地震体验、火灾模拟逃生、知识抢答等高科技设备以及展示了居民家庭常用的应急物品,形成了一体化、多功能的防灾减灾救灾指导服务基地。太仓市制定了《防灾减灾救灾指导服务中心运作方案》《防灾减灾救灾指导服务中心工作职责》,并根据三个分中心的各自功能,分别制定了规章制度、工作流程,形成了统一领导、部门分工、综合协调、快速高效的管理模式。
③ 在灾害应急期间,充分发挥指挥中心作用,严格执行灾害应急指挥中心 24 小时值班和领导带班制度,保持各方信息畅通,及时掌握灾害信息,及时联络指挥协调,及时采取应对措施,确保重大自然灾害发生后各项救灾工作的高效、有序开展。
④ 救灾物资储备分中心建筑面积 200 平方米,同时,在实物储备的基础上,还与苏州安防贸易有限公司等 4 家厂商签订救灾物资紧急购销协议,建立救灾物资名录,确保一有灾情,物资及时到位。
⑤ 防灾减灾宣传教育分中心采用多媒体与传统表现手法相结合的新型化、智能化、互动化的教育形式,共设置了七个板块,分别是多媒体宣教厅、地震体验区、急救模拟演练区、知识问答板块、火灾逃生模拟中心、消防物品展示区和应急物品展示区。

围,延伸服务领域,将监测预防、应急指挥、预警传播、物资保障、培训教育、社会宣传融为一体,较好地发挥防灾减灾救灾的指导作用。第一,强化协调指挥,提高了灾害救助效率①。第二,加强人员培训,提升了灾害信息员能力②。第三,突出"三化"特点,打造了宣传教育品牌③。

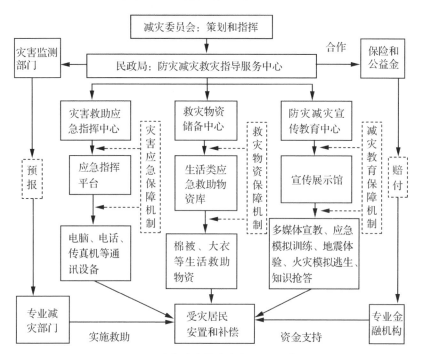

图 1.4　防灾减灾救灾创新机制示意图

资料来源:根据太仓市政府官方网站相关资料编制。

如图 1.4 所示,太仓市不仅开办了自然灾害民生保险业务,同时也构建

---

① 在应对强台风"海葵"期间,太仓市充分发挥指挥中心功能,相关工作人员集中到"中心"应急值守,坚持 24 小时值班制度,通过指挥平台,保持与上级民政、防汛指挥部、市政府以及各乡镇、街道的通信联络,及时传递灾害预警,了解掌握灾害情况,组织各镇(区)开展对养老机构、五保户、低保家庭等特殊困难家庭的安全排查和对危险区域、危险房屋内居民的转移安置等灾民救助工作,较好地开展了台风灾害应对工作,提高了救助效率。

② "中心"通过专题培训、以会代训、参观教育等方式,分期分批组织了基层灾害信息员培训工作,做到每人每年不少于一次。培训内容包括防灾减灾救灾政策法规、"应急预案"规程、"国家自然灾害灾情管理系统"操作方法、灾害应对知识、基层防灾减灾工作、减灾示范社区创建等。截至目前已组织培训 170 多人次,通过培训,有效增强了基层灾害信息员的防灾减灾意识和工作技能。

③ 积极围绕"中心"大众化、免费化、专业化的特点,着力在打造防灾减灾宣传教育品牌上做文章,发挥了中心的宣传阵地作用,通过组织机关干部、社会公众、中小学生等人群到中心学习、参观和体验,有效地普及了防灾减灾科普知识,提高了社会公众的防灾减灾意识,取得了很好的社会宣传效果。

起较为完善的防灾减灾救灾创新机制,这就将灾害保险与防灾减灾救灾有机地结合起来,丰富了灾害保险互补共融机制的内涵。

(三)苏州地区民生保险互补共融机制和制度创新中存在问题与路径完善

如图1.5所示,由苏州地区自然灾害民生综合保险的开展情况可知,苏州已经初步构建起灾害保险互补共融机制,并为苏州加快城镇化建设发挥着积极作用。但从整个苏州地区灾害保险市场化进程来看,灾害保险业务可持续发展的长效机制依然尚未真正构建起来,目前存在着防灾减灾委托代理监督机制、灾害损失共同承担机制和灾害保险风险转化机制缺失问题。

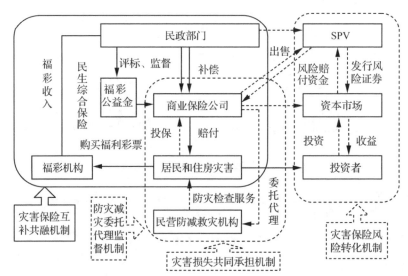

图1.5 苏州民生保险互补共融机制和制度构建与完善路径

注:图中实线箭头部分表示已构建机制,虚线箭头部分表示有待完善机制。

资料来源:根据苏州市民政局灾害保险互补共融模式编制。

1. 防灾减灾委托代理监督机制缺失问题

目前,苏州多地区在推进灾害保险业务的同时,也如太仓市一样构建起防灾减灾救灾创新机制,但该机制是以政府为主导,并未构建起具有责权利关系的防灾减灾委托监督机制,尤其是在灾害预防上并未落到实处,因而需要由商业保险公司、居民和民营防减救灾机构构建起防灾减灾委托代理监督机制,以保证灾害预防和检查工作由专业机构实施。

2. 灾害损失共同承担机制缺失问题

目前,苏州各地区政府多以委托民政部门为居民投保使居民遇到灾害时可获得灾害损失补偿,由于政府利用福彩公益金支付保费,这虽既解决了公众收入水平差异性使商业保险公司灾害保险业务难以开展的问题,又可利用保险杠杆作用解决灾害发生使财政救助资金过多支出的问题,但这样有可能使灾害保险受益人防灾意识下降,疏于灾害风险防范,可能引发道德风险问题,导致灾害事故发生率上升,最终使商业保险公司灾害保险赔付金额过大而出现亏损[①],最终有可能导致灾害保险业务难以持续。因此,需构建灾害损失共同承担机制来解决这一问题。

3. 灾害保险风险转化机制缺失问题

从苏州现有灾害保险互补共融机制来看,现阶段主要灾害损失补偿和赔付由政府财政和商业保险机构来进行。由于尚未构建起灾害保险风险转化机制,因此一旦出现巨大灾害会给政府财政和承保的商业保险公司带来巨大损失。因此,可尝试利用苏州区域金融中心地位,通过资产证券化[②]运作、资本市场[③]和再保险人(SPV[④])等方式构建苏州灾害保险风险转化机制,以有效利用社会资金为本地区防灾减灾救灾提供再保险资金支持。

五、结论与对策建议

综上所述,苏州已经初步构建起民生保险互补共融机制,并通过制度创

---

① 根据调查,某商业保险公司在民生保险业务竞标中中标,但由于灾害发生频率超出预期,使赔付金额超出保费收入金额。因此,商业保险公司参与民生保险业务时存在承保能力约束问题。

② 在保险风险证券化交易机构中,发起人商业保险公司将欲证券化的保险资产剥离出来,出售给特设再保险人(SPV),这一机构将保险资产组合成风险产品并发行风险证券,以证券收入作为未来风险赔付的准备资金。从资产证券化运作过程看,通过运用保险风险证券化技术,保险公司可以将超出自身承保能力的风险业务出售给资本市场的机构或个人投资者。这在客观上扩大了商业保险的覆盖范围,也是金融市场资金风险转化功能替代政府财政支付灾害风险补偿资金的一个有效渠道。而保险风险证券化需要从交易主体、运营机制、证券流动性、证券标准化和市场监管等方面进行一系列制度创新。

③ 广义上的资本市场是指保险人通过交易行为转移其承保风险的所有市场,具体包括再保险市场和狭义资本市场,如证券交易市场、期货和期权市场等。为避免第一保险人风险过于集中,法律往往要求保险公司对每一危险单位,即对一次保险事故可能造成的最大损失范围所承担的责任,不得超过其实有资本加公积金总和的百分之一,超过的部分应当办理再保险。但是由于再保险资金主要由政府承担,并且再保险资金并不充足,另外,将承包风险再保给再保险人面临更为明显的逆向选择和道德风险,从而将交易成本和管理成本等转嫁给保险人,并最终抑制一部分保险市场有效需求,因此,通过资产证券化来化解再保险风险是一条有效路径。

④ Special Purpose Vehicle,简称SPV。在证券行业,SPV指特殊目的的载体,也称为特殊目的机构/公司,其职能是在离岸资产证券化过程中,购买、包装证券化资产和以此为基础发行资产化证券,向国外投资者融资。它是指接受发起人的资产组合,并发行以此为支持的证券的特殊实体。

新给予政策支持,为苏州城镇化建设中改善民生、防灾减灾和救灾发挥了积极作用。但只有在民生保险互补共融机制中形成各利益相关主体之间的"协同共生"关系,才能使民生保险成为可持续发展的长效机制,从而真正实现民生保险互补共融的目的。而从现有民生保险互补共融机制来看,虽然也解决了居民灾后救助资金问题,为增进社会稳定与和谐发挥了积极作用,但在整体机制和制度安排上仍然存在需要进一步完善之处。随着苏州城镇化建设的发展,还需要在民生保险互补共融机制中进一步增加防灾减灾委托代理监督机制、灾害损失共同承担机制和灾害保险风险转化机制,具体包括以下三个方面:

1. 构建防灾减灾委托代理监督机制

在构建的防灾减灾委托代理监督机制中,应包括政府与商业保险公司之间、商业保险公司与专业防灾救灾机构之间以及政府部门与民生保险经纪公司之间的委托监督机制。须政府部门对该市场进行引导、帮助和监督管理,从而使民生保险的投保、灾害处理、赔付等一系列环节能够在规范性制度下运营,充分发挥灾害保险市场机制作用,为最大限度实现防灾减灾服务。

2. 构建灾害损失共同承担机制

在构建灾害损失共同承担机制时,须通过居民适度交付一定金额保费方式参与民生保险,使居民与商业保险公司形成灾害预防机制中的利益共同体,在商业保险公司与居民之间构建灾害损失共同承担机制,从而将防灾减灾工作落到实处。通过有效的灾害损失共同承担机制,减少社会灾害的发生率,这样既降低了政府部门和商业保险公司对受灾居民群众的赔付资金数量,又可为保证人身安全和社会财富安全发挥积极作用。

3. 构建民生保险风险转化机制

在构建民生保险风险转化机制过程中,通过民政部门利用福彩公益金为居民向商业保险公司支付保费方式引导商业保险公司为救灾提供保险服务,并通过构建灾害再保险机制、灾害保险资产证券化方式以及资本市场等方式吸引更多投资者的资金为防灾减灾和救灾服务,从而构建起民生保险风险转化机制,为民生保险风险转化发挥积极作用,使政府财政防灾基金和商业保险机构形成互补共融关系,从而使民生保险业务可持续进行。

第二章
互联网金融产品创新与风险研究
——基于阿里、腾讯、京东比较分析

由于互联网金融降低了融资成本,提高了社会资金的使用效率,推动了金融业务格局和服务理念的变化,因此第三方支付、网络信贷、网络众筹等新型互联网金融服务模式得以迅速展开。它成为以银行为代表的传统金融机构投融资功能的有效补充,并完善了整个社会金融体系。但互联网金融在给用户带来高效、便捷、低成本的同时,也存在潜在的金融风险。这样一来,既需要维护金融市场创新,又应防范其风险,这就使互联网金融发展面临着如何兼顾互联网金融创新与监管的问题。本章通过分析互联网巨头金融产品,发现其创新特征与五种主要风险,并提出应对互联网金融风险的监管措施和建议,以促进我国互联网金融业健康发展。

一、引 言

近年来我国互联网金融蓬勃发展,推动了整个金融业互联网业务创新浪潮。2015年互联网金融创新呈飞速发展态势,阿里巴巴、腾讯、京东等巨头的互联网金融业务涉及支付、贷款、理财等方面,对传统金融业造成不同程度的冲击,在互联网金融创新加速而监管滞后的情况下,加大了互联网金融风险问题,如何有效解决这些风险问题就成为互联网金融监管领域的一项重要课题。本章通过对阿里、腾讯、京东三巨头的互联网金融产品进行对比分析,深入剖析其互联网金融创新产品及其金融风险形式与种类,以应对互联网金融风险,从而促进我国互联网金融稳健发展。

二、我国互联网金融发展概况

互联网金融是在借助便捷、高效且精确的互联网、大数据、云计算等技术的基础上,使金融与互联网融合发展的产物。我国互联网金融大致可划分为三个发展阶段:第一个阶段是1990年到2005年前后的传统金融行业互联网化阶段;第二个阶段是从2005年到2011年左右的蓬勃发展阶段,尤其以第三方支付为主;第三个阶段是自2011年至今的实质性互联网金融业务发展阶段。我国互联网金融呈现多种运行机制和模式。

(一)互联网金融的模式

我国互联网金融的主要发展模式有以下几种。

1. 第三方支付

第三方支付是指大型互联网公司利用技术优势,通过与银行支付结算系统接口对接而促成交易的网络支付模式,在买方选购商品后,利用第三方平台提供的账户支付货款(支付给第三方),并由第三方通知卖家货款到账、要求发货;买方收到货物、检验货物并确认后再通知第三方付款;第三方再将款项转至卖家账户。图2.1为简单的第三方支付模式示意图,可见其流程均以互联网技术以基础。2010年央行颁布《非金融机构支付服务管理办法》,标志着我国已认可第三方支付机构的行业地位,其后开始向这些机构颁发第三方支付牌照。中国人民银行也正式将第三方支付行业纳入金融监管体系,使第三方支付行业能规范经营。数据显示,我国2015年第三方移动支付市场交易总规模达9.31万亿元,同比增长57.3%。而2015年手机网上支付增长尤为迅速,用户规模达3.58亿人次,增长率为64.5%,使用手机网上支付的比例由39.0%提升至57.7%。[①] 我国主流第三方支付平台有支付宝、财付通、百度钱包等,而支付宝和财付通占绝大份额,其他支付的份额都相对较小。

---

① 资料来源:网易财经 www.money.163.com.

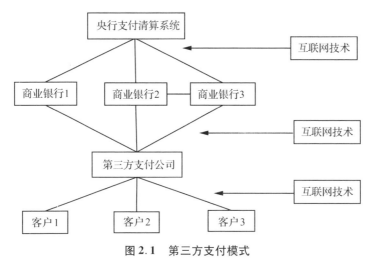

图 2.1　第三方支付模式

资料来源：BR 中文网（www.boaoreview.org）。

2. 互联网信贷

互联网信贷的主要模式包括 P2P 网络借贷模式和电商小贷模式。互联网信贷是互联网企业基于云计算和大数据技术，为有需求的小微企业或个人提供贷款服务，贷款效率较高。我国于 2007 年出现第一家 P2P 网络借贷平台，图 2.2 为 P2P 借贷的基本模式。近年来，P2P 行业呈现出快速发展势头。2015 是 P2P 行业两极分化最严重的一年，一方面行业中出现了数十家累积交易量上百亿的平台，另一方面小平台"跑路"数也创历史新高，截至 2015 年 12 月底，累计问题平台达到 1 263 家，占比超过 30%，可见对于 P2P 行业的监管还需加强。

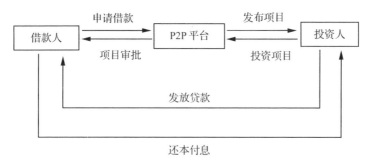

图 2.2　P2P 借贷模式

资料来源：网贷之家（www.baike.wdzj.com）。

与 P2P 平台不同的电商小贷，是由电商企业为小微企业提供融资服务。电商小贷很大程度上解决了线上小微企业和个人融资难、融资贵的问题。电商小贷在本质上而言是对传统银行贷款业务的脱媒,它属于消费场景自然衍生的金融需求。以阿里小贷为首的电商小贷模式发展良好。图2.3即为阿里小贷的基本运作模式。

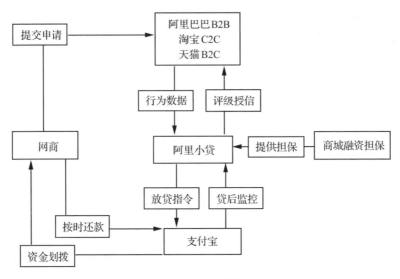

图2.3　阿里小贷模式

资料来源:新浪网(www.sina.com.cn)。

3. 互联网理财

互联网理财是指互联网企业通过互联网平台进行投资理财产品销售,是一种新型的理财模式。它的优势在于能够摆脱时间空间的限制、选择范围更广泛、信息收集更全面、操作更为方便快捷。一般由互联网金融企业先搭建销售平台,然后开始在平台上进行理财产品销售,其渠道能力非常强。图2.4为阿里旗下的货币基金产品余额宝的基本操作模式。2013年余额宝的出现引发了互联网基金理财热,相关数据显示,2015年有61%的投资者使用互联网进行投资理财,较2014年的52.8%,增长了8.2%,这显示了互联网金融产品已广泛融入公众经济生活。

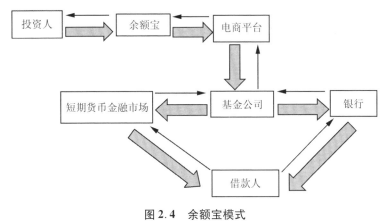

图 2.4　余额宝模式

注：⇨ 代表资金流向；→ 代表利润流向。

资料来源：山西经济网（www.sxjjb.cn）。

（二）互联网金融的发展动力

互联网金融是金融业的新兴领域，是指利用互联网和移动互联网技术展开的金融业务。互联网金融的迅速发展顺应了时代的发展潮流。较之传统金融行业，互联网金融有以下三大优势。

1. 比传统金融更低的成本

降低成本就可为金融服务机构增加收入，而互联网金融就顺应了这种发展趋势。资金供求双方在互联网金融模式下，通过网络平台自主完成信息的识别、匹配和交易，可大大降低原传统中介的交易成本。首先，金融机构免去了开设营业网点的资金投入和运营成本；其次，互联网金融业务依托计算机技术，操作流程完全电子化，客户无须排队等候，办理业务的效率更高。另外，互联网金融强大的数据收集、分析和跟踪能力超过了一般的财务报表，能够有效地调查、监督客户的还款意愿和能力，并能甄别异常状况，可以解决市场信息不对称的难题。总之，互联网金融基于互联网数据，能够不断创新征信手段，降低交易成本，提高交易效率。

2. 极致的客户体验

在互联网金融模式下客户可摆脱时间和空间的限制，通过互联网寻找所需的金融资源，这样就使金融服务更为便捷，也能拥有更为广泛的客户群体。与传统银行金融服务偏向"二八定律"里的 20% 的客户不同，互联网金融服务更多的还是 80% 的小微用户。小微用户的金融需求在传统金融体系中往往得不到满足，而互联网金融服务中小微客户有其独特的优势，可高效解决用户个性化需求。互联网金融平台可以给客户提供即时、优质的服务,使投资者足不出户就可进行理财活动。

3. 移动互联网的普及

智能手机已成为人们日常生活不可或缺的一种工具,然而它不仅仅是通信工具,未来手机将替代人们携带的身份证、钥匙、钱包等功能。移动互联网金融是基于智能手机、平板电脑和无线 POS 机为代表的电子移动设备,进行互联网金融业务操作,使得金融业务具备更强的透明度、更高的参与度、更好的协调性、更便捷的操作,对于用户体验来说也更加人性化。

三、互联网金融三巨头(阿里、腾讯、京东)的竞争优势

我国互联网金融发展迅速,如今互联网金融行业已被阿里、腾讯和京东这些互联网巨头垄断。而这些互联网巨头纷纷布局互联网金融,其新兴互联网金融业务已形成垄断性竞争优势。

(一)阿里金融的竞争优势

1. 基于自身的电商生态系统

首先,阿里的经营理念与互联网金融的理念一致。金融自始至终都是为商业服务的,金融的发展历史就是满足商业需求的历史,阿里一开始就是做小微企业的电商,延续到做小微企业的金融是自然而然且相当顺利的。可以说阿里巴巴的电商为其发展互联网金融准备了天然平台。目前中国经济大环境的需求就是要大力发展小微企业,通过打破和改变传统金融的垄断格局,阿里准确地抓住时机大力发展互联网金融。

2. 云计算和大数据的技术优势

阿里巴巴的技术优势是将云计算和大数据运用在金融业务方面。阿里巴巴的互联网金融业务就是将大数据、云计算与金融融合发展,因此阿里巴巴拥有每秒钟处理 3 万件交易的能力,系统拥有每天防住 100 亿次攻击的能力。在如此强大的技术和数据的支撑下,阿里金融可以支付宝为核心建立服务于各类交易的金融生态系统,且其业务范围越来越广阔。

(二)腾讯金融的竞争优势

1. 以社交网络为基础

腾讯经历了 QQ、微信的社交网络发展历程,其用户多、粘性强是公认的特点,而社交网络是新兴的商业场景。人们的交往方式和社会组织结构的改

变是互联网带来的最重大变化,通过互联网,人与人的连接更多地来自线上,这相当于把社会组织体系切割成了独立的群。在经济方面,社交网络解构了传统的信用体系,令征信的链条网格状,从而产生了社交金融这一概念。人是生活在社会中的,一个人的价值和信用很大程度上取决于其社交关系,而腾讯通过社交工具的链接,能够很好地粘合用户,扩大用户范围。

2. 由社交网络衍生大数据

与阿里的技术优势类似,腾讯的微信和QQ在移动端的天量入口,是它进军互联网金融的根基,由社交网络所衍生出的大数据也成为腾讯发展互联网金融的核心竞争力。凭借财付通、微信支付和QQ钱包,腾讯全面覆盖了用户的支付渠道,还有从PC端到移动端,这都为开展金融业务奠定了支付基础。腾讯依靠庞大的用户数据和多年的第三方支付经验,依靠强大的数据计算能力加快布局云计算市场,这使得其金融业务的发展如虎添翼。

(三)京东金融的竞争优势

1. 京东生态的数据和信用体系

电子商务历来是互联网金融企业的必争之地,因为它整合了信息流、资金流、物流。尤其在电商采购这一环节,传统企业处理得非常混乱,而京东在这一块做得准确无误。金融的本质是信用,商业往来是其基础,而京东的信用众所周知。它又凭借自建物流的优势,与各专业领域的互联网平台合作,对外与腾讯结盟在微信区发展京东商城,对内又不断跟着新形势创新互联网金融的发展战略。

2. 京东慢人一步,厚蓄发力

阿里、腾讯、百度在京东之前发展互联网金融,互相竞争消耗资源不少,同时又与传统金融机构产生摩擦,在监管方面更是如履薄冰,每一种新业务都前途未卜,风险巨大。而京东吸取前者的经验教训,再借独特的优势发展自家的互联网金融(见表2.1)。

表2.1 阿里、腾讯、京东三者互联网金融竞争优势比较

竞争优势比较	技术方面	其他方面
阿里金融	云计算,大数据	基于自身的电商生态系统:淘宝、天猫
腾讯金融	由社交网络衍生大数据	庞大的社交网络基础:QQ、微信
京东金融	京东生态的数据、信用体系	借鉴BAT公司的发展经验

资料来源:根据相关资料和信息整合编制。

四、互联网金融三巨头的金融产品创新比较

我们通过第三方支付、互联网信贷、互联网理财这三个主要模式来比较阿里、腾讯、京东的互联网金融产品创新。

（一）第三方支付

在互联网金融时代，支付就是现金的入口和渠道。支付宝是阿里巴巴在2004年12月创立的国内领先的独立第三方支付平台，致力于为中国电子商务提供简单、安全、快速的在线支付解决方案。[①] 支付宝独特的理念、创新的产品技术、庞大的用户群正在吸引越来越多的互联网商家主动选择其作为在线支付体系。除了支付宝外，腾讯公司也正式于2005年9月推出第三方支付平台财付通，致力于为互联网用户和企业提供安全、便捷、专业的在线支付服务，并且于2013年通过财付通和微信联合推出微信支付。[②] 微信支付推出红包业务，成功利用传统节日，2014年春节期间，在基于微信数亿用户群体量下，实现了强大的场景体验。依靠强大的社交网络，腾讯以红包开路的支付业务成长迅速。2012年京东收购网银在线，并于2014年将旗下的网银钱包更名为京东钱包，"网银+"更名为京东支付，其特点是支付快捷、体验友好、维度广阔、安全和简化标准接入。京东支付实现了真正意义上的一键支付，用户只需一张有预留手机号的银行卡，手机收到验证短信就能完成支付，不需要开通网银，更不需要注册第三方账户或记忆密码。

---

① 词条：支付宝，www.baike.baidu.com.
② 词条：财付通，www.baike.baidu.com.

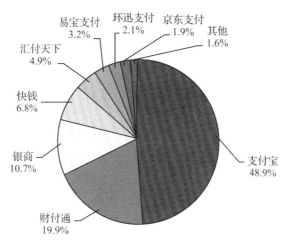

图 2.5 2015 年第一季度我国第三方互联网支付交易规模市场份额

资料来源:艾瑞咨询网站(www.iresearch.com.cn)。

由图 2.5 可见,支付宝所占份额还是极大,财付通紧跟其后,京东支付作为后起之秀也显示其实力。这三者在模式上有很高的相似度,均采取免费的方式,在 C2C、B2C、B2B 领域吸引客户。另外一个相似点是三者都依托电商网站开发,有丰富的客户源,是典型的宿主型支付平台。

(二) 互联网信贷

互联网贷款需要强大的系统支持,贷款的整个流程都要在网络平台上操作处理,因此建设一个强大的信贷系统来支撑其运作是非常必要的。首先这个系统能接受贷款申请,进行对客户的综合分析,最终发放贷款。阿里的网商银行和腾讯的微众银行都有为中小微企业和个人用户提供贷款的服务,但是两家银行的资金来源有很大不同,微众银行因为资金大部分来源于银行,对客户的贷款审核也会严格一些,可获得的贷款数目随之也会减少;网商银行的资金来源于非银行金融机构存款,同业资金补充短期资金需求,比微众银行的顾虑少些,因为来源比较多,资金比较充足。

现在年轻人中比较流行的消费者信贷产品业务在国内仍处于起步发展阶段,但市场空间巨大。消费者信贷产品在功能上与传统银行的信用卡业务非常类似,它被视为互联网金融向金融信用资产领域推进的一次重大突破。主流的互联网信贷代表为蚂蚁花呗、京东白条。它们依托自身的电商场景,通过不断拓展场景来聚集线上线下数据,体现了新一代消费金融产品的高效性。二者虽都为消费者信贷,但在授信额度、还款时间、逾期费率等方面都有差异(参考表 2.2)。

表 2.2　京东白条与蚂蚁花呗之比较

项目	京东白条	蚂蚁花呗
适用范围	京东商城、苏宁、国美等电器商城	除淘宝网之外还有40多家外部平台网站
消费额度	上限为1.5万元	上限为3万元
还款时间	不固定,30天内免息还款,在3~24个月内分期付款	固定还款日,收货后下一个月的10号之前一次性还清,也可申请分期付息
还款方式	网银钱包、京东金融App都可还款	自动关联还款(账户余额、快捷借记卡、余额宝)
逾期费率	0.03%	0.05%

资料来源:根据京东支付和支付宝App相关信息整理编制。

(三)互联网金融销售

互联网理财产品的特点是低门槛、高收益和高流动性,与大众的理财需求较为贴合,随着互联网的普及,其用户数量也在不断增长。其中可分为货币基金和指数基金。详细比较见表2.3和表2.4。

表 2.3　阿里、腾讯、京东的货币基金比较

货币基金	阿里余额宝	腾讯活期产品	京东小金库
安全性	良好	良好	良好
流动性	申购:15:00前买入当天有收益,否则第二天开始计算。赎回:2小时到账	申购:15:00前买入当天有收益,否则第二天开始计算。赎回:即刻到账	申购:15:00前买入当天有收益,否则第二天开始计算。赎回:2小时到账
年化收益率	3.25%	4.48%	3.39%

表 2.4　阿里、腾讯、京东的指数基金比较

指数基金	蚂蚁聚宝	微众银行	京东金融
流动性(申购赎回到账时间)	T+1(T为交割日)	T+4	T+3
基金产品类型	种类众多,数量超过900只	产品较初级,总数8只	产品类型众多,总数无法统计
风险提示	风险测评、风险提示	风险测评、风险提示	无

资料来源:根据支付宝、蚂蚁聚宝、微众银行、京东金融App相关信息整理编制。

总的来说,以上三家互联网理财产品平台的保密性和安全性均有保障。就货币基金来看,微众银行的收益较高,但蚂蚁聚宝和京东金融能直接用于

消费。就指数基金来说,蚂蚁聚宝和京东金融的产品种类较多,且蚂蚁聚宝在赎回速度上很有优势。风险提示方面蚂蚁聚宝和微众银行都做得较人性化,而京东没有风险提示,投资者如果要投资有一定风险的产品要谨慎考虑。

五、互联网金融产品创新的风险

由于金融本身的性质和互联网行业的特殊性,互联网金融的风险也十分复杂。它不仅具有传统金融的风险,还存在互联网信息技术、安全、法律和监管等方面的风险。主要有以下五种。

(一)流动性风险

资产的变现能力就是其流动性,这是企业或个人在投资时首先要考虑的因素,而流动性风险则是指资产流动性不足而导致的资产贬值或消失的概率。[①] 不仅在实体经济中会出现流动性风险,在虚拟经济中也会发生流动性风险。

在支付宝中,有两种资金赎回的方式,一种是 T+0,在这种赎回方式中,只需要将余额宝中的资金转出就可以了;而另一种资金赎回方式是 T+1,在这种资金赎回方式中,是将余额宝中的资金转入与余额宝绑定的银行卡中。从这两种资金赎回方式就可以看出,对余额宝资金流动性影响最大的就是资金的赎回数量和赎回次数。由于余额宝的赎回次数比其他基金更多,这也直接导致余额宝的流动性风险更高。此外,余额宝面对的另一个问题就是巨额资金的赎回,当客户在某一时间段内集中赎回资金时,就会导致余额宝流动性风险问题出现,而在出现市场流动性危机时尤甚,典型的是春节期间,当赎回资金的总额超过了余额宝的垫付资金总额时。尽管货币基金相对其他投资产品来说风险较低,但余额宝的流动性风险也是不可忽视的。

尽管商业银行也面临流动性风险,可是与互联网金融相比的一个重要区别为,传统银行遵循存款保险、存款准备金、资本充足率、风险拨备等审慎监管规定,在这样严密的规定之下商业银行流动性风险不可控的概率很小。比如商业银行的法定存款准备金必须上交 20%、自有资本充足率必须高于 8%,还要满足央行规定的关于风险拨备与流动性比率的要求等。而互联网金融企业没有以上这些制度约束,缺乏最后贷款人保护,这就加剧了互联网

---

① 余依林.以渠道为特征的互联网理财销售模式的风险与监管——以余额宝为例[J].武汉金融,2014(7):39-44,66.

金融企业的流动性风险。

（二）信用违约风险

金融市场中的主要风险就是信用风险，互联网金融也是这样。网络交易在虚拟世界进行，传递交易信息、支付结算等业务活动都只通过互联网进行，因为交易双方互不见面，所以交易者之间在进行身份确认、信用评价的时候就会存在严重的信息不对称问题，信用风险非常大。信息披露的不完善与评级的缺失最终导致市场无法识别债务人的真实偿债能力，这种建立在虚拟网络之上的信用关系相当脆弱，由此带来许多逆向选择和道德风险问题。

比较阿里、腾讯和京东的征信系统可以发现，微众银行的客户定位范围较大且较为模糊，收集处理的信息是即时通信、电商交易、虚拟消费等方面的数据，对金融活动来说这些信息的针对性不强。而网商银行的客户定位相比就较为明确清晰，其银行业务对象就是支付宝、淘宝、天猫等平台上的客户，如果要开展金融业务，要求必须在这些平台上从事一定年限的商事活动，并且对客户进行大数据分析，最后得出其信用状况，对象非常准确和清晰。"京东白条"的信用额度是根据用户以往购买产品类型、交易的金额、购买的频数等消费数据来判断的。[①] 以此确认的信用额度是片面的，客户违约风险较大，因为不全面的信息缺乏用户信用依据，也无法掌握客户真实情况和贷款流向。因此，三者大数据的质量各不相同，腾讯主要是由社交媒体积累，这类数据用于金融征信上的有效性并不十分可靠。阿里网商银行的大数据是在支付宝、淘宝和天猫上积累的，网商银行从这些经济金融交易活动数据中挖掘客户真实信用状况。而"京东白条"依靠消费记录来征信，其有效性也有待商榷。事前风险识别不完善会导致信用风险，客户违约后也存在管理风险，如果出现客户拖欠款行为，那么电商平台的催追款手段十分有限，再者违约信息也不能在相关平台上被记录共享，对电商平台的网络信贷来说风险较大。

（三）技术风险

技术风险也称网络安全风险。绝大部分互联网金融业务都依靠互联网进行，这样技术风险就非常严峻，其中最主要的技术风险是安全风险和操作风险。安全风险是指互联网金融主要以计算机网络系统为媒介，不管是计算机病毒还是更为严重的恶意黑客攻击都会引发技术安全问题，使交易支付系统出现故障，甚至造成客户损失和客户信息泄露。计算机技术风险对于传统

---

① 孙欣.基于电商平台的互联网金融的风险及监管研究[J].东方企业文化,2014(7):212-213.

金融业务来说,只会带来局部问题,而对于互联网金融业务,技术风险可能导致整个互联网金融系统出现系统性风险,进而导致体系的崩溃。而因为体系不够健全,或者系统在处理时由于操作人员的技术问题而造成的各种损失就是操作风险。① 作为一个新产业,互联网产业的客户对此新模式的陌生导致操作不当可能引起操作风险,当然也有可能是系统还不够完善,或者是相关操作人员使用不合理而导致的。

余额宝就曾出现过盗刷的问题,即使现在余额宝是使用较为广泛的一款产品,但还是有很多人对其安全问题进行质疑。实际上,凡是涉及手机安全或者是电话卡安全的问题都有可能导致余额宝出现风险,手机的网络安全问题是导致余额宝安全问题的最重要因素。② 传播木马病毒是较为常见的一种风险,犯罪嫌疑人通过社交工具,通常是 QQ 或是微信向受害者发送携带木马病毒的文件,以此获得被害人的账户密码信息,然后就可以对支付宝进行改绑转账操作。丁女士是一名淘宝店主,2014 年 11 月,她在淘宝网收到一条买家发来的消息,想订一批数量较大的货。③ 并提出由于货物要求较为严格,想添加丁女士为 QQ 好友发送衣服式样给丁女士,然后进行协商议价。丁女士同意后收到对方发来的一个压缩包,然后下载查看,在丁女士准备打开文件时,电脑就自动关机并重新启动了,而电脑打开后,丁女士发现对方已经下线。第二天,丁女士竟然收到支付宝绑定手机号已被修改的信息,她第一时间向客服人员进行咨询,查询后发现之前余额宝中有 5 000 元人民币,但是现在只剩下 3 000 元人民币了,消失的 2 000 元人民币被转移到另一个支付宝账号中。丁女士在查看后就及时冻结了自己的账号,然后报了警。可见互联网金融虽然能给人们带来方便,但也会被不法分子利用进行犯罪。

(四)法律风险

在互联网金融方面我国尚无完备的法律规范,因此互联网金融企业的创新行为大部分仍处于法律的边缘,法律风险也是非常值得关注的。基于传统金融而制定的银行法、证券法、保险法都不能适应目前互联网金融的发展,无法明确交易主体之间的权利与义务,对互联网金融市场的进一步发展产生阻碍。互联网金融公司可谓良莠不齐,且复杂多变,大大增加了互联网金融方面的立法难度。

如 2012 年支付宝推出余额宝的行为,这是内嵌货币型基金的做法,将其

---

① 黄海龙.基于以电商平台为核心的互联网金融研究[J].上海金融,2013(8):18-23,116.
② 余程辉,曲艺.从创新与监管看余额宝的发展与风险[J].银行家,2014(6):5-7.
③ 温庆磊.淘宝店主遭遇"买家"发来木马病毒余额宝钱被转走[N].鲁北晚报,2014-11-26.

定义为基金直销,但实质上是为了逃出监管约束而进行的"擦边球行为",因为当时支付宝还没有获得基金销售牌照。而证监会在2013年6月就曾针对余额宝的一些问题进行了说明:余额宝在某些程序方面有着风险,并且还需要对一些必要的监察程序进行执行,如果到了指定时间支付宝还是没有对这些程序进行执行,那么证监会就会对这一情况进行处理。① "京东白条"的模式同样存在问题。京东推出"京东白条"主要有两个目的:第一个目的即通过赊销模式吸引顾客、推动销售;第二个目的即通过向消费者赊销来赚取手续费。虽然国家现行法律法规没有明令禁止像京东这种通过向消费者赊账来赚取手续费的模式,但2008年国务院曾发布《非法金融机构和非法金融业务活动取缔办法》,其中明文规定:任何非法金融机构和非法金融业务活动,必须予以取缔。② 而京东商城也是打了政策的"擦边球",这种通过支付手续费然后可以先提货再付款的方式,其是否真正符合国家的金融业务活动规定,还需国家出台更为细致的法律法规进行明确。

我国在消费者保护方面尚不够完善,互联网金融风险不仅给相关企业带来危险,而且会对消费者的个人隐私和权益造成损害。在出现交易纠纷时,法院只能按照现行的法律进行审理,但我国法律尚未适应互联网金融发展的需要,易引起法律判决的争议。蚂蚁花呗就在催账事件上有侵犯用户隐私的嫌疑。在出现超过还款日期还没有交款时,收款人员就会对该账户进行调查,在该账户的记录中若发现该客户与其他账户之间的交易信息,就可获得第三方的联系方式,然后要求其协助联系欠款人。③ 我国法律规定,为了保证账户的安全,第三方支付企业可以保留账户的相关信息,但是尽管如此蚂蚁花呗也不能随意使用这些信息。如果企业没有证实就直接向第三方人员寻求协助,不仅会影响到第三方人员的隐私,甚至会造成侵权行为。所以,蚂蚁花呗的行为是不合适的,该行为会牵扯到客户的隐私权。由此可见,规范消费者信贷和消费者权益保护的法律法规亟待完善。

(五) 监管缺失风险

我国互联网金融正面临监管缺失的风险,一方面是由于互联网金融的特殊性而与传统监管制度不相适应。我国互联网金融机构为混业模式,各领域之间分界模糊,而我国的监管模式是"分业经营分业管理",所以在这样的监

---

① 中国经济网. 余额宝:或许只是个漂亮的"擦边球". 2013 - 06 - 20 www.ebrun.com.
② "京东白条"横空出世打政策擦边球有风险[N]. 天津日报,2014 - 02 - 27. www.news.163.com.
③ 蚂蚁花呗催账事件涉嫌侵犯用户隐私. 金融频道,http://finance.caixi.

管模式下,互联网金融究竟由哪个部门监管尚未确定,因此出现了监管真空情况。另一方面,监管能力和手段有限。互联网金融与传统金融最大的区别在于互联网金融是在虚拟网络中进行的,这就容易导致对交易对象的识别困难和交易过程的不透明化,监管的难度和风险也相应增加。监管机构难以准确掌握电商金融的技术手段、运行模式和资产负债实际情况,对于金融风险难以有针对性地采取有效的金融监管手段。

P2P 网贷的快速增长也产生了许多问题平台(图 2.6)。例如"e 租宝"非法集资事件,"e 租宝"是"钰诚系"下属的网络平台,在 2014 年 7 月打着网络金融的旗号上线运营后于 2015 年 12 月被查封。① 上线期间该企业管理人员虚构融资租赁项目,并为此业务设定了一个高额的利息,持续采用借新还旧、自我担保等方式吸收公众资金,非法集资五百多亿人民币。而经过事后调查得知,该业务共有超过 90 万人进行投资。类似事件和平台还有很多,因此 P2P 行业亟待有效监管。2016 年银监会联合部委发布了《网络借贷信息中介机构业务活动管理暂行办法》,其中包括明确借款上限、P2P 不能触碰 13 条红线和必须有银行存管等规定,使 P2P 行业告别野蛮生长阶段,进入规范经营时期。

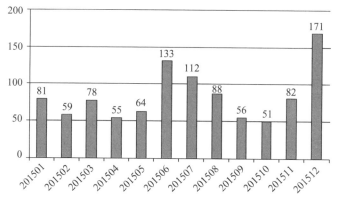

图 2.6 2015 年各月份曝光 P2P 问题平台数

资料来源:P2P 观察网(www.p2pguancha.com)。

另外,在网上信用消费产品方面也存在监管缺失的问题,蚂蚁花呗、京东白条等消费信贷产品也成为有些人套现的工具。这些产品和信用卡非常类似,然而和传统信用卡之间最大的区别在于它们不能取现,于是不少人开始

---

① 白阳,陈寂."e 租宝"非法集资案真相调查[N].新华社检察日报,2016-02-01.

钻空子将花呗转化为现金。2015年10月20日,一位金女士在看自己的微信朋友圈时,看到了一条有关使用蚂蚁花呗软件进行套现的信息,然后,就联系了发布这条信息的网友"光头花呗",在与其进行交流后,双方就使用该软件套现交易进行了交谈,并确定金女士支付百分之五的费用。① 金女士就在对方发来的链接中输入了自己的账号和支付密码,用花呗消费了5 000元,但在金女士向对方请求支付款项时,发现她已经被对方拉黑。金女士当即报警,最后罪犯柯某被警方逮捕。在对柯某进行审查后发现,柯某原是这一行为的受害者,但是他并没有报警,反而利用这种手段去骗别人。在这一骗局中,柯某首先是建立一个网络店铺,然后在自己的微信朋友圈中发布帮助套现的消息,在一周的时间内柯某就骗到了9 700元人民币。而这种网络套现行为之所以屡禁不止,就是因为我国在这方面的监管还不完善,我国现行的法律中基本没有涉及这方面的条款。所以,要对信贷市场进行有效监管,不仅需要出台相关法律,更重要的是相关部门要严肃执法,加强对违法行为的惩罚,整顿互联网金融中的不良风气。

六、对于互联网金融创新的监管建议

随着互联网金融的不断发展,风险隐患也暴露出来,这个行业需要有效监管来约束才能保证其健康发展。而金融监管是一把"双刃剑",监管过松容易产生金融风险,监管过严又会降低互联网金融业的创新能力。所以要找到监管与创新之间的平衡点,这也是对互联网金融管控的基本要求。针对互联网金融创新的流动性风险、信用违约风险、技术风险、法律风险、监管缺失风险这几种主要风险提出以下几个监管建议。

(一) 建立健全互联网金融企业的内控机制

对互联网金融风险进行管控需建立全面的企业内控机制,其中包括对风险的控制机制、对风险的预警机制、对风险的处理机制及风险处理后的弥补机制。具体有以下几点:首先,建立专门的风险管控部门。对风险进行管控是互联网企业平稳运行的保障,也有助于公司技术创新。应建立企业风险管控系统,运用云计算和大数据等技术对风险进行评估,进而建立风险预警机制。其次是严控新产品设计。在互联网产品设计时,需关注资金安全和流动

---

① 王波. 想用支付宝"蚂蚁花呗"套现 象山金女士被骗5千[N]. 钱江晚报,2015-10-26.

性,并对产品风险进行预估,以降低产品在运行中的风险。最后是建立全面的风险准备金提取方案。参考传统商业银行的准备金制度,对不同规模的企业设定不同的提取额度,以保证足够的风险准备金,同时也可保证企业运营时有足够的流动资金来抵御流动性风险。

(二)建立征信体系和信息共享系统

为了降低信用违约风险,政府监管部门应建立适应互联网环境的征信体系和信息共享系统。在建立征信系统时,还需建立对失信者的惩罚机制,并对所有的参与企业进行管控。首先应有利于事前和事中监管。建立互联网金融企业的征信体系能够加强对交易过程的监管以防范风险,应建立相关企业和个人的信用资料系统,在信用资料系统中不仅要对所有的交易账户信息进行管理,而且还要对交易信息进行记录。其次,事后监管必不可少。当出现危机时,各相关部门包括中国人民银行以及银监会等部门共同对风险进行处理,各个部门之间还要进行信息沟通,对各种信息进行及时交流,共同保护消费者的权益,为我国实体经济的稳健发展保驾护航。[①] 同时,信息披露也是互联网金融市场的一个重要环节。公司通过向市场参与者公开自己公司的业务和财务状况,不仅可以使投资者能对公司状况进行了解,也可及时应对金融市场风险。在互联网金融市场中,对于市场交易双方的权益都应公开,这样不仅可加强市场交易者之间的联系,也可对市场风险及时预警,以保护市场参与者的权益。

(三)建立网络安全防护体系

在大数据时代,尤其在互联网金融领域,数据管理和安全性面临着严峻的挑战。加强对互联网金融风险的管理,第一就是要加强在知识产权方面的监管,加大对各种互联网系统的关注,帮助互联网企业建立自己的安全防护系统,完善我国在互联网方面的安全防护,加强互联网企业在恶意攻击方面的预警机制,减少由于客户信息暴露对企业和客户带来的损失。发展互联网金融的核心技术主要有编程技术、云计算以及大数据等,只有这些技术不断创新,我国的互联网才能得到更好的发展。但是我国在这些方面的技术还是比较落后的,这就加大了我国互联网金融在运行时面临的风险。因此,需要相关机构主动突破研究与互联网金融相关的关键性技术领域,善用计算机人才开发拥有自主知识产权的信息技术,加大技术创新力度,在硬件方面建立

---

① 牛强,胡艺. 互联网金融:创新、风险及其监管政策研究[J]. 云南社会科学,2015(06):71-74.

起大型数据库,这是防范与减少安全风险和技术风险的根本性措施。互联网世界是虚拟的,企业要建立和完善网络安全防护体系,就要确保自己的评估系统、审核系统、运作系统能够满足金融活动的需要,保护金融消费者的权益。

(四)加快研究立法并营造良好的法治环境

互联网金融中出现的许多问题都与我国相关法律法规不健全有关,因此我国政府应加快这些方面的立法,包括明确市场准入、资金流动与退出方面的规则,构建起适合我国国情的互联网金融活动监管体系。同时也应该借鉴国外关于互联网金融方面的立法和监管经验,联系本国国情进一步完善对消费者隐私保护、电子合同的合法性及交易证据确认等方面的规定,最终建立权责分明、法律明确的互联网金融市场。相关监管部门应充分考虑各种创新型互联网金融产品的特点,积极和互联网金融企业巨头进行合作,把握互联网金融创新趋势,加快互联网金融相关法律法规的配套建设。

(五)分业监管与混合监管相结合

完善的监管体系不仅能够防范系统性金融风险,还能在一定程度上激励金融创新。《关于促进互联网金融健康发展的指导意见》提出,在对互联网金融进行监督时,首先要依照的监管原则是依法、适度、分类、协同以及创新。并且还对不同的业务进行划分,各个部门管理与其部门相关的业务。如人民银行负责互联网支付业务的监督管理,由银监会管理各种互联网信贷包括消费者信贷,证监会负责股权众筹融资和互联网基金销售的监督管理,而保险业务则是由保监会进行监管。① 我国的监管模式是典型的分业监管,但随着互联网金融交易的业务范围不断扩大,业务种类日益多样化,互联网金融市场的发展突破了这一界限。分业管理已不能适应日渐扩大的市场需求,金融市场分业管理出现了许多弊端,对于市场中出现的问题不能及时解决。因此,应采取综合性监管模式,也就是将分业管理与混合管理两种模式同时运用。在实行综合监管模式时,最关键的就是对市场中的业务进行分类界定,对各个部门监管的范围进行明确划分,保证各个部门可明确自己的职责,从而对各个金融业务进行监督管理、控制风险,确保市场平稳有序发展。

---

① 关于促进互联网金融健康发展的指导意见. 人民银行网站,www.gov.cn.2015 – 07 – 18.

七、结　语

我国互联网金融正在融合与创新中快速发展,但在发展中也出现了不少问题,最主要的就是要及时完善互联网金融监管体系,以引导我国互联网金融平稳发展。总体来说,依然应坚持以开放包容的态度对待互联网金融,以创新的精神推动互联网金融的蓬勃发展。本章认为应将市场化作为互联网金融发展的目标,在国家相关部门的指导下,加大对我国金融市场的维护,同时还应保护好所有消费者应享有的权利,以保证互联网金融市场可平稳快速发展。应采取大数据、人工智能等创新方式对互联网金融进行监管,使互联网金融创新能有效助推我国实体经济的发展。

第三章
互联网消费金融资产证券化的探究
——以"京东白条"为例

2008年5月,中国人民银行和银监会共同发布《关于小额贷款公司试点的指导意见》。该《指导意见》允许由民间出资成立小额贷款公司,以创新融资渠道,帮助解决中小企业融资难问题,但同时也对小额贷款公司资金来源做了诸多限制。因此,小额贷款公司自身一直面临融资难的问题,也就更难以为众多的中小企业提供急需的资金。为应对这一难题,小额贷款公司必须创新融资模式,而将小额贷款资产证券化,是一种可行且可以推广的方案。本章将简单分析我国小额贷款公司所面临的问题,通过研究"京东白条"应收账款债权资产支持专项计划,以对同类型公司资产证券化提供借鉴。

一、"京东白条"应收账款债权资产支持专项计划

(一)"京东白条"

"京东白条"是京东推出的一种"先消费,后付款"的全新支付方式,在京东网站使用白条进行付款,可享有最长30天延期付款或最长24期的分期付款方式,是业内第一款互联网消费金融产品。其分期付款和白条的收费方式具体如表3.1所示。

表 3.1 "京东白条"分期付款收费率

分期期数(月)	分期服务费率(月)	违约金比例(日)
3 期	0.5%~1%	0.03%
6 期	0.5%~1%	0.03%
12 期	0.5%~1%	0.03%
24 期	0.5%~1%	0.03%

资料来源:根据"京东白条"相关网站公布数据整理编制。

其每月的服务费率虽只有0.5%~1%,但折算成年化利率后,3个月0.5%的年化收益率约为9%,24个月1%的年利率约为25%,因此,其实际服务费率远高于银行利率。

(二)"京东白条"应收账款债权资产支持专项计划正式挂牌交易

由于京东手里掌握买家的一笔贷款,这笔贷款就成为京东的基础资产。在京东的努力下,2015年10月28日"京东白条"应收账款债权资产支持专项计划在深圳证券交易所正式挂牌交易,成为中国内地资本市场的首个互联网消费金融资产证券化(ABS)项目。

"京东白条"ABS产品的原始权益人是北京京东世纪贸易有限公司(简称"京东世纪贸易"),SPV管理人为华泰证券(上海)资产管理有限公司(简称"华泰资产管理公司"),托管人为兴业银行股份有限公司(简称"兴业银行"),登记托管机构为中国证券登记结算有限公司深圳分公司(简称"中国登记结算分公司"),评级机构为联合信用评级有限公司(简称"联合评级")。

当时"京东白条"ABS的8亿元首期发行总额分为优先1级(75%,AAA评级)、优先2级(13%,AA⁻评级)、次级(12%)资产支持证券,其中,优先1级6亿元、优先2级1.04亿元,次级0.96亿元由京东自行认购(表3.2)。

表 3.2 "京东白条"ABS产品结构要素表

证券简称	京东优01	京东优02	京东次级
类别	优先级	次优级	次级
是否转让	是	是	否
存续期	两年	两年	两年
到期日	2017/9/26	2017/9/26	2017/9/26
发行规模	6亿元	1.04亿元	0.96亿元
利率形式	固定利率	固定利率	无

续表

证券简称	京东优01	京东优02	京东次级
预期收益率	5.1%	7.3%	无
信用等级	AAA	AA⁻	无
偿还本息方式（循环期）	按季度偿还	按季度偿还	无
偿还本息方式（分配期）	摊还本息，按月支付	摊还本息，按月支付	偿还优先级和次优级证券本息后的剩余收益
交易流通场所	深交所综合协议交易平台	深交所综合协议交易平台	无

资料来源：根据"京东白条"相关网站公布数据整理编制。

该专项计划有优先/劣后级结构化安排，设置了超额利差、超额担保以及具有信用触发机制的内部信用增级方式，不仅保障了证券持有者的权益，也相应地承担了京东世纪贸易的风险。

（三）"京东白条"ABS产品推出的意义及优势

2005年我国正式开始进行资产证券化试点，2008年之后试点工作因美国金融危机暂停，2012年资产证券化又重新开闸。随着互联网金融的发展和政府政策的大力支持，我国资产证券化业务明显加速。从2013年起，互联网金融企业逐步推出了各类专项资产支持计划，但受限于征信体系的缺失，直接面对消费者的互联网消费金融资产证券化一直是空白，有待开发。"京东白条资产证券化"的横空出世填补了这一市场空白。那么京东推出这样的产品具有什么优势呢？

1. 基础资产信用优良，管理人实力雄厚

"京东白条资产证券化"的基础资产为个人用户端的白条资产，基础资产小而分散，信用优良，因此获得了众多机构投资者的欢迎。同时"京东白条"的坏账率一直都保持较低的水平，在市面上属于非常优质的资产。

"京东白条"ABS产品的发行成功还有赖于"京东白条资产证券化"的操盘方——华泰资管，其有着非常丰富的经验。在ABS产品开发上，华泰资管先后发行了广州长隆资产证券化项目、中联水泥租赁资产支持专项计划、扬州保障房信托受益权资产支持专项计划、天津房信限价房信托受益权资产支持专项计划等一批备受业内瞩目的知名产品，享有"ABS专家"的市场美誉。也难怪京东金融联手华泰资管共同推出的此项金融创新业务如此顺利。

2. 京东大数据征信体系完善

互联网金融核心是风险控制,而风险控制的核心是征信。京东大数据征信体系利用先进技术,打破了以信贷数据为主要指标的传统征信模式;以京东电商庞大的数据作为基础,同时覆盖了京东生态体系内所有有效数据,使征信数据来源呈现多元化、多层化特点。

二、"京东白条"类互联网消费金融资产证券化产品优势

(一) 产品标准化,资金流动性提高

流动性大小关系到企业的风险,一个公司如果其资产的流动性不高,那么企业便会面临流动性危机。一个企业虽盈利性很好,但其库存积压、流动性不足也会导致企业破产。因此,流动性对于企业发展十分重要。

作为资产证券化产品,意味着其具有标准化的特性,那么认同该产品的人就会多,更愿意去接受这种产品。如平台出售某项标准化的产品,就会比具体的债权更容易卖出去。对平台来说,打包后的产品更容易让资金流动起来。互联网金融平台所面临的风险之一就是流动性风险,而标准化产品在一定程度上可解决这一问题。

(二) 产品自身增信,安全性较高

从"京东白条 ABS"的案例中可知,该专项计划分别发行优先级、次优级和次级债券,如发生不可抗拒事件,那么风险首先由底层来承担,这就给优先级投资者一个很好的保障。

可见分层的证券化产品可以通过内部分级的方式,做到适合不同风险偏好的投资者。由于次级档产品要晚于优先级产品拿到利息,所以优先级产品的安全性大大提高。如果发生大规模的坏账损失,优先档的投资人也不会亏损太大,其投资者的资金会相对安全。

(三) 规避资金池不合规风险

一些互联网金融平台在发展初期,可能会借用资金池辅助运营。上面说的"京东白条"其实有点像"资金池",但它是合法合规的。证监会 2013 年 3 月颁布的《证券公司资产证券化业务管理规定》中提出"以基础资产形成现金流循环购买新的同类基础资产方式组成专项计划资产",允许资产证券化使用"循环购买"的方法,这就使其拥有的"变相"资金池合法化,使其可持有

短期债权,背负长期债务。

三、"京东白条"类互联网消费金融资产证券化的问题

(一)信息保密措施不完善,面临信息泄露风险

用户在注册"京东白条"这一类信贷产品的时候,需要填写自己的手机号码、身份证号及银行卡号等个人私密信息,此外京东商城还会收集到用户的地址信息、交易记录等信息,这些信息都是非授权不能被泄露的。如果京东商城在经营这些数据时没有做好保密措施,对用户个人很可能造成威胁。信息被盗取或被篡改都是对客户极为不利的。

(二)贷款早偿引起投资计划紊乱

早偿性风险是指债务人因提前归还贷款而导致债权人的投资计划紊乱,在"京东白条"这类信贷产品资产证券化后常常会面临此类风险。经济法规定在不影响债权人利益的条件下,债权人同意债务人可以提前清偿债务。在市场环境下,债务提前清偿有可能打乱债权人的资金运营计划,同时提前偿还债务也为资产证券化运营方增加了流动性。

对于ABS产品运营方来说,贷款早偿会影响资产管理人的投资计划,如果在短时间内难以找到下一个投资项目,就会使得再投资的效率下降从而引起基础资产价值下降。

(三)信用链条可能存在断裂风险

拿"京东白条"ABS运营方来说,其运作过程将传统的由借款人和京东金融组成的信用链条延长为借款人、京东金融、投资机构和众多中小投资者组成的更长的信用链。一旦其中任何一个环节出现问题都会不断传导放大,导致信用链断裂,从而使投资者的利益受到损失。

如借款人为躲避其债务,在一开始申请"京东白条"的时候就故意造假信息并进行洗钱等非法活动,这会使"京东白条"实施资产证券化处理后增加基金池的资产坏账率,如无外部担保就有可能使次级债券甚至优先级债券无法清偿。这种情况发生会使整个信用链上的各方受到损失。

四、互联网消费金融资产证券化对策建议

（一）加强对大数据的互联网征信系统的监管

为防止征信系统不完善而导致的信息泄露,我国应该加快完善相关法律法规,加强监管力度,既要规范互联网企业的信息收集行为和使用权限,还应规范大数据的技术保护手段,为互联网消费金融活动营造良好的政策环境。

此外中国人民银行也应尝试通过互联网征信系统与央行征信系统的衔接,为互联网平台提供信息服务的便利,以解决互联网征信系统存在的不规范操作、数据不统一等问题。通过健全互联网征信系统信息共享机制,从而使互联网金融各参与方获得更准确的信息。

（二）完善风险隔离机制

应保证证券公司设立的专项资产管理计划法人的独立性。如"京东白条"ABS项目中直接将基础资产转让给华泰资管,明显暴露出风险隔离不到位的问题。因此,可通过采用特殊目的信托模式或者创新SPV类型来实现风险隔离,以确保SPV独立运作。

还应保证发行人与发起者之间的资产转移不可逆性,使资产证券化完全基于资产的信用,受托人对发起人没有追索权。保证SPV按照真实销售的标准从发起人处购买基础资产。尽可能减少重复征税,降低互联网消费金融资产证券化产品的交易费用,提高消费者的积极性。

（三）健全信息披露制度

应加强信息披露制度的管理,以有利于投资者有效投资。在互联网消费金融资产证券化的过程中,完善信息披露制度有助于降低风险。通过公平、公正、透明的制度保证投资者利益,促进资产证券化稳步推进,为互联网消费金融运行保驾护航。但也应注意,适度的信息披露能够保证金融消费者的权益。

五、结　语

资产证券化有利于推动中国债券市场发展及中国多层次资本市场的形成,而"互联网+"消费金融资产证券化市场在未来的发展过程中需要进一步加强风险控制,落实和完善监管制度,并在发展过程中要切实考虑投资者的利益,不能盲目追求效益。

第四章

基于线下操作方式的P2P网贷平台风险与监管机制研究

——以苏州X公司P2P网贷平台为例

P2P网贷平台是近年出现的金融新业态,并在近两年"互联网+"的背景下,作为"互联网金融"的一部分得到了迅速发展,这对于形成多种金融发展业态,繁荣我国金融产业都具有推动作用。但P2P网贷平台的发展仍然存在监管等方面的问题。本章通过分析P2P网贷平台具体面临的问题提出了相关对策建议,对P2P网贷平台的进一步发展具有一定的意义。首先介绍了P2P网贷平台的相关理论,包括商业性贷款理论、资本转化理论、小额贷款理论和小额信贷理论等。其次对P2P网贷平台的常见风险、信贷行为、平台发展运营模式、法律监管等进行了综述,并具体分析了P2P网贷平台的发展现状及特点,以及P2P网贷的主要产品。具体以苏州X公司P2P网贷平台为案例,分析了P2P网贷平台的运作模式与过程、常见的风险以及监管现状和问题等。最后分别针对出借人、借款人、P2P网贷平台和监管机构提出了相关的对策建议。

一、引　言

(一)研究背景

P2P网贷平台是指由网络信贷公司提供网上借贷平台,由出借方向该平台提供资金,再由借款方(个人或企业)向该平台提供借款需求,网络信贷公司提供借款人资质审核,最终解决双方需求的平台。我们发现,在P2P网贷公司中,有相当一部分不局限于网上业务,更大的比例是线下业务,这已经成了其主要收入来源,并在每个一线城市设立了门店。网络信贷公司不但促成借款人和出借人对资金的处理需求,还在贷后提供一系列服务,比如借款人还款提醒,借款人逾期时协助出借人进行电话催收、上门催收等。这样,出借人能够得到远高于银行利息以及理财产品的收益,年收益率一般为 10% ~ 20%;借款人可以解决资金的迫切需求,若是企业则可以解决融资问题;网络信贷公司自身也能获得可观的服务费和后期借款人违约可能缴纳的滞纳金与罚息、催收费用等。所以,P2P 网贷平台的存在是对中国经济有一定促进作用的。

然而在 P2P 网贷公司运营中存在许多问题。如费用和利息设定偏高,从业人员鱼龙混杂,公司以业绩为中心而缺乏职业道德,专业人员少即无法科学有效地制定审核标准,由于业务员自身素养问题,借款人、出借人的个人信息被大量转卖,毫无隐私可言,等等。因此,本章基于线下操作方式的 P2P 网贷平台风险与监管问题进行研究具有现实意义。

(二)研究意义和目的

由上述背景我们不难发现,控制 P2P 网贷平台风险最为关键的一点就是规范 P2P 网贷公司的经营,因为只有其经营合规,才能提高自身业务水平,制定科学的审核标准,使借款人借得起款,使出借人放心出借,才能更好地促进经济发展。

第一,P2P 网贷平台风险研究有利于 P2P 网贷公司制定科学规范的审核制度。P2P 网贷平台的风险点在哪里?通常会如何表现?鉴别的方法有哪些?如何在最短的时间内发现?这些问题对 P2P 网贷公司和出借人来说是极其重要的,因为一旦借款人是恶意借款,则出借人会损失惨重,只有保证了借款人的借款目的正确,才能给出借人提供最基本的保障。

第二,P2P 网贷平台风险研究有利于出借人充分意识到出借的风险。在所有出借人当中,大多数是手边有闲钱而不善于投资理财的群体,他们之所以会投资在 P2P 借款平台,是被其高息所诱惑及 P2P 借款平台从业人员不负责任地承诺保证收益所致。

第三,研究 P2P 网贷平台监管机制有利于监管部门规范借款公司的行为。P2P 网贷公司绝大多数是以网络信息平台形式存在,它们不仅受银监会的监管,还受到工业和信息化部、公安部、国家互联网信息管理办公室、地方金融监管部门和省级网络借贷行业自律组织监管,但如何使多部门监管有效是需要研究的重要课题。

二、理论基础和文献综述

(一) 理论基础

1. 商业性贷款理论

该理论最早由亚当·斯密在《国富论》一书中提出。该理论认为银行在贷款的过程中必须保证资金的流动性,因存款人随时会提款。所以,商业银行最好以发放贷款期限较短、风险较小的贷款为宜,因银行资金主要来源于活期存款,而贷款需具备自偿性。但对于P2P网贷来说其与商业性贷款的情况存在很大差异,P2P网贷平台将出借人与借款人直接对接进行借贷交易,因此资金来源广泛,而出借人自担风险,借款人资金用途多样,借款期限长短不一而利率高低差异较大,在P2P网贷平台上的交易特征为高收益、高风险、流动性不确定等。

2. 资本转换理论

资本转换理论是美国的莫尔顿于1918年在《政治经济学杂志》上发表的《商业银行及其资本形式》一文中提出的。该理论认为,银行可以把一部分客户的存款进行证券类投资,当急需资金流通时,可以抛售证券换取资金。这样可以减小中长期贷款产生的流通性风险,还可以作为投资保值的一种有效手段。这一理论曾在商业银行风险管理中被看成是信贷风险管理的重要依据。从P2P小贷公司的运作模式来看,此类公司毕竟只是服务平台,不是金融机构,不允许其改变用途将出借人的款项进行证券投资,因此,P2P小贷公司能做的是将一部分营运收入进行此类操作,来降低资金链出现问题产生时的巨大压力。

3. 预期收入理论

预期收入理论最早是普鲁克诺在其《定期放款与银行流动性理论》一书中提出的。该理论指出了信贷风险的本质:贷款风险不仅仅取决于企业自身因素,还取决于银行贷款的流动性,取决于银行的预期收入。如果在预期收入上银行可以保证利润,"以分期偿还的形式,不论是长期的项目贷款,还是短期的消费信贷,银行信贷都是安全的"。这一理论对P2P网贷公司的审核标准有较大的参考意义。它突出强调了偿还机制和利润以及日期表对控制信贷风险的重要意义,即预期收入决定了借款人还款期限的长短。在P2P的审核中,有还款能力审核一项,但效果不是很好,违约率仍然较高。

4. 超货币供给理论

此理论产生的背景是银行业竞争激烈,商业银行获得利差收益越来越困难,银行业必须扩大规模来寻求赢利。因此,银行需开展传统资产负债业务以外的表外业务来增加收入。此外,还提倡银行可将资产负债表内的业务转化为表外业务,如将贷款转售给第三者,将存款转售给急需资金的金融机构等,从而使表内业务经营规模缩减。超货币供给理论认为,银行通过贷款业务获得利润,应该是银行经营管理的一个手段而已,商业银行的资产经营应该超过负债,即商业银行应该创新出更多的金融服务来获取利润。该理论为商业银行中间业务的发展提供了理论基础。资产负债表外管理理论把商业银行从传统的存贷业务带入了多元化的业务发展模式中。P2P 网贷公司运营是对这一理论的创新实践。

5. 资金总库理论

该理论成立的假设前提是,如果银行能够保证资金流动性充足够用,那么银行就可以将预留资金投放到中长期信贷业务中。在资金总库理论的指导下,银行把活期存款、定期存款、负债、自有资本等都看作是一个库的资金集合,通过单一来源方式进行资金总库分配,"第一批资金的分配是建立第一准备金,第二批资金分配是建立第二准备金"。依此类推。这一理论对于信贷风险管理具有重要意义。但是其理论构想过于简单,不仅缺乏对资金流动性的考虑,更是没有解决投放比例问题,而且信贷风险管理与资金流动性管理不能简单对等,在实际 P2P 网贷公司经营管理应用上更是缺乏可操作性。

6. 资产分散理论

该理论认为由于银行贷款存在着风险因素,所以,如果银行将资金全部或者是大部分投入某一个领域或者是行业内,那么银行将会承受巨大的风险。因此,必须对风险进行分散和转移,使商业银行尽可能降低这些信贷风险。该理论的最大亮点就是提出了信贷组合方式,以此降低银行信贷风险。这个理论成立的假设前提是,银行信贷的风险主要取决于借款人的道德品质和经济状况,如果实行多样化的资金分配,一方面可以利用其使风险相互抵消;另一方面,通过尽量减少在关系密切或者是高度依存的行业之间进行放贷,避免出现信贷风险的传导效应。同样,P2P 网贷公司可以把此类方法运用起来,将出借人的款项分散出借,借给不同的借款人,即使其中少数借款人逾期,损失也较小。

7. 小额贷款理论和小额信贷理论

福利主义认为贫困者的贫困程度是小额信贷服务的前提,小额信贷是

"扶贫"的一种手段。因此,他们并不关注金融中介机构的盈利状况,认为完全可以通过政府补贴来维持日常经营。福利主义的目标群体是活跃着的贫困者,尤其是妇女,他们希望帮助妇女及贫困者增加收入,提高经济和社会地位,从而改善其生存状况。吴国宝(1998)指出小额信贷产品的目标群体是贫困者,是一种提供资金救助的小型贷款模式;雷格伍德(2000)也认为小额信贷产品应该是向低收入、个体经营这两个群体提供信贷服务的一种金融模式,目的是促进地区经济整体发展。我国在这方面也有很多典型的做法,如农村信用社扶助农户的方式、地方性商业银行和国家开发银行合作扶持中小企业群体的方式等。可见在福利主义模式下,政府并不追求对弱势群体的经济利益,而是通过小额信贷产品对弱势群体进行金融扶贫。

8. 资产负债综合风险管理理论

该理论认为在资金的配套运行及资产负债管理的整个环节中,根据金融市场的利率、汇率及银根紧缩等的变动情况,使资产和负债实现协调与均衡配置的目的。该理论的主要内容为:一是商业银行流动性风险。它是从资产和负债两个方面寻求满足流动性的方式,从而预测商业银行的流动性,以防范银行流动性风险。其中也包括借款者贷款和存款者提现的需求。二是商业银行经营风险控制。通过对经营中资产和负债的管理,明确规定自有资本的比例,并根据经营环境制定相应的风险标准和风险控制的方法,来控制商业银行可能出现的各种经营风险,从而使银行的收益得到稳定长远的增长。三是商业银行利率风险。可以通过调整商业银行资产和负债的配置方式,实现数量、期限和利率的合理匹配。

(二) 文献综述

2007年左右在我国产生的P2P网贷平台之后得到迅猛发展。在2009年之后个人和新生小微企业需要大量资金从事生产经营,在银行审核严格的背景下涌现出许多P2P网贷平台,但P2P网贷平台出现了非法集资和资金链断裂、负责人跑路等现象。因此,P2P网贷模式吸引了大批专家学者的关注,P2P网贷平台的研究总体来说有四个方面:第一是对P2P网贷平台常见风险方面的研究;第二是对P2P信贷行为的研究;第三是对P2P网贷平台发展运营模式的探究;第四是对P2P网贷平台法律监管的研究。

1. P2P网贷平台常见风险

苗晓宇(2012)通过对P2P常见的三种模式,即无抵押无担保、无抵押有担保、有抵押有担保进行横向比较,认为P2P网贷平台常见的风险有信用风险、市场风险、操作风险、流动性风险和政策风险五类。其中,信用风险主要是指不能按时还本付息的风险;市场风险是指市场利率变动的风险;操作风险是指可能产生与职业道德相悖行为的风险;流动性风险是指出借人的缺乏、坏账的攀升、还本退息的承诺、监管政策的变化、市场的急剧波动等导致资金链断裂的风险;政策风险是指国内对P2P网贷公司相关立法尚不完备,对其监管职责界限不清,P2P网贷公司的性质也缺乏明确的法律法规界定的风险。最后研究指出,P2P网贷公司所产生的问题需由国家、监管、公司自身三个层面共同协调才能解决。

曹楠楠、牛晓耕(2013)以"人人贷"为例,研究发现我国P2P网贷公司实质是在利用互联网开展借贷活动,但是相应的法律法规空白,容易产生法律监管风险、信用道德风险和经营资金风险。并认为控制这些风险的方法有:出台相应法律法规加强监管,建设信用评价体系,规范资金监管,改善利率定价手段,引导规范发展,强化风险意识。

许婷(2013)则对客户违约风险、网站运营风险、网站技术风险进行分析,并提出要降低这些风险,第一,应规范管理,采取实地调查,引入外部线下担保机制、建立P2P网贷平台客户的信用数据库等;第二,应严格界定自身的信息咨询与服务特征;第三,应充分核实借款人的风险,严格按照银行贷款的要求对借款人信息进行审查与审批;第四,应建立平台风险拨备机制;第五,应加强网站的安全保障措施。另外,监管方应尽快建立起相应的法律法规和市场准入机制,建立统计监测体系和帮助P2P贷款行业建立有效的征信机制,并加强资金监管。

施俊(2013)以美国的P2P与我国相比较,指出美国的P2P模式都是撮合借贷双方的线上中介平台模式,该模式与我国有着很大差别。同时指出,美国信用体系建设、信用消费评估都已相当成熟,信用体系也面向所有机构开放;出借人的款项有第三方保管,较为安全;美国多数P2P网贷公司也都有着破产后备计划,一旦平台破产,就会有第三方机构来接管平台的运营,继续服务于消费者。这些对我国P2P网贷公司具有重要的借鉴意义。

徐宇凡(2014)提出我国P2P风险管理的主要问题,包括IT系统安全管理、信息真实性审核、资金管理走在灰色地带、专业人才瓶颈、规范缺位以及非理性的投融资行为等。

董妍(2015)认为P2P网贷平台的投资风险包括正常风险和非正常风险,风险控制关系到整个行业的生存和发展,也关系到投资市场的良性发展。信息披露是风险控制的关键,信息披露的对象包括监管机构、投资人和公众,披露的主要信息内容包括借款人信息和P2P平台的运营情况。引入银行作为资金托管方和由专业机构出具报告,是P2P平台风险控制的又一良策。

张巧良、张黎(2015)利用层次分析法发现P2P网贷平台风险发生的可能性依次为信用风险、技术风险、内部管理风险、市场风险、与结构合作风险、无序竞争风险、声誉风险和法律风险。

乔琳(2015)认为,作为互联网金融创新的重要发展模式,P2P网贷尚属发展初期,监管缺位、行规空白、诚信缺失、风控脆弱、信息不透明、投资者的信息得不到有效保护,严重制约了P2P网贷的有序和健康发展。

郭晓辉(2015)认为,我国P2P网贷平台存在信用风险、道德风险、经营风险、法律风险等并提出要通过以下途径来管理风险,具体为全面落实风险备付金、落实平台资金银行存管、完善个人网上征信体系、严格规范平台担保制度以及加强行业自律等。

2. P2P信贷行为的研究

张娜(2011)从网站信任、借款人信任及个人信任倾向三方面,分析放款人信任对其决策行为的影响,显示放款人的信任度对其出借意愿有显著影响;放款人的个人信任倾向、所感知的借款人信息质量及网站的安全控制因素都会显著影响其对于信贷网站的信任度;借款人的信用等级及关系型社会资本都对其最终借款成功率起到决定性作用;放款人对信贷网站的信任度可以直接影响其对于该网站上借款人的信任。

李广明、诸唯君、周欢(2011)则对P2P网络融资中借款人欠款特征提取进行实证研究,发现对于小额网络融资来说,借款人具有贷款金额少、贷款期限短、贷款利息要求低等特征。借款人的学历、贷款项目、所在城市、本身所从事的职业等信息同借款行为密切相关。但该研究未考虑借款人的用款项目并不受经济形势、行业形势变化的影响,对欠贷原因分析不够深入,未考虑借款人意外情况导致的拖欠贷款行为。未针对拖欠借款人特征提出有效的贷款管理办法和贷款催收办法。

丁婕(2012)对国内外成功的借贷网站进行比较分析,发现各平台在评估授信及借贷方匹配等方面具有不同的模式。并对拍拍贷平台上借款人的行为进行分析,探讨了我国网络借贷行业面临的现实问题,对拍拍贷的内部控制机制提出了建议。

3. P2P网贷平台发展运营模式

张职(2013)通过研究国内外相关文献,比较国外典型的P2P网络借贷平台的营运模式,梳理国内 P2P 网络借贷平台的营运模式有以下五种:单纯中介型、复合中介型(网下到网上)、复合中介型(网上到网下)、公益型、单纯网下型。并以英国 Zopa,美国 Prosper、Kiva 等国外 P2P 网贷平台与国内拍拍贷、安心贷、红岭创投、宜农贷、宜信公司进行比较,发现国内 P2P 网货平台存在缺少相关法律规定、监管缺乏、资金监管缺位等问题,贷款者面临坏账风险、平台信用风险及个人信用风险和网络安全风险,并提出了对策建议。

4. P2P 网贷平台法律监管

沈霞(2012)分别从 P2P 网络贷款业务所涉及的主体,即借款人、贷款人、中介服务方、担保方与保险方的角度,分析其可能在 P2P 网络贷款中发生的风险,并对 P2P 网络贷款的监管现状进行了梳理和分析,在结合国外对 P2P 网络贷款监管经验的基础上提出完善与 P2P 网络贷款有关的刑事、民事法律规范,建立起一套包括准入、日常运营与退出机制的 P2P 网络贷款法律规范体系,将 P2P 网络贷款平台及其业务纳入政府监管的范围,完善 P2P 网络贷款平台的自律监管以及完善我国个人征信体系建设等建议。

唐婧(2012)研究发现,平台放贷人的合法性尚无法律依据,借款资金的安全性存在威胁,个人信用的评定过于随意,平台本身的风控制度不完善等运营问题阻碍着民间网络借贷平台的健康发展。我国民间网络借贷平台存在平台身份合法性、资金安全无保障、网站风险控制机制不完善、信贷风险评价机制不健全四大安全隐患,并对此提出了明确民间网络借贷平台放贷人的合法地位,对借款资金来源设置审查程序,规范借款用途的申报,动态跟踪借款的使用,建立风险保障金以及完善个人信用体系和网站信用评级等对策。

吕祚成(2013)分析了银监会、人民银行、工商行政管理部门、工信部对 P2P 网贷公司的监管,发现存在监管措施滞后、监管制度不健全、监管职责不明等问题,由此导致各监管部门在监管中存在监管真空或监管重叠。以美国的《证券法》与判例法、《多德弗兰克法案》,韩国的《电子商业基本法》《电信法》《公平显示广告法》《消费者权益保护法》《促进信息通信网络利用及信息保护法》及其他有关消费者权益保护的法律法规为例说明法律监管的重要性,并提出确立监管主体、明确监管对象、设置准入标准、规范资金管理、加强风险控制、完善外部监管、建立退出机制等建议。

(三) 文献评述

上述研究基本是建立在纯网络借贷基础上的,但现实中许多 P2P 网贷公司的业务在线下完成,从商业银行的角度出发研究 P2P 网贷平台风险与监管机制问题并不能针对 P2P 网贷时间短、放款快、无抵押的特点进行深入分析。因此,本研究将以线下操作为基础,通过出借人、借款人和 P2P 网贷公司三方的利益关系,对其风险与监管机制问题进行深入研究。

三、P2P 网贷平台发展现状分析

(一) P2P 网贷平台的发展现状与特点

1. P2P 网贷平台发展现状

(1) 发展迅速。2006 年前后国内涌现出许多 P2P 网贷平台。由于准入门槛低、收益高,政府并未针对此行业制定相关法律法规,使得 P2P 网贷平台发展迅速,知名平台有平安易贷、拍拍贷、宜信、你我贷、人人贷等。另外,由于其收益率高于银行存款利率以及银行融资难等原因,吸引了大批出借人和借款人,使得这一新兴行业爆发式发展。据网贷之家的数据显示,截至 2015 年 3 月底,国内 P2P 网贷平台已达到 1 728 家,截至 2014 年年底,累计放款量超过 3 800 亿元。可见当时,我国 P2P 网贷平台正处于发展初期,也处于迅猛发展期。尽管相比于全社会的融资总量,通过 P2P 网贷平台放贷总量占比仍较少,但这种网络贷款模式确实具有方便和快捷的优势,必将成为未来重要的贷款模式之一(见图 4.1 和图 4.2)。

但从另一方面来看,借款人破产、恶意拖欠、P2P 网贷平台跑路从而导致出借人无法收回本金的风险事件也时有发生。

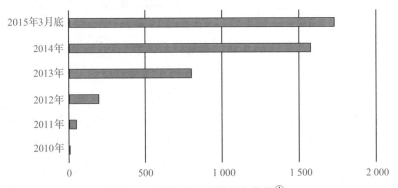

图 4.1 我国 P2P 网贷平台数量[①]

---

① 罗家荣. 我国 P2P 网络借贷平台的风险探究[D]. 苏州大学硕士学位论文.

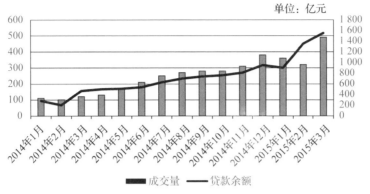

图 4.2　2014—2015 年我国网贷平台成交量及贷款余额

（2）地区间发展差异较大。从 P2P 网贷平台分布看，主要分布在经济发达省份，广东、浙江、北京、山东、上海、江苏的网贷平台占全国的 71.3%。而在其他省份的网贷平台较少。但随着重庆、四川等地经济的持续向好，这些地区的网贷平台也在逐步增加。可以预见，在未来，网贷平台的地区间差距可能不会缩小，但是一些欠发达地区的网贷平台会逐步增加，并获得良好的发展。

（3）投资收益率呈现快速下降的趋势。P2P 网贷平台的综合收益率在近些年出现了逐年下降的趋势，而且速度越来越快，从最高的 30% 多年收益率下降到 15% 左右的水平。从原因分析看，一是由于收益率太高，直接增加了借款人的借款成本，对于借款人而言，较高的借款成本会降低其借款的积极性，而且会提高逾期违约的概率，这些都不利于长期融资。二是由于网贷平台增加迅速，业内竞争日益激烈，直接导致了平均利润率的下降。因而 P2P 网贷平台整体收益率的下降是行业竞争的必然结果。但是，收益率仍然高于银行存款利率。

2. P2P 网贷平台特点

（1）具有明显的中介特色。P2P 网贷平台的特点是以一个中介形式存在，理论上这些网贷平台不提供资金，仅仅起着联系出借人和借款人的角色，并附加提供对借款人的资质评估、后期催收的服务，通过收取出借人和借款人的审核费、服务费、滞纳金、罚息等各种费用盈利。

在实际操作中，P2P 网贷平台却以高出银行基准利率多倍的收益来吸引出借人，并以更高的利率把这些资金贷给借款人，通过巨大的利率差获得丰厚利润。一般来说，P2P 网贷平台支付给出借人的年利率为 7%～10% 不等，不得提前取出；而给借款人的利率则是月利率 2.5% 左右，按等额本息方式还款，折算成年利率约为67.02%,可见利率差之大。另外,若是借款人逾期,P2P网贷平台将收取当期应还款额的10%作为滞纳金以及剩余总金额每天0.05%的罚息。

(2) 借贷双方的参与者广泛。参与 P2P 借款的人非常广泛,任何具有一定条件的个人都可以参与进来。但由于 P2P 网贷多数借助于互联网,所以借款方中以年轻人居多,据不完全统计,主要是以"80 后"参加工作并且有一定收入的白领、工商个体户、工薪阶层为主。由于查找方便、准入门槛低、参与方式便捷等,每个人都可以在不同的网贷平台上借出资金。从贷方来看,P2P 贷款的参与人比银行更为广泛。由于存在法律、监管不完善等问题,以及 P2P 公司自身的盈利性动机,这些公司愿意将资金贷给那些银行等机构不愿意发放贷款的个人或公司,因此 P2P 贷方的参与者也十分广泛。

(3) 运营模式多样。P2P 网贷平台表现出多种不同的运营模式。董锋(2015)按照不同维度总结了 P2P 网贷平台的不同模式。按照平台是否以营利为目的划分,可以分为营利性运作模式和公益性运作模式;按照平台主要依托的途径可以分为以线下为主模式、纯线上模式以及线上线下相结合模式,这是主流的对 P2P 网贷模式的分类方法;按照平台是否有担保来划分,可分为单纯中介型模式、有担保的复合模式;按照资金托管方式分,可分为平台资金自管模式、第三方资金托管模式;按照是否存在债权转让可划分为无债权转让模式和债权转让模式。

3. 线下 P2P 网贷平台与一般 P2P 网贷平台比较

将 P2P 网贷业务分为线上操作和线下操作,线上操作的方法是:急需资金的借款人可在 P2P 网贷平台注册自己的真实信息并提供必要资料,待 P2P 网贷平台通过审核之后可在该平台发布自己的资金需求信息。而有闲置资金的出借人,可在 P2P 网贷平台注册完自己的信息,然后查看借款人发布的借款信息,并决定是否出借资金及借多借少等,但一般来说至少出借 100 元。到期后 P2P 网贷平台连本带利一起返还。一位出借人可出借资金给多位借款人。这给了出借人多种选择,也分散了风险。

线下操作是 P2P 网贷平台可直接和出借人、借款人面对面交流,能对借款人有一个直观的判断。根据线下操作实际需要,大多数 P2P 网贷平台设立一个总部和多个门店。总部除管理外还承担审核、放款、贷后管理的职责。P2P 网贷平台通常将理财部门和销售部门分开设立,分别配有销售、客服和行政管理等岗位。理财部门负责吸储,销售部门负责放贷。和网上操作的被动不同,P2P 网贷平台线下操作或活动属于主动营销,成交额较网上操作更为巨大,优势明显。

（二）P2P 网贷公司的管理模式与运作机制

1. P2P 网贷公司的管理模式及特点

（1）总部和分部结合。多数 P2P 网贷公司的总部设置在北京等大城市。这是因为一是网贷平台本身就是通过网络进行沟通的,总部不需要设在业务较多的地域。二是因为北京等城市是创新创业的地方,这里聚集了大量的风投资金和创业公司,对从事线下操作模式的 P2P 公司来说有利。三是因为中国多数官方金融机构的总部和金融监管机构等都设在北京等城市,对 P2P 网贷平台来说,可以获得更多的相关信息和帮助。

从分部设置来看,一般在华北、华东和华南设置有分部,这与之前关于 P2P 网贷平台主要分布在经济较发达的 6 省的现状较为吻合。这些分部主要负责接收借款和发放贷款。

（2）理财部和销售部为重点部门。如图 4.3 所示,理财部和销售部是绝大多数 P2P 网贷公司内设部门之中的重要部门。一般在销售部下设有区经理、城市经理、门店经理,门店经理下又分销售组长、服务主管、行政主管等。同样,理财部下面有区经理、城市经理、门店经理,门店经理下面有销售组长、客服等。由于销售部门和理财部门掌握着公司最重要的两项业务,所以这两大部门管理人员和业务人员都较多。而其他几个部门,如人事部、会计部、客服部一般都只在总部设置。

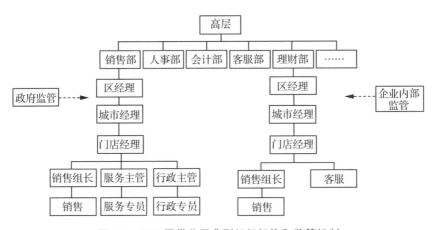

图 4.3　P2P 网贷公司典型组织机构和监管机制

数据来源:根据苏州 X 公司 P2P 网贷平台结构自行编制。

从图 4.3 可知 P2P 网贷公司典型的组织结构,其中销售部和理财部是两个最大的部门,理财部负责通过理财方式获得资金来源,而销售部主要负责向外放贷。对于 P2P 平台的监管主要由政府的相关机构进行,同时企业也进行内部监管。

2. P2P 网贷公司的运作机制

P2P 网贷公司的运作主要通过理财部门和销售部门来实现,其中理财部门的职责是通过理财等方式吸收存款,销售部门的职责是发放贷款。在 P2P 网贷公司中这两个部门运用了与一般网贷公司不同的运作机制,其运行过程如下:

(1) 理财部门的运作机制。首先,P2P 网贷公司最底层销售通过多种方法吸引有闲置资金的客户来门店商谈。找到高质量客户的方法有电话营销、电视广告、平面媒体广告、户外广告和发传单等。由于个人财力原因,大多数销售人员采用电话营销和发传单的方式。而电话营销的资料主要是从其他行业购买获得。

其次,客户来到门店后,销售人员会以"高利率,无风险"等理由说服出借人,并在客服的协助下完成签约和转款。

理财部门主要按绩效考核,若绩效不达标则直接要求销售人员主动离职。

(2) 销售部门的运作机制。销售部门的职责是找到急需资金的目标客户并协助其通过审核发放贷款。操作流程如下:

首先,底层销售人员也是通过各种方法寻找客户。

通常情况下,电视广告和平面媒体、户外广告都是由公司负责投放,而销售人员的营销方法有以下几种:

① 电话和短信营销。销售人员通过在网上搜集以及非法购买的资料,以拨打电话或群发短信的方法询问对方是否有借款需求,即通常所说的"骚扰电话""垃圾短信"。

② 发传单。销售人员会选择特定地点向路人发放自费印制的公司传单。地点一般选择在当地银行门口、同行公司附近、小区门口等。

③ 贴传单。销售人员也会印制不干胶,贴在大街小巷的各个角落,甚至公交车站牌、公交车内座椅及扶手上,即通常所说的"牛皮癣"。

④ 网上发帖。销售人员每天会在各种供求类网站大量发帖并留下联系方式,以方便借款人联系。

⑤ 同行介绍。销售人员通过其他同类公司的从业人员介绍客户。各 P2P 网贷平台为防止客户资源流失,对客户资料保密。所以,同一借款人可

以在不同P2P网贷平台借款,互不影响。但每个P2P网贷平台的业绩提成只给自己员工,所以销售人员等客户完成自己公司的借款要求后,也经常会介绍客户到别的同行处,被介绍的销售人员则要返点给介绍人。因此,通过同行介绍的方法不是长久之计。

其次,销售人员在找到目标客户后,就会与客户沟通,了解客户基本信息和目标额度。沟通结束之后协助客户准备材料,并转交客服。

第三,客服人员指导客户填写申请表,并验证资料的真实性和完整性,复印资料。验证资料真实性包括打电话或网上核实银行流水、通过网上验证身份证、通过工商网打印单位信息、陪同客户去房产交易中心打印房产权属信息、去住址和单位走访了解情况实地征信。之后向内部系统上传资料。

第四,信审部对客服上传的资料详细审核,以打电话给联系人和单位的方式来确定个人信息的真实性,还会通过其他方法确认银行流水、信用报告等的真实性。同时,门店服务部人员配合信审部门去客户单位、家庭进行实地征信。信审部门还要判断借款人的还款能力,并确定是否放款、放款额度和期数。这需要3~10天不等的时间。

第五,销售人员通知客户是否审批通过。对于审批通过的客户,销售人员会通知客户携带身份证、银行卡来签约。签约前客户经理还会与客户再次沟通,告知其可借的金额、期数、每期应还款金额。客户表示同意之后,再转交客服部完成签约,并由会计部放款。

第六,若客户发生逾期,按不同的公司制度,分不同情况由催收部门或者门店客服进行电话催收和上门催收。

3. P2P网贷公司的风险监管机制现状及问题

(1) P2P网贷公司内部风险监管机制现状与问题。P2P网贷公司的内部监管机制主要由以下几个部分组成:公司章程和管理规定、公司中高层管理人员以及公司员工。

① 公司章程和管理规定。P2P网贷公司的章程和管理规定一般都规定了公司主要经营哪些业务、如何管控可能存在的风险等。从国内P2P网贷公司的发展现状看,很少有公司在公司章程中提出如何监管风险,或者说明哪些行为是具有高风险的,公司及其员工在处理相关业务时要保持警惕。这主要是由于国内P2P网贷公司普遍成立年限较短,尚处于发展成长期,缺少可借鉴的成功经验,造成P2P网贷公司章程和管理规定不明确等问题。

② 公司管理人员。公司管理人员,特别是公司高层管理人员对公司的

风险监管负有重要责任。在P2P网贷行业尚不具备成熟管理模式的背景下，公司管理人员的决策能力、业务能力等对一个企业的发展起着决定性的作用。从P2P网贷公司发展看，往往存在规模小、业务少、不规范等问题，这就需要公司管理人员对公司业务保持高度警惕，通过公司管理人员的努力来弥补制度性风险监管的漏洞。

③ 公司员工。公司员工是操作公司业务的承担者，其承担风险的能力也是公司监管机制的重要一环。只要每一个公司员工在开展具体业务中都能保持良好的风险意识，就会提高整个公司的抗风险能力。在P2P网贷公司内，不论是在借款端，还是放款端，每个公司员工都掌握着重要的决策权力，每笔业务都会对公司的风险造成影响。因此，每个员工都必须防范道德风险，防范因追求业绩而产生高风险贷款。

(2) P2P网贷公司外部风险监管机制现状及问题。我国对P2P网贷公司外部风险监管主要来自三个部门，即金融监管部门、工商管理和信息网络管理部门、地方政府金融办公室(见图4.4)。

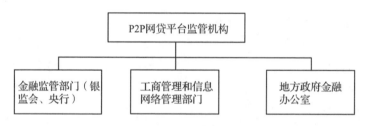

图4.4　P2P网贷平台监管机构

资料来源：根据《我国P2P网络借贷平台风险监管体系构建研究》(华东师范大学硕士论文，姜文君，2015年)整理。

① 金融监管部门的监管。2011年银监会发布的《关于"人人贷"业务风险提示的通知》中列举了"人人贷"的七大风险，同时也提到"监管职能在相应领域的职责不明晰，法律依据也不充分；立法环节欠完善，是导致监管部门职责不清、权限不明的主要原因，同时也缺乏对'人人贷'业务的性质确定和法律界定"，因此银监会并无有效措施监管P2P网贷平台。央行也没有出台相关的规定和监管措施。因此，从金融监管部门的监管来看，尚未出台相应的监管政策、管理规定来规范、约束P2P网贷平台的运行。这也与P2P网贷平台的性质有关系，未将P2P网贷平台作为金融运行平台，因此对其管理难以按照对金融机构的管理进行，但其本质上确实在从事金融领域相关的工作。

② 工商管理和信息网络管理部门的监管。工商管理部门对 P2P 网贷平台的监管主要集中在登记时对注册资本的核实,工商管理部门一般按照普通企业对其进行注册,并只对一般性事项进行核准。信息网络管理部门也只是将 P2P 网贷平台定性为信息中介,并按照相关办法对其进行管理。而 P2P 网贷平台经营的是互联网金融业务,工商管理部门和信息管理部门无法对其核心业务进行相关的审核。

③ 地方金融办公室的监管。地方金融办公室是负责地方金融发展、金融服务和金融市场的政府直属机构,主要承担小额贷款公司的审核、监管,并对融资性经营机构进行设立、监管方面的管理。除浙江省颁布了《关于加强融资性担保公司参与 P2P 网贷平台相关业务监管的通知》外,其他地方政府尚未出台相关的政策措施。而该通知也仅对融资性担保公司在开展 P2P 相关业务上进行了规定,较少涉及 P2P 业务相关规定。

从各个机构出台或发表的有关 P2P 网贷平台业务的规定来看,P2P 网贷平台的有关监管尚存在机制不完善、P2P 网贷平台定位不清、法律监管出现漏洞、政府规制不适应 P2P 网贷平台发展等问题。

(三) P2P 网贷主要产品分析

由于客户资质的不同,P2P 网贷平台对不同的贷款产品设置了不同的申请条件、利率、额度、期数等。普遍有以下几种产品。

1. 针对上班族的 P2P 网贷产品

(1) 针对精英人士的 P2P 网贷产品。此类客户属于高收入、工作稳定、还款能力较强类群体。职业包括:国家机关工作人员、国企工作人员;事业单位工作人员及大中型国有企业、上市公司、全球 500 强企业基层以上管理人员或拥有专业技术职称的人员;国有商业银行、股份制商业银行、地方性商业银行(含农信社)的人员;会计师、建筑师等各类专业人才;其他一些大中企业(注册资本在 1 000 万元以上的非金融业企业或注册资本在 3 000 万元以上的金融业企业)的中高级管理或技术人员。此类客户申请时还需符合以下条件:年龄不低于 22 周岁(含)且不超过 60 周岁(含)的具有完全民事行为能力的中国公民(不含港澳台地区人员);在现单位工作满 12 个月(不含试用期);现工作单位正式在编且在职的工作人员,不含劳务派遣及临时雇佣人员,不包含退休人员;如夫妻双方都分别符合,可以分开申请。

申请所需提供的资料有:第二代居民身份证原件及结婚证(离婚证)(单身无须提供材料);打印的三十天之内的中国人民银行个人征信报告;本人的

工作证明;本人的收入证明;本人的居住地证明;客户本人借款的近6个月还款记录。

(2) 针对普通工薪人士的 P2P 网贷产品。此类客户属于精英人士以外的普通上班族,收入一般甚至偏低,工作不稳定,还款能力差。一般 P2P 网贷公司将其细分为有房和无房两类,除了有房者可以提供房产外,其他要求基本相同。此类客户除了要求有稳定工作外,还需符合以下条件:年龄不低于22 周岁(含)且不超过 60 周岁(含)的具有完全民事行为能力的中国公民;在现单位连续工作满 6 个月以上;申请人与其配偶不可分别申请借款。

申请所需提供的资料有:第二代居民身份证原件及结婚证(离婚证)(单身无须提供材料);打印的三十天之内的央行个人征信报告;本人的工作证明①;本人的收入证明②;本人的居住地证明③;客户本人借款的近 6 个月还款记录。

2. 针对经营者和企业的 P2P 网贷产品

(1) 针对老板的 P2P 网贷产品。此类人群包括法人、股东、个体工商户,要求满足的条件是:年龄不低于22 周岁(含)且不超过 60 周岁(含)的具有完全民事行为能力的中国公民;申请人必须是经营主体的法定代表人或股东(占股 20%以上);申请人本地有房产,实际经营年限 12 个月以上;夫妻双方仅限申请一笔。

申请所需提供的资料有:第二代居民身份证原件及结婚证(离婚证)(单身无须提供材料);打印的三十天之内的央行个人征信报告;经营证明材料;本人的收入证明;本人的居住地证明;客户本人借款的近 6 个月还款记录(如有);工商局开具的企业查询证明(户卡/股权分配情况)。

(2) 针对企业的 P2P 网贷产品。针对企业客户、企业法人的条件是:注册地必须为当地工商局;连续营业满 3 年或以上;上一年或本年度(未足一年)的报税销售收入达人民币 300 万元以上(含);于本 P2P 网贷公司的借款

---

① 工作证明指:(1) 盖有公司公章/人力章的劳动合同;(2) 盖有公司公章/人力章/财务章的工作证明;(3) 工作证;(4) 大企业员工工牌。
② 收入证明指:(1) 6 个月个人银行流水,进账日期与流水开具日期应在 14 日之内(必须为银行流水原件或由客服人员签字确认);(2) 三项材料任选其一:个人完税证明、个人公积金缴纳明细、个人社保缴纳明细。
③ 居住地证明指:(1) 60 天以内开具的带申请人姓名的资料,如公共机关的邮寄信函(如税务、公安、法院等)、月度银行账单、月度信用卡账单等;(2) 60 天以内开具的以下单据:电费单、水费单、燃气单、电话费单、移动电话服务账单、网络服务账单、有线电视账单等;(3) 居住证、暂住证;(4) 标准房屋租赁合同;(5) 有盖章的居委会证明。

系统内没有黑名单、坏账记录或正在逾期的借款账户。股东的条件是：持有效的中华人民共和国居民身份证；于申请地网点地区工作或居住；年龄在25周岁至60周岁（最后一期供款日未满60周岁）之间；股份占比不足50%的股东，需要实际控制人作为共同借款人；于本P2P网贷公司的借款系统内没有黑名单、坏账记录或目前正在逾期的借款账户。申请所需提供的资料有：企业证照文件，包括组织机构代码证、营业执照、税务登记证、银行基本户开户许可证、公司章程；授权信息，包括合伙人/董事/执行董事/股东决议信息；法定代表人身份证明，主要指有效的二代身份证；经营场所证明，指租赁合同、近3个月的租金发票、水电费或管理费单据；近12个月对公银行流水；近6个月的营业税/增值税纳税凭证；审计/公司内部近月财务报表，包括资产负债表、利润表、现金流量表（即本年度1月至最近月），近1~2年财务数据，如年度资产负债表、年度利润表、年度现金流量表；审批借款前30天（日历天）内人行企业基本信用信息报告；审批借款前14天（日历天）完成的实地考察报告；其他借款的还款记录，指近6个月的还款记录（基本要求是最近3个月，如其他借款不足3个月，只需提供相应近期记录；其他借款包括车借、房借）；近6个月的上游供货商最近往来记录；近期业务合同、订单或购销单；借款卡。

3. 针对自由职业人员的P2P网贷产品

此类客户的条件是：（1）年龄不低于22周岁（含）且不超过60周岁（含）的具有完全民事行为能力的中国公民；（2）申请人本地有房产；（3）夫妻双方仅限申请一笔。

申请所需提供的资料有：（1）第二代居民身份证原件及结婚证（离婚证）（单身无须提供材料）；（2）三十天之内打印的央行个人征信报告；（3）近期连续3个月银行流水记录（如不提供，此项影响审批额度）；（4）本人的居住地证明；（5）房产登记证（按揭借款购房者，显示房产地址的购房按揭合同/抵押合同，近三个月房借还款记录；如为房产证，需外访时或放款前由客服人员陪同到房管局打印产权登记证明）。

4. 三类P2P网贷产品比较

由于不同产品种类所对应的客户还款能力不同，承担的风险也不尽相同，故本着"高风险高收益"的原则，P2P网贷公司制定了不同的费率、期数、额度。详见表4.1。

表 4.1 不同 P2P 网贷产品比较

产品类型	精英	普通上班族	仅有房产	法人	企业
执行费率	1.89%	2.56%	2.56%	2.56%	2.56%
额度范围	5 000~50 万元	5 000~20 万元	最高 6 万元	5 000~30 万元	10 万~100 万元
期限	6 期至 36 期（以每 3 个月递增）	6 期至 36 期（以每 3 个月递增）	6 期至 36 期（以每 3 个月递增）	6 期至 18 期（以每 3 个月递增）	1 期、3 期、6 期、9 期、12 期、15 期、18 期
还款方式	等额本息	等额本息	等额本息	等额本息	等额本息

资料来源：根据苏州 X 公司 P2P 网贷平台实际业务整理。

从表 4.1 中可以看到，在执行费率方面，只有精英人群的借款利率是最低的，月息在 1.89% 左右，而其他上班族以及自由职业和经营者的借款利率都达到了 2.56%。究其原因，是精英人士工作稳定、收入水平较高，故在所有客户群体中违约风险相对较小。而在额度范围方面，企业的上限为 100 万元，因为一般上班族不会有过高的薪水来承担高额利息，只有运作良好的大企业，才有能力偿还高额利息。在最长期限上，企业只有 18 个月，因为企业的运作存在各种风险，时间越久，不确定因素越多。由此看来，P2P 网贷公司对于审核放贷规定还是非常细致的。

四、苏州 X 公司 P2P 网贷平台案例分析

（一）P2P 网贷平台运作模式与过程

苏州 X 公司 P2P 网贷平台是新近成立的网络贷款公司，位于金融资本充实的苏州地区。该公司自成立以来，已经成功运作了多笔 P2P 网贷业务，其发展模式有 P2P 网贷平台发展的典型特征，因此选择该公司作为案例研究非常恰当。公司主要运作线下的 P2P 网络贷款，并从网贷业务看，主要涉及四个主体，一个是出借人，即资金来源方；第二个主体是借款人，即资金借款方；第三个主体是 P2P 网贷平台，即出借人和借款人之间的中介机构；最后一个主体是监管机构，负责对业务过程进行监管（见图 4.5）。

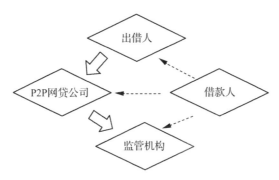

图 4.5　P2P 网贷平台四者之前的关系

资料来源:根据苏州 X 公司 P2P 网贷平台实际业务整理。

1. 吸引出借人

对于 P2P 网贷平台来说,现金是整个平台的命脉,P2P 网贷平台所有业务都是以现金为保障来运作的。P2P 网贷平台本身没有现金,因而吸引出借人是形成公司现金流的唯一方式。由于法律法规的限制,P2P 网贷平台并没有自行发放贷款的资质,所以,P2P 网贷公司自己定位为金融的咨询公司或中介,自身不提供资金,其用于放贷的资金理论上应当完全来自出借人的资金。可以说,没有出借人的资金,P2P 网贷平台就根本无法运作。一般来说,P2P 公司向出借人提供的服务是推荐资质良好的借款人,与此同时,向出借人收取 2% 左右的服务费。

P2P 网贷平台在线下操作开立门店的时候,常常会模仿商业银行的布置,尽可能让出借人感受到较为正式的运作机制。一般与出借人直接接触的是理财部门的客户经理。苏州 X 公司 P2P 网贷平台的理财部门客户经理会通过多种方式进行广告发布。具体的发布方式有报纸、网络、商场小区摆摊和电话营销等,但是前三种方法效果一般,因为这些渠道会给出借人一种不靠谱的感觉,从而导致出借人不愿出借资金。而电话营销,实际上是客户经理通过各种途径发现优质客户的电话号码来进行的。这一类客户,往往手头有大量资金,但不知如何理财,于是,客户经理就会电话邀请这些潜在的出借人,通过会面的方式详谈相关事务。同时,为了吸引出借人,P2P 网贷平台给投资人的年化利率基本为 7%～12% 不等。以苏州 X 公司 P2P 网贷平台为例,其产品分为 3 个月、6 个月、9 个月和 12 个月,给出的年化利率分别是 7%、8%、9% 和 12%,而我国商业银行人民币存款基准利率 3 个月约为 2.10%,6 个月约为 2.30%,12 个月约为 2.50%。通过对比可以发现,苏州 X 公司 P2P 网贷平台的年化收益率是商业银行存款利率的 3.3～4.8 倍。如此高的收益率加之客户经理的口头承诺确实会让出借人心动(见表4.2)。

表4.2　不同期限下商业银行与网贷平台年化收益率比较

年化利率　　期数　　　机构	3个月	6个月	9个月	1年
商业银行	2.10%	2.30%	—	2.50%
网贷平台	7%	8%	9%	12%

数据来源:根据苏州 X 公司 P2P 网贷平台实际运行情况整理。

2. 筛选借款人

P2P 网贷公司希望能尽快把出借人的资金借给借款人,只有将资金出借了,才能获得丰厚的收益,但是 P2P 网贷公司又非常担心借款人出现违约现象而导致资金无法正常循环出借乃至发生坏账。这样会使公司声誉受损、出借人收益降低或出现无法追回本金的可能。对此,P2P 网贷公司制定了一系列风险控制的方法来筛选借款人,具体步骤如下:

首先,填写申请表。销售部门的客户经理与客户谈妥之后,销售部门门店的服务人员指导客户填写申请表。申请表中的主要内容包括借款人的个人信息、居住情况、工作单位、财产情况、收支情况、联系人、经营情况等。有了这些信息,基本可以判断该借款人的稳定性和还款能力,从而计算出初审贷款额度和期数。借款人填写申请表的同时,还会按要求提交资料。提交的资料是申请表填写资料的具体化,目的是证明申请表中所填的基本资料的真实性。但是,现在资料造假技术非常高超,所以门店服务部人员常常采取多种措施核实资料的真伪。例如,针对银行明细单,服务人员通常采用的方式是通过银行电话或者网上银行进行核实,而房产证、信用报告则要求借款人陪同去房产交易中心和人民银行查询验证。涉及企业经营的,还要到工商部门进行确认。

其次,信审部初审。在资料初步验证完成后,服务人员会通过公司内部系统将客户资料扫描并上传给信审人员。信审人员会通过电话联系借款人本人以及申请表上所填写的联系人,正面或者侧面询问借款人的基本信息、借款用途以及是否有赌博等不良嗜好。通常,电话信审是非常详细的,以至于有些借款人抱怨像是在查户口。

第三, 实地征信。通过信审初步审核之后,信审部会要求门店的服务人员去借款人的单位、住址、房产地址实地征信。这是了解客户情况最重要的环节。实地考察是指在周详严密的架构之下,由调查人员根据信审专员出具的实地考察表直接或间接向被访问者搜集第一手资料的相互往来过程。

实地考察的进行从确立目的到提出报告与追踪,可分为五个步骤。

第一步,确立调查目的:实地考察员在接到信审制定的《实地考察表》后,应先根据《实地考察表》具体内容确立调查目的、调查重点、涉及人员等。

第二步,决定调查方法:实地考察员应当根据《实地考察表》类型决定调查方法,在使用观察法的基础上,配合直接询问法或间接询问法。

第三步,展开实地考察:根据事先确定好的调查目的及调查方法,展开实地考察,要着重考察信用审核专员提出的重点考察内容。拍照要包括实地征信的地址、考察的相关环境,还要拍相关证件。考察家庭环境时,照片中应涉及每间房屋的环境,重点查看是否有近期居住的痕迹、是否已出租等;考察企业时,照片中应涉及企业办公环境、办公人员及办公所必须涉及的办公用品、电子产品、固定资产等;如果是实体行业,需拍厂房运营情况及库存情况。考察家庭时,尽量拍房产证或房屋租赁合同等的照片;考察企业时,应涉及营业执照、组织机构代码证、相关行业的许可证等。如信审人员在《实地考察表》中注明有其他要求的,则照片中必须涉及相关内容,如信审人员要求提供的房屋租赁合同、上下游的销售合同、厂房运行状况、设备状况等。

在实地征信时,还需要通过沟通形式了解相关情况。如果是实名考察,则与借款人沟通所要了解的内容有:其一,申请此笔借款的实际用途。需详细具体,如客户称实际用途为资金周转,则实地考察人员需了解具体的资金使用情况,是用于进货还是购买设备等,以帮助信用审核人员更好地了解客户申请的此笔借款用途的合理性、真实性。其二,客户实际所需要的金额、期限。需了解客户此次用款的实际金额及期限,结合客户所述的借款用途,可从侧面分析用款金额的合理性。其三,申请的此笔借款的还款来源及还款能力。详细了解企业的经营情况,包括公司的主营业务、收入情况、相关支出、盈利情况等,以及近期有无重大业务、回款时间等,以便能更好地了解客户是否有该笔借款的相关还款来源及还款能力。其四,客户是否在同行业有借款。需了解客户是否在同行业借款公司有其他借款,有几笔,以及借款审批时间、批贷金额、批贷期限、月还款金额、还款时间等,以便根据客户整体经济实力了解是否还有足够的还款能力归还本公司的借款。如是匿名考察,需了解借款人的相关情况。匿名考察家庭时,可以通过其邻居或亲朋好友侧面了解借款人目前的生活状态、是否有不良嗜好等。可以通过小区物业了解此房产是否为借款人名下房产,是否长期在此居住,有无拖欠物业费、水电费等。匿名考察单位时,在未与借款人预约的情况下,突访考察地。可以通过前台或者其他同事侧面了解借款人是否确实在此工作以及工作岗位、工作时间、与同事之间的关系、是否有不良嗜好等。

第四步,分析统计及阐释:实地考察完成后,实地考察人员对所有搜集来的信息加以编辑、组织,并在《实地考察表》对应表格里填写完整。

第四,信审部门再次审核。通过服务人员实地征信之后,信审对借款人有了进一步的了解,通过实地征信报告,信审部门最终可以确定是否批贷以及贷款的金额、期数等。

第五,贷后还款提醒。在贷款发放完之后,P2P网贷平台最希望的就是借款人能够按时还款。所以,苏州X公司网贷平台会要求门店服务员在借款人每个还款日之前都打电话提醒。主要目的是培养客户良好的还款习惯,贯彻客户良好的信用意识,与客户保持紧密融洽的关系。

第六,催收。P2P网贷平台在不断放款的同时,逾期客户也会随之出现,不可避免。这就需要进行催收。一般来说,P2P网贷平台常用的催收方法有电话催收、上门追讨、开具《催收通知书》以及出具《律师函》四种。通过电话联系的方式效率高、费用低。开始电话前应掌握充分的信息,了解实际情况,以积极、信任的方式开始,对客户有可能提出的狡辩理由做好有理有据的辩驳准备,并得到客户明确的还款承诺(什么时间、多少金额、以什么方式还款)。上门收账是最具震慑作用的方式之一,面对面的交涉,可以使施加的压力最大化。电话催收两次无效时,就会采用这种方式,面对面,表明坚决收回贷款的立场,不留给客户搪塞的理由。这种方式的技巧运用得当,一般能让客户说出逾期的真实原因,并立刻达成还款协议或承诺。《催收通知书》可以直接送到客户本人或其亲属处,也可以用邮寄、传真等方式。作用是以书面的形式体现严肃性,告知客户逾期将承担的责任与风险(传真作为一种开放式通信手段,缺乏保密性,容易伤害客户的自尊心,且到达收件人的概率较小)。《律师函》作为一种专业的法律文书,是最威严的催收表示,并可以有效中断诉讼时效,最后提示客户将面临官司的风险。

由以上可以看出,在公司层面对借款人是非常严格的,不希望其逾期。

(二) P2P网贷平台内部风险问题分析

以苏州X公司P2P网贷平台线下运作为例,经常会出现各种风险事件。风险事件的产生,会导致严重的后果,例如逾期和无法追回出借资金,直接造成出借人或者平台的经济损失等。实际运作中,出借人、P2P网贷平台、借款人三者均会面临不同的风险,如信用风险、流动性风险、法律风险、道德风险、信息披露风险等。

1. P2P网贷平台面临的内部风险

作为借贷双方的发起者和桥梁,P2P网贷平台的作用至关重要。在这个角色中,P2P网贷平台同样面临各种风险,其平台内部风险一般包括借款人信用风险、政策风险和内部工作人员职业道德风险。

(1)借款人信用风险。P2P网贷平台最关注的问题之一是借款人能够按约定及时还款。因为借款人如果逾期,本可用来循环出借的资金流就出现了问题,一旦逾期的借款人多了,很有可能因为无法继续循环出借而造成损失。

"朱某是某服装加工厂的老板,来苏州X公司P2P网贷平台申请借款的时候,开着宝马X5,带着很粗的金项链和资料齐全的经营性资料、余额充分的银行流水,看上去经济条件很好。在P2P网贷平台门店服务人员实地征信的时候,发现他的经营地址是整栋大厂房,共有三层,每一层有规范地排放着缝纫机,有数百工人在不停地加工服装。该工厂部门齐全,还另请了职业经理人来负责工厂的管理。其住址是别墅,装修豪华。经过信审部门的审核,最终借到8万元贷款。但是,就在开始还款的第三个月,借款人突然逾期并失联,上门催收发现厂房内早已人去楼空,住址已经被法院贴上封条。经过打听才得知,借款人在本公司申请借款是因为银行200万贷款到期,银行方面表示要归还之后才能借新的贷款,客户没有这么多资金,房产也是抵押状态,就开始四处向P2P网贷平台借款。最终借到款项归还银行贷款之后,银行不再续贷,导致借款人无力支付高额利息而出逃。"

一般来说,P2P网贷平台出借的利息比较高,年化利率一般在50%以上,借款人不会直接来P2P网贷平台借款。借款人首先找的是银行,其次是担保公司,因为担保公司的利率比P2P网贷平台低得多。来P2P网贷平台借款的客户,基本上都在银行、担保公司已经贷过款,或者资质太差,无法满足银行、担保公司的审核要求。所以说,这些借款人的资质都不是很好。为了能够通过审批,不符合条件的借款人会做一些假资料或者制造假象蒙混过关。最后,借款人一旦负债过多无法偿还,或者主观认为P2P网贷平台不正规,不用还款,就会造成信用风险,增加P2P网贷平台的催收业务量。一旦催收失败,使出借人遭受损失,则会影响P2P网贷平台的声誉以及融资业务量。

（2）政策风险。P2P 网贷平台是属于中介类的投资顾问咨询公司,不能参与吸储与放贷业务。现在,很多 P2P 网贷平台都是先让自己的 CEO 出资,将钱借给借款人,获得债权。然后 P2P 网贷平台再将 CEO 获得的债权进行分割,成为小金额的若干份债权,转让给出借人,获取服务费和利息。这相当于钻了法律法规的空子。同时,还会假借慈善的名义,呼吁出借人和 P2P 网贷平台一起做公益,将钱出借给偏远地区的农民。给出借人的利息一年约 2%,号称 P2P 网贷平台在这个项目上不赚钱,纯属公益性质。但实际上,P2P 网贷平台和偏远地区的相关机构合作,以每年 10% 的利率将资金出借给农民。到目前为止,此类擦边球式的操作还没有对应的法律法规,但一旦堵住了这个漏洞,则 P2P 网贷平台的利润将大幅下降,甚至有停业的风险。

（3）内部员工职业道德风险。"借款人王某,没有正规职业,由于种种原因,来苏州 X 公司 P2P 网贷平台借款。当时除了基本的资料以外,按规定还提供了房产证,最后在通过公司的流程之后,借到了款项。但是,王某在第一期还款时就出现了逾期并电话失联。当审核部门员工上门催收时,发现根本没有该住址。去房产交易中心询问后得知,房产证上的信息完全是虚假的。后经过公司内部核查,发现由于收受借款人财物,客户经理协助客户制作假资料,门店服务部工作人员虚假地进行实地征信,拍的住址照片为其他虚假照片。最终客户经理和服务部工作人员被公司开除。"

客户经理为了提高自己的业绩,千方百计让客户提供符合条件的资料。但有些客户不具备这些资料,按审批大纲是肯定无法通过审核的,于是有些客户经理就会铤而走险,暗示借款人去造假,有的客户经理会直接帮借款人造假。

门店服务人员,业绩虽然与放款金额不挂钩,但收入远比其他职位少得多,以苏州 X 公司 P2P 网贷平台为例,门店普通服务人员综合收入月 3 000～4 000 元左右。而服务人员的权利较大,可以直接建议信审部门拒贷。所以,资质差一点的借款人在服务人员实地征信的时候,会请其吃饭,有的甚至会送礼品,请求实地征信人员能够在之后递交给信审部的征信报告上多写好话,或者将实地拍摄的照片进行替换作假(见图 4.6)。

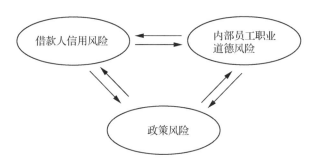

图 4.6　P2P 网贷平台内部风险

资料来源:根据苏州 X 公司 P2P 网贷平台实际业务整理。

从以上分析可以发现,P2P 网贷平台的内部风险及其关系可以用图 4.6 来表示。三者之间是互相影响的关系,由于存在借款人信用风险等问题,更有可能造成员工出现职业道德风险,并可能触及法律底线来吸收贷款;另外,由于内部员工的职业道德问题,也容易造成政策风险的出现;最后,因为政策、法律漏洞的存在造成了企业员工容易触犯相关政策和法规,形成职业道德风险。因而,三者之间是相互影响的关系。从形成原因来看,一方面主要是企业内部监管不力,由于这些企业都是新成立的新兴的业态,人数少,产业新,对如何管理这些企业没有先进经验可以借鉴,所以容易造成"摸着石头过河"的情况,而且企业在利益面前容易造成社会责任的缺失,企业员工的素质问题也容易造成职业道德风险。另一方面是监管机制的失灵,由于前面提到的政策和法律规定的不清晰、不严格等问题,容易造成外部监管方面的问题。这部分内容将在后面进行详细探讨。

2. 出借人面临的风险

作为出资方的主体,一旦出现风险,损失最大的通常是出借人本人。在 P2P 网贷平台出借过程中,出借人面临以下风险:P2P 网贷平台信用风险、工作人员职业道德风险、流动性风险、借款人信用风险和货币贬值风险。

(1) P2P 网贷平台信用风险。P2P 网贷平台作为中介,是将出借人的资金出借给借款人。P2P 网贷平台相当于一条联系出借人和借款人的纽带。虽然出借人已经和 P2P 网贷平台签订合同,但是我们经常看到新闻报道中有 P2P 网贷平台突然人去楼空的情况。遇到此种情况,出借人只能报警,请警方处理,而结果往往是 P2P 网贷平台主要责任人被捉拿归案,而出借人的资金却已经无法追回。所以,如何选择一家信用较好的 P2P 网贷平台是出借人需要认真研究的。

比如苏州 X 公司 P2P 网贷平台虽然口头上说保本保息,但是在与出借人签订的理财合同上却根本没有保本保息的字样,反而会有风险提示。但一般出借人在被客户经理洗脑之后,基本不会仔细查看理财合同。实际上,苏州 X 公司 P2P 网贷平台是先和借款人签订借款合同,然后再把债券转让给出借人,一旦借款人由于种种原因没有归还款项,受损失的是出借人,而和苏州 X 公司 P2P 网贷平台没有任何关系。同样,为了减少损失,苏州 X 公司 P2P 网贷平台将大额债权拆分为小额债券转让给多位出借人,一个出借人的资金也会拆散开来出借给几十位借款人。虽然这样可以分散风险,但无疑增加了出借人催收的成本。

(2) P2P 网贷平台工作人员的职业道德风险。"陈先生家境较好,工作稳定,手头有一定的资金。在 P2P 网贷平台理财部门客户经理的约见下,来到门店咨询理财产品。陈先生最担心的是自己出借的钱,是否有可能连本金都无法追回。客户经理一方面告知其一年 12% 的高利率,表明收益很高,另一方面又拍胸脯保证不会有任何风险,即使有风险,P2P 网贷平台也有自己的资金池,会从资金池取出资金补偿给陈先生。陈先生听了之后就放下心来,开始签订理财合同。由于合同条款非常多,一一细看需要较长时间,客户经理便催促其尽快签字确认,否则理财产品会被别的出借人抢光。陈先生就匆匆签字。"

在线下,找出借人来出借资金的基本都是理财部门的客户经理。这些客户经理的收入和业绩直接挂钩。一般来说,客户经理有出借人存款额 0.5% 的提成,按年化来算。为此,客户经理希望自己的出借人能出借资金,而且越多越好。但现实是,出借人毕竟要把自己的资金拿出来,总有一些担心。于是,一些客户经理就会告知出借人"本 P2P 网贷平台的理财产品是没有风险的,一年期的收益在 12% 左右,基本不会变"诸如此类的内容,甚至还会拍胸脯保证本金和收益。一旦出借人同意,就开始签约。但是合同很厚,客户经理会催促出借人尽快签约,大部分出借人也基本不看条款。但是,合同首页角落就写明"理财有风险,投资需谨慎"的字样,在合同内部也写明是 P2P 网贷平台将借款人的债权转让给出借人,而不是 P2P 网贷平台向出借人借款。一旦对应的借款人逾期或者不还款,受害人就是出借人,而 P2P 网贷平台则一点法律责任也没有。

(3) 流动性风险。"出借人郑先生将自己的余钱在 P2P 网贷平台进行投资,选择的期限是一年。还没到期的时候,郑先生因为要筹办婚事急需用钱,于是他找到 P2P 网贷平台门店,希望提前取出自己的资金,可以不要利息。

但是，P2P网贷平台以合同条款为由，拒绝了郑先生的要求。到了一年之后，郑先生又去 P2P 网贷平台门店，准备将钱取出来，可没有想到的是，因为暂时没有出借人接受他手上的债权，还需等待。就这样，郑先生又等了两个月才连本带利将钱取了出来。"

以 1 年期出借合同为例，出借人与 P2P 网贷平台签订的合同上有明确条款，在借款期限到期之前，出借人不得取回出借资金。到期之后，出借人所持有的借款人债权要有了下一位出借人接受才能拿回本金和利息。从合同上不难发现，在出借日期（1 年）到期之前，即使出借人急需资金，不要利息，也根本拿不回已经出借的资金。唯一的方法就是另外融资。而到期之后，如果没有下一位出借人接受其债权，出借人的资金依然无法拿回。

（4）借款人信用风险。"出借人张先生，在每期 P2P 网贷平台给其的债权信息账单上，发现一个素未谋面的借款人，处于逾期状态，幸好 P2P 网贷平台是将张先生的资金分散出借给多个借款人的，减小了损失。但心有不甘的张先生要求 P2P 网贷平台为其催款，P2P 网贷平台也确实这么做，但最终没有催回，这样，张先生就遭受了损失。"

出借人的款项是直接出借给借款人的。在借款人还款过程中，很有可能因为种种原因出现逾期现象和拖欠跑路现象。这种情况是借款人极不愿看到的，但是一旦发生，P2P 网贷平台虽然会进行催收征讨工作，结果却很难预料。如果无法追回资金，这个损失基本由出借人承担。

（5）货币贬值风险。人民币对美元的汇率并不稳定，甚至有一阶段持续下跌，出借人在 P2P 网贷平台的出借收益是否能抵消人民币贬值带来的损失，或者仍有收益，也是出借人值得考虑的问题之一。

3. 借款人面临的风险

"李某，是某事业单位的员工，收入较高，但最近由于要和朋友合伙做生意，向银行贷款之后，还缺一小部分资金，就来 P2P 网贷平台申请。按要求，李某填写了申请表，递交了房产证、银行流水等资料等待审核。还填写了《信用报告查询委托授权书》。在审核过程中，李某接到亲朋好友的电话，问他是不是出了什么事情，去借'高利贷'了。当审批通过，拿到贷款之后，其他 P2P 网贷平台的营销电话不停地打来问是否需要贷款。当李某生意出现问题，逾期半个月之后，催收不断，有人员上门催收，甚至将李某强行带到 P2P 网贷平台门店，限制其人身自由，逼迫其还款。最后，李某通过其他渠道筹得资金提前还清了苏州 X 公司 P2P 网贷平台的借款。"

从这个案例,我们可以看到借款人在借款还款过程中面临诸多风险。

(1) 客户经理的道德风险。在实际操作过程中,销售部门的客户经理与公司其他部门的员工态度有些相反。由于公司采用的是绩效考核,销售部门客户经理的主要收入来源就是绩效工资,直接与放款量挂钩,而与客户是否逾期没有太大关系。所以,客户经理会千方百计让借款人同意借款,同时又想方设法使得借款人通过审核部门的审核。在说服犹豫不决的借款人同意借款方面,客户经理通常会隐瞒贷款的利率、夸大放款额度等从而使得原本没有强烈借款需求的借款人在最后签约之前才知道利率、额度。借款人常常因此延误了其他途径的融资,最后只能签约拿钱。针对资质特别差,但特别想借到款项的借款人,客户经理会明示或暗示客户经理提供符合规定的材料,给借款人资料模板,甚至协助借款人造假。可以说,客户经理的目的就是放贷拿到提成。

(2) 信息披露风险。借款人在申请借款时,会填写借款申请表格,还要提供各种资料。这些表格和资料,基本涵盖了借款人所有的信息,一旦泄露,带给借款人带来难以想象的麻烦。在实际操作中,借款人资料泄露是普遍存在的。

第一,借款人手机号码会被P2P网贷平台直接泄露。P2P网贷平台会将借款人的资料录入内部系统并存档。每隔一段时间,门店经理会指使服务人员将所有借款人的电话号码以及借款人在申请表上填写的联系人的电话号码加以整理和打印,并分发给客户经理,让客户经理拨打电话进行电话营销。

第二,借款人个人信息会被P2P网贷平台客户经理泄露。大多数客户经理在协助借款人提交必要资料时,会记录借款人的基本资料,有的客户经理会将资料多复印一份自己备份。在借款人完成本P2P网贷平台的申请之后,客户经理就会把该出借人转介给其他P2P网贷平台的客户经理,在其他P2P网贷平台申请借款。

第三,借款人所有信息会被P2P网贷平台门店服务人员泄露。P2P网贷平台门店的服务人员按公司要求将借款人资料上传给内部系统的同时,还要内部备份存储在移动硬盘中。而该移动硬盘的保管并没有相应的制度,一般来说,只要有需要,任何一位门店服务人员均可以使用。所以,也会出现服务人员将客户资料出卖给其他P2P网贷平台的情况。

第四,借款人征信信息会被合作银行泄露。P2P网贷平台在审核借款人资质的时候,很注重其信用记录,但P2P网贷平台不是金融机构,无法直接查询借款人的信用报告,所以,P2P 网贷平台会要求借款人填写《信用报告查询委托授权书》,违法与某些商业银行人士私下合作,把借款人填写的《信用报告查询委托授权书》交给银行内部人员,银行再以信用卡的名义通过央行的征信系统查询并打印借款人的征信信息。

第五,借款人房产信息会被房产交易中心工作人员或者银行内部人员泄露。为了顺利通过申请,部分借款人会提供自己名下的房产作为财力证明,门店服务人员就必须按要求陪同客户去房产所属地的房产交易中心拉取房产权属信息以核实出借人房产资料的真伪。但是,这样的流程会大大降低门店服务人员的工作效率。于是门店相关人员会尝试贿赂房产交易中心工作人员,委托其代为查询。但一般情况下由于房产交易中心制度严格,很少成功。银行内部也有查询房产情况的系统,偶尔 P2P 网贷平台门店相关人员会成功说服部分银行工作人员代为查询。

(3) 信誉风险。首先,借款人在 P2P 网贷平台填写申请表时,会按要求填写单位电话及朋友、同事、亲戚的手机号码。在审核时,信审人员会拨打这些电话详细了解借款人的各种工作、生活问题。这样,借款人周边人员都会知道其在 P2P 网贷平台借款的事情。但是,由于 P2P 网贷平台利率高、负面新闻时有发生,民众普遍会和"高利贷"挂钩,由此借款人周边人员会对借款人另眼相看。

其次,如果借款人在还款时出现了逾期,P2P 网贷平台门店服务人员或者催收部门会通过拨打其本人电话、申请表上联系人电话以及以其他方式获得的经常和借款人接触的人员的电话进行电话催收,逾期严重的,催收人员会上门催收,不仅去借款人家中,还会去其工作单位。通过以上这些催收方式,会使借款人声誉严重受损。

(4) 人身安全风险。虽然 P2P 网贷平台表面上要求催收人员文明催收,但事实上,部分催收人员为了尽快完成指标,获得提成,会违规违法野蛮催收。具体做法有限制借款人人身自由、上门在墙上喷漆、扣押家电、扣押经营地产品、吃霸王餐、索要财物等,由于借款人理亏,往往不敢报警。

由以上可以看出,P2P 网贷平台在运作时,不论出借人、借款人还是 P2P 网贷平台本身,都会面临较大风险。

(三) P2P 网贷平台外部风险问题分析

虽然《关于促进互联网金融健康发展的指导意见》已经出台一段时间,但是 P2P 网贷平台的运作并没有明显变化。而就在 2015 年 12 月 22 日,大大集团确认因涉嫌非法集资被立案侦查,2016年1月11日深圳市公安局经济犯罪侦查局通过官方微博发布消息,称已经对"e租宝"网络金融平台及其关联公司涉嫌非法吸收公众存款案件立案侦查。通过这一系列事件可以看出,目前监管机构已开始逐渐加大对P2P网贷平台的监管力度,但真正要使P2P网贷平台健康稳定发展,还任重而道远。P2P网贷平台面临的外部风险如参图4.7所示。

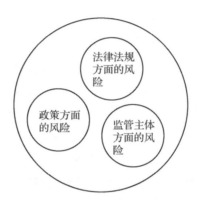

图4.7　P2P网贷平台面临的外部风险

资料来源:根据苏州X公司P2P网贷平台实际业务整理。

1. 政策方面的风险

针对互联网金融长期缺乏相应法律法规的问题,同时为鼓励金融创新,促进互联网金融健康发展,明确监管责任,规范市场秩序,经党中央、国务院同意,中国人民银行、工业和信息化部、公安部、财政部、国家工商总局、国务院法制办、中国银行业监督管理委员会、中国证券监督管理委员会、中国保险监督管理委员会、国家互联网信息办公室于2015年7月18日联合印发了《关于促进互联网金融健康发展的指导意见》(银发〔2015〕221号,以下简称《指导意见》)。

《指导意见》给网络借贷一个明确的范围,即包括个体网络借贷(即P2P网络借贷)和网络小额贷款。《指导意见》对P2P网络借贷的定义是指个体和个体之间通过互联网平台实现的直接借贷。可以说,基于线下操作方式的P2P网贷平台也属于此范畴。在此范畴内,均受合同法、民法通则等法律法规以及最高人民法院相关司法解释规范。《指导意见》还要求P2P网贷平台坚持平台功能,为投资方和融资方提供信息交互、撮合、资信评估等中介服务,并特别强调P2P网贷平台要明确信息中介性质,主要为借贷双方的直接借贷提供信息服务,不得提供增信服务,不得非法集资。至此,给了P2P网贷平台一个明确的定义和规定。

2. 法律法规方面的风险

P2P 网贷平台运行中存在多方面的法律法规问题。主要体现在以下几个方面：一是有可能涉及高利贷的风险。国家的《民通意见》《关于人民法院审理借贷案件的若干意见》等已经明晰了"民间借贷"的概念，并且具体给出了民间借贷利率的上限。P2P 网贷平台基本上属于民间借贷的范畴，涵盖了 P2P 网贷平台上的一般借贷行为。虽然网贷利率名义上控制在 4 倍以内，不涉及高利贷风险，但是实际上往往超出 4 倍甚至更多，所以一旦要求公开、透明化之后，就容易涉及高利贷的法律风险问题。二是涉及非法集资的问题。《关于取缔非法金融机构和非法金融业务活动中有关问题的通知》和《关于审理非法集资刑事案件具体应用法律若干问题的解释》等对"非法集资"进行了定义并总结了特点，对"非法吸收公众存款或者变相吸收公众存款"的含义做出了解释。从 P2P 目前的运行状况看，特别是不太规范的 P2P 运行方式，容易被归入"非法集资"的范畴。总之，从法律监管来看，P2P 网贷平台只受到《公司法》《合同法》《民法通则》等法律法规以及最高人民法院相关司法解释规范。P2P 网贷平台涉及很多借贷平台的业务，与资金有密切关系，但不受金融类法律法规约束，确实是一个很大的漏洞。

3. 监管主体方面的风险

《指导意见》指出：工商行政管理部门要支持互联网企业依法办理工商注册登记。电信主管部门、国家互联网信息管理部门要积极支持互联网金融业务，电信主管部门对互联网金融业务涉及的电信业务进行监管，国家互联网信息管理部门负责对金融信息服务、互联网信息内容等业务进行监管。鼓励省级人民政府加大对互联网金融的政策支持。支持设立专业化互联网金融研究机构，鼓励建设互联网金融信息交流平台，积极开展互联网金融研究。

P2P 网贷平台一向以中介或者投资咨询机构自居，从不把自己定位为金融行业。主要原因是绝大多数 P2P 网贷平台根本没有金融营业执照，不能从事吸收存款和发放贷款的金融业务。这样，证监会、银监会就无法监管，能监管的只有工商行政管理局。而银监会对吸收存款和放贷是有严格规定的，P2P 网贷平台通过债权转让的形式巧妙地避开了监管。另外，P2P 网贷平台客户经理可能会用贴牛皮癣、拉横幅等方式打广告，偶尔会受到城管部门的处罚；在上门催收时若出现过激行为，则会受到公安机关的处理，但由于 P2P 网贷平台客户经理数量众多，城管部门和公安部门无法实时监控。

监管机构基本无法约束出借人的出借行为,通常只是银监会呼吁出借人远离高息集资。而对于借款人,只有在出现金融诈骗的情况下才会由公安机关主动立案处理,其他情况如逾期等则不会受到监管,由 P2P 网贷平台自行解决或通过向法院起诉。

可以看到,P2P 网贷平台的监管主体现在已经非常明确,有工商行政管理部门、电信主管部门、国家互联网信息管理部门。另外,通过实际工作发现,如果有违规经营,城管部门、公安部门也会对其进行监管。

五、基于线下操作的 P2P 网贷平台风险控制与监管对策

(一)加强 P2P 网贷平台内部风险控制

1. 加强公司管理

P2P 网贷平台公司要加强自身管理,以此提升公司的运营能力,从而提高公司声誉,增强营利能力。

一是要依法运行。在 P2P 网贷平台监管不完善的情况下,公司更要遵守相关法律法规,严格合规经营,不做违法或者处于灰色地带的业务。

二是要重视企业员工的招聘和培养。P2P 网贷行业存在严重的信息不对称现象,为了保证向出借人和借款人提供真实、充足的信息,必须保证员工的素质。一方面是通过招聘,从入口关招到具有较高职业道德的员工;另一方面要加强职工培训,使其在工作中不断增强道德意识,规避道德风险。

2. 做好风险控制

P2P 网贷平台是一个高风险的平台,要获得一定的收益,其核心是做好风险控制。

一是要增强员工的专业水平。只有每个员工都具有相当的专业水平,才能做好网贷业务,才能使公司发展得更好。所以必须增强员工的业务能力,包括理论知识水平和实务操作能力。

二是要提升 P2P 网贷平台的技术能力,优化网络系统,能够保证出借人和借款人的信息不被泄露,从整体上提高网贷平台的稳定性、安全性、可靠性。

三是要形成严格的风控流程,通过严密的风险控制程序,密切注意借款人可能出现的违约风险。并且要积极打造大数据平台,通过评估、趋势预判等方法实现风险控制。

3. 加强企业社会责任意识

现代企业不仅要追逐经济收益,而且要特别注重履行企业的社会责任,这对企业赢得社会声誉,进而拓展企业发展机会有积极的影响。对于P2P网贷公司而言,同样要加强企业的社会责任意识。

一是企业宣传要真实,符合事实。P2P网贷平台在向出借人或借款人做产品宣传时要提供真实的信息,不能为了吸引客户虚造或夸大事实。

二是要向出借人或借款人提示风险,因为P2P网贷本身就是一个比传统业务更有风险的业务,而且是一个新兴业态,必须要向对方介绍清楚产品的风险,而不能只强调收益。

三是要避免违约风险,按时向出借人支付本金和利息。

(二) 加强P2P网贷平台外部监管机制

1. 完善政府监管体制机制

一是要明确监督与管理部门。为了有效监督和管理P2P网贷平台,应该明确一个P2P网贷平台的主管机构以及多个配合机构,从而形成多部门配合的监管体制,并且要明确相应的权力和责任。

二是要设立P2P网贷公司的准入门槛。P2P网贷公司几乎没有准入门槛,这也是造成P2P网贷平台鱼龙混杂的重要原因之一,因此监管部门必须建立一定的准入门槛,明确几个关键的考察指标,特别对其运营资质、运营实力、运营技术、管理状况等进行考察。

2. 健全和完善征信体系

因为P2P网贷平台存在较大的信用风险,为了解决信息不对称问题,必须要加强信息的透明度,通过大数据等方法收集网贷公司运作过程中产生的借贷双方信用记录,补充完善我国的征信系统,也为参与P2P网贷的多方提供信用记录。

一是要逐步允许P2P网贷平台加入国家个人征信建设中来,通过网贷平台的数据加入,逐步完善个人信用数据库,并加强信息的共享。

二是各个P2P网贷平台可以联合起来,通过行业协会设定的制度和标准来建立本行的征信体系,从而对各家P2P网贷平台共享信息提供方便。

3. 加强行业协会的监管作用

虽然我国已经产生了一些P2P网贷平台的自律组织,但由于区域限制、效率低等原因,造成监管能力有限,发挥不了应有的作用。我国应切实加强行业协会的作用,在全国范围内成立P2P网贷平台的行业协会,对P2P网贷平台的资金、信息披露、资质、信用记录等进行有效的规范,并督促P2P网贷平台严格执行相关规定,通过专业协会的行业评级、黑名单等制度形成企业自律和他律相结合的监管体系。

六、结论与对策

本章基于线下操作方式对P2P网贷平台风险与监管机制问题进行研究,并以苏州X公司P2P网贷平台为例具体分析了P2P网贷平台运作机制、风险和存在的问题,并得出结论和提出对策建议。

第一,我国P2P网贷平台发展迅速、地区发展差异大,并且面临投资收益率下降迅速的趋势,具有明显的中介特色,而且借贷双方的参与者广泛,运营模式多样化。

第二,P2P网贷平台主要面临的风险包括出借人的风险(P2P网贷平台信用风险、P2P网贷平台工作人员的职业道德风险、流动性风险等)、P2P网贷平台的风险(借款人信用风险、政策风险、内部员工职业道德风险等)、借款人的风险(客户经理的道德风险、信息披露风险等),在监管上面临政策、法律法规以及监管主体等方面的风险。

第三,在对P2P网贷平台的风险控制与监管的对策上应通过加强公司管理、做好风险控制、加强企业社会责任意识等来强化P2P网点平台的内部风险控制,并通过完善政府监管体制机制、健全和完善征信体系、加强行业协会监管作用等来加强P2P网贷平台的外部监管机制。

第五章

我国小额贷款公司的法律监管与制度创新研究

——以苏州为例

小额贷款业务在20世纪90年代被引入我国，发展至今已经20多年。2005年我国开始在各地试点小额贷款公司，2008年央行和银监会联合发布了《关于小额贷款公司试点的指导意见》，这是第一部关于小额贷款公司的指导意见。我国小额贷款公司的主要经营对象为低收入者、中小企业及"三农"等群体。除了小额贷款公司经营小额贷款业务外，我国商业银行、农村信用社等银行业金融机构也经营小额贷款业务。我国对小额贷款公司的监管实施的是非审慎性监管，在宏观法律层面，缺乏相应监管的法律法规。本章通过介绍我国小额贷款公司的基本概况、发展历程以及法律监管的基本概况、监管的必要性，以苏州为例分析小额贷款公司的发展现状和监管问题。通过比较小额贷款公司与商业银行、农村信用社等银行业金融机构监管制度的不同，结合现状，提出完善我国小额贷款公司针对性的对策及建议。

一、引　言

20世纪90年代初，"小额贷款"被我国相关部门作为扶贫机制引入国内，发展至今，已有20多年。2005年，央行为了完善我国的农村金融体系，在四川、山西等地开展试点小额贷款公司。我国小额贷款公司被作为一个新型的农村金融服务机构，在缓解"三农"、低收入者和中小型企业融资难问题中起着重要的作用。2008年，为了规范小额贷款公司的设立，中国人民银行和原中国银行业监督管理委员会（以下简称央行和银监会）共同发布了《小额贷款公司指导意见》（以下简称《指导意见》），《指导意见》的发布有利于小额贷款公司的发展,拓宽了我国农村金融的融资渠道,同时,基于《指导意见》,我国各个省份也出台了相关规范小额贷款公司的地方性法规和部门规章。虽然有关部门出台了上述法规或者规章,但都是从宏观方面对小额贷款公司进行规范的,甚至相关法律法规还有"自相矛盾"的地方,缺乏具体对小额贷款公司监管的法律法规。我国小额贷款公司发展至今,依旧处于初期发展阶段,存在小额贷款公司定性不明、监管主体混乱、监管制度不完善等问题,本章通过分析我国小额贷款公司的监管现状及监管中所存在的问题,提出一些建议,为完善小额贷款公司法律监管提供参考。

二、文献综述

(一) 国外文献研究

小额贷款公司的宗旨是应对贫困,促进发展。1999年,Otero和Ladgerwood认为小额贷款不仅包含了向收入低的贫困者提供存贷服务,也包含了其他服务,例如支付和保险等(Brigitte Rollet,2010)。2001年,Schreiner和Colombet则把小额贷款定义为努力使得那些被银行忽视的贫穷者及家庭获得小额的储蓄及贷款服务(王启迪,2013)。小额贷款较早地在亚洲、非洲等发展中国家展开。

国外学者通常把小额贷款公司归入微型金融机构的系统进行研究。穆罕默德·尤努斯教授在提到小额贷款监管时,曾表示"不能把监管工作留给不了解我们工作的人"。他表示对小额贷款的监管应由独立部门的监管机构来负责,不应该由中央银行统一管理。Timothy Lyman(2004)认为对小额贷款的监管应该坚持两性即审慎性监管与非审慎性监管,对吸收存款的金融机构实行审慎性监管,对只贷不存的金融机构实行非审慎性监管。Goodhart(2007)认为对小额贷款的监管,应该明确监管的目标,保证监管的透明性和有效性。Fulvio Costantino(2012)认为在金融危机的背景下应该对小额贷款的监管提供适当的金融监管。

(二) 国内文献研究

张颖(2011)认为自改革开放以来,金融市场已成为我国市场经济的重要组成部分。王绪志(2010)认为由于我国金融基础的薄弱性,对金融的监管有助于中国经济的发展。何晓玲(2007)认为小额贷款致力于为低收入者人群和微型企业提供服务。朱启臻(2007)认为小额贷款公司的监管机构应该从促进小额贷款公司发展的角度出发进行监管。范丹(2011)认为小额贷款公司的只贷不存性对其可持续发展带来了挑战。李志敏(2010)认为我国的小额贷款公司正处于发展期,有许多问题需要解决。

我国学术界对小额贷款公司法律性质的定义与我国现行的法律法规具有较大的差异。郭晓梅与李有星(2008)认为,小额贷款公司应该被定义为非银行金融机构。陈颖健(2010)认为,小额贷款公司应该被定义为普通的工商企业。陈斌彬(2009)认为,小额贷款公司应该被定义为介于普通的工商企业和一般金融机构的"准金融机构"。

我国各地小额贷款公司的监管主体不一,包括各地金融办、工商局等。我国部分学者认为,对小额贷款公司的监管应该避免"多头监管",应由一个专门部门对小额贷款公司进行监管。顾庆刚(2009)认为小额贷款公司应以银监会为监管主体。陈娟(2007)认为小额贷款公司应以省级政府金融办下设立的小额贷款公司监管委员会为监管主体。谢丹婕(2011)认为我国小额贷款监管应该借鉴国内外先进经验,推进法律制度的改革,推进小额贷款的持续发展,完善法律框架。在经营风险方面,秦中峰与申劲颖(2014)认为我国的小额贷款公司存在两个方面的风险,一是政策风险,二是法律风险。政策风险是指小额贷款公司与一般金融机构享有不同的政策待遇。现行政策对小额贷款日趋严格,在一定程度上阻碍了小额贷款公司的发展。法律风险是指没有专门为小额贷款公司设立法律法规,只有《关于小额贷款公司试点的指导意见》(2008)、《小额贷款公司改制设立村镇银行暂行规定》(2009)等指导性意见和相关原则要求。

在小额贷款公司的监管制度方面,曹凤岐(2010)认为我国应该对小额贷款公司建立伞形管理机制,形成统一监管,分工协作。孙鹤(2007)认为监管部门在制定监管机制的时候,应该从促进小额贷款发展的方面考虑,明确小额贷款公司的市场准入、市场推出机制。

综上所述,我国的小额贷款公司仍处于发展初期,各方面的规定还不完善,缺乏明确的监管主体和相应的监管制度,存在潜在的经营风险。我国应该尽快加强对小额贷款公司的监管,设立相关具体的法律,明确监管主体,为小额贷款公司创建良好的发展环境。

三、我国小额贷款公司的概况

（一）我国小额贷款公司的基本概念

1. 我国小额贷款公司的定义

关于我国小额贷款公司的定义，主要参考的是央行和银监会于2008年发布的《指导意见》。《指导意见》指出，我国小额贷款公司主要经营小额贷款业务，并且不能从事公众存款业务，组织形式为有限责任公司和股份有限公司。《指导意见》还指出，小额贷款公司是一个独立的法人主体，能够承担独立的民事责任。

我国的小额贷款公司不仅具有商业性，而且具有公益性。小额贷款公司的商业性体现在自主经营、自负盈亏、自我约束、自担风险等特点上。它的公益性体现在小额贷款服务有利于解决"三农"、低收入者和中小企业等融资困难问题。目前，我国的小额贷款公司仍旧处于发展阶段。

2. 我国小额贷款公司的发展历程

我国的小额贷款开始于20世纪90年代，发展至今可分为两个阶段。

第一个阶段为试点期（1993—2005年）。1993年，我国社科院农村发展研究所将孟加拉国的小额贷款模式作为扶贫项目引入国内，这一举动被视为是我国小额贷款制度的开端。1994年至1995年，研究所在河南、河北等地设立了县级扶贫社，被视为是小额贷款本土化的开端。从1995年开始，小额贷款项目在全国17个省的48个县试行，每年服务贫困人口约5万次。在这几年里，小额贷款在国家扶贫机构的政策推动和国内外非营利的非政府组织的帮助下得以较快发展。2001年，UNDP和CICETE与中国人民银行一起，开展了以小额贷款为基础的政策研究，为小额贷款的发展做出了重要贡献。自2001年后，农村正规机构开始介入小额信贷的领域，在中国人民银行推动下全面推广小额信贷。

第二个阶段为发展阶段（2005年至今）。2005年，国务院第一次以中央一号文件的形式，对小额贷款公司给出政策指引。央行等多个部门开展了全国性商业小额贷款公司的试点工作，这标志着小额贷款公司在我国的正式起步，同年，在山西省成立了我国第一批小额贷款公司"日升隆"和"晋源泰"。随着监管部门开始放松小额信贷的行业准入标准，民间资本可以进入小额信贷行业，商业性小额贷款进入快速发展阶段，小额贷款公司等民间融资机构迅速崛起。商业性的小额贷款机构不仅带动了行业的发展，也将小额信贷这一金融工具成功地从贫穷农户推广到城市小微企业，为中国金融市场的繁荣做出了一份贡献。

截至2014年年底，全国共有小额贷款公司8 791家，其中江苏、辽宁、内蒙古为前三名，如表5.1所示。

表5.1 2010—2014年小额贷款公司情况统计表

年度	小额贷款公司总数（个）	从业人员数（人）	实收资本额（亿元）	发放贷款余额（亿元）
2010	2 614	27 884	1 780.83	1 795.05
2011	4 282	47 088	3 318.66	3 914.74
2012	6 080	70 343	5 146.97	5 921.38
2013	7 839	95 136	7 133.39	8 191.27
2014	8 791	109 948	8 283.06	9 420.38

资料来源：中国人民银行官网（http://www.pbc.gov.cn/）。

（二）我国小额贷款公司的特征

我国小额贷款公司的基本特征如表5.2所示。

表5.2 小额贷款公司的基本特征

设立门槛	注册资本金	有限公司≥500万元 股份公司≥1 000万元
	股东人数	依据《公司法》
	股本结构	单一股东持股比例≤10%
资本结构	资本充足率	不低于8%
	贷存余额比	—
	对同一主体贷款额	不超过5%
经营管理	贷款利率	贷款基准利率0.9倍
	经营范围	不能吸收存款
	资金运用	支持"三农"，中小企业
	贷款方式	主要发放信用贷款
	监管主体	金融办或其他机构
	退出机制	解散，破产，转为村镇银行

资料来源：《关于小额贷款公司试点的指导意见》。

1. 具有特定服务对象

小额贷款公司的设立是为了使金融资源达到有效配置,将资金引向农村和经济不发达的地区。我国小额贷款公司的服务对象主要是"三农"、低收入者和中小企业等群体,为其解决融资难的问题。低收入者和中小企业由于自己条件有限很难从正规体系的金融机构中贷到款项,因此,小额贷款公司作为一种新型的农村金融服务机构,能够很好地为它们提供小额贷款。并且小额贷款公司对于弱势的农村地区和小企业放贷时,往往不需要担保,主要利用"社会关系"来对贷款人进行约束。根据《指导意见》中的规定,小额贷款公司应该坚持"小额,分散"的原则发放贷款,这就要求小额贷款公司在向"三农"、低收入者和中小企业提供贷款的同时,还要注重扩大"三农"和中小企业的客户数量与覆盖面。

2. 具有只贷不存性

依据《指导意见》,我国的小额贷款公司可以经营小额贷款业务,但不能吸收公众的存款。小额贷款公司融资的方式一般是通过公司的股东集资、社会的捐赠和不超过两家银行业的金融机构投资,且投资额不超过公司资本净额的50%。融入的资金的利率、期限由小额贷款公司和相应的银行业金融机构自行协商。小额贷款公司的"只贷不存"性,有规避风险的目的,但在很大程度上抑制了小额贷款公司的可持续发展。

3. 具有较为灵活的利率机制

我国小额贷款公司的利率机制实行的是利率市场化,利率价格由市场价值规律决定,但是最高不能超过央行基准利率的4倍。在现实生活中,小额贷款公司的利率一般会低于民间借贷,但一般会高于正规金融机构。其原因是小额贷款公司经营贷款大多属于信用贷款,而正规金融机构的贷款,除了信用贷款外,还存在其他贷款种类。因此,小额贷款公司会承担比正规金融机构更高的信用风险,其贷款利率只有高于正规金融机构的利率,才能维持可持续发展。

(三)我国小额贷款公司与其他金融组织的比较

1. 小额贷款公司与商业银行

如表5.3所示,我国小额贷款公司与商业银行在设立门槛、资本结构、经营管理方面存在诸多不同,商业银行的设立门槛比小额贷款公司严格,资本结构比小额贷款公司的要求更为谨慎,而在经营管理方面,小额贷款公司受到更多的约束。

表 5.3 小额贷款公司与商业银行的比较

		商业银行	小额贷款公司
设立门槛	注册资本金	全国性商业银行≥10亿 城市商业银行≥1亿 农村商业银行≥5 000万	有限公司≥500万元 股份公司≥1 000万元
	股东人数	依据《公司法》	依据《公司法》
	股本结构	持股超过股本5%以上要向银监会报告	单一股东持股比例≤10%
资本结构	资本充足率	不低于8%	不低于8%
	贷存余额比	不超过75%	—
	对同一主体贷款额	不超过10%	不超过5%
经营管理	贷款利率	央行确定基准利率	贷款基准利率的0.9倍
	经营范围	可以吸收存款	不能吸收存款
	资金运用	各行各业	支持"三农"、中小企业
	贷款方式	严格限制信用贷款	主要发放信用贷款
	监管主体	银监会	金融办或其他机构
	退出机制	合并、解散、破产	解散、破产，转为村镇银行

资料来源：《关于小额贷款公司试点的指导意见》《中华人民共和国商业银行法》。

2. 小额贷款公司与其他农村金融机构

如表5.4所示，在农村金融机构中，小额贷款公司的设立门槛高于其他农村金融机构，资产结构也高于其他农村金融机构。这说明在农村金融机构中，小额贷款公司虽然在我国还处于发展阶段，但对我国农村金融的重要性是显而易见的。

表 5.4 小额贷款公司与其他农村金融机构的比较

		小额贷款公司	村镇银行	贷款公司	农村资金互助社
设立门槛	注册资本金	有限公司≥500万元 股份公司≥1 000万元	县(市)≥300万元 乡镇≥1 000万元	≥50万元	乡镇≥30万元 村≥10万元
	股东人数	依据《公司法》	依据《公司法》		≥10人
	股东资格	合法资本即可	必须是银行业金融机构发起	必须是商业银行或者是农村商业银行全额出资	入股的农民和中小企业
	股东结构规定	单一股东持股比例≤10%	最大银行业金融机构持股比例≥20%;其他单一股东持股比例≤10%		单一股东持股比例≤10%
资产结构	资本充足率	≥8%			
	核心资本充足率	≥4%	—	—	—
	存款准备金率	—	参照当地农信社执行		
	存款利率	无存款业务	在0至央行基准利率之间浮动	无存款业务	在0至央行基准利率之间浮动
	贷款利率	在央行基准利率的0.94~4倍之间浮动			
	其他	不能异地经营	不得异地贷款	不能异地经营	为社员提供存款服务
监管机构		由各地自行确定	—	银监会	

资料来源:《关于小额贷款公司试点的指导意见》《中国银监会关于加强村镇银行监管的意见》。

四、我国小额贷款公司法律监管的概况

(一) 我国小额贷款公司法律监管的基本概述

我国对小额贷款公司的法律监管分为规制和监督。规制是指政府相关部门通过制定有关小额贷款公司的相关法律法规,来规范小额贷款公司的日常经营活动。监督是指政府相关部门通过一定的方法措施,监督小额贷款公

司对上述法律法规的遵守情况。我国对小额贷款公司的法律监管,主要目的是维护金融市场的稳定及健康发展。

对小额贷款公司的法律监管主要包括以下几个方面:

第一,法律监管的主体是国家依法设立的监管机构;

第二,法律监管的对象是小额贷款公司的日常经营活动;

第三,法律监管的方法是对违法的小额贷款公司进行处罚。

(二)我国小额贷款公司法律监管的必要性

我国关于小额贷款公司的法律法规并不是很完善,从而导致了监管混乱等问题,不利于小额贷款公司的进一步发展。并且,在日常监管及市场准入和市场退出方面都存在问题,使小额贷款公司面临较大的经营风险。因此,只有加强相关立法和法律监管,才能使小额贷款公司更健康地发展。

1. 我国小额贷款公司具有较大经营风险

我国小额贷款公司存在较大的经营风险,不利于小额贷款公司的可持续发展。小额贷款公司主营业务是小额贷款业务,其中大多数是属于信用贷款,具有较高的风险性。我国小额贷款公司比较缺失对小额贷款的管理,在整个贷款过程中,没有详尽的贷前调查、详细的贷时审查和完善的贷后检查,并且缺少相应的保障机制。我国小额贷款公司在人员管理方面也存在问题。我国小额贷款公司对工作人员的管理较为缺失,工作人员大都缺乏对小额贷款业务的经验,也没有过硬的业务能力。

2. 维护我国的金融市场安全

小额贷款业务已经属于金融范畴,我国小额贷款公司的经营状况会影响到我国金融市场的安全。我国现行法律法规对小额贷款公司的规定较少且不具体。小额贷款公司的"只贷不存"性质,使它的资金来源受到限制,现实生活中,部分小额贷款公司存在违法吸收公众存款、违法发放小额贷款及跨区域经营等违法情况。这些违法情况严重影响了我国小额贷款公司的市场秩序,严重影响了我国金融市场的稳定安全。

五、我国小额贷款公司发展现状及问题:以苏州为例

(一)苏州小额贷款公司发展现状

2008年9月,苏州出现了第一家小额贷款公司——常熟市信德农村小额贷款有限公司,注册资金为1亿元。截至2014年12月,苏州地区已有96家

小额贷款公司,其中有 10 家科技小额贷款公司。如表 5.5 所示,是 2011—2014 年苏州小额贷款公司的情况统计表(科技小额贷款公司是一种新型的小额贷款公司形式,贷款业务主要是面向高新科技企业)。

表 5.5　苏州小额贷款公司的情况统计表

各项指标	2014	2013	2012	2011
一、小贷公司数(含科技小贷)(家)	96(8)	93(6)	83(4)	72(2)
二、各项贷款(亿元)	298.8	333.7	307.5	274.9
三、贷款笔数(笔)	15 018	14 232	12 309	10 529
四、担保余额(亿元)	27.4	57.7	79.5	53.0
五、应付款保函余额(亿元)	5.3	5.8	—	—
六、开鑫贷余额(亿元)	11.2	9.2	—	—
七、融资余额(亿元)	48.5	66.6	68.3	79.4
八、注册资金(亿元)	242.68	244.8	233	191

资料来源:苏州市人民政府金融工作办公室官网(http://www.szjrb.suzhou.gov.cn/)。

苏州小额贷款公司的监管主要由苏州市金融办负责,以苏州市小额贷款行业协会发挥协调作用。表 5.6 是苏州市关于小额贷款公司的法律文件。苏州市金融办的职责有"贯彻执行国家及省有关小额贷款的金融工作方针政策和法律法规"及"负责小额贷款公司设立的审核、备案、报批"。苏州市小额贷款行业协会的章程有发挥"搭建政府同有关部门与会员单位之间的桥梁和纽带作用,协助做好小额贷款行业的管理和服务工作"及"建立和健全行规行约,建立诚信机制,促进行业之间、会员单位之间的互相交流与协作"。可以看出,金融办主要负责的是依据有关法律对小额贷款公司进行监管。而苏州市小额贷款行业协会主要负责的是协助金融办对小额贷款行业进行管理,制定行业标准和规范,实现行业的自律管理。

表5.6 苏州市关于小额贷款公司的法律文件

《苏州市农村小额贷款公司监督管理实施细则》	《关于开展农村小额贷款组织试点工作的意见》
《关于促进金融业跨越发展的指导意见》	《关于进一步明确农村小额贷款公司税收政策的通知》
《江苏省农村小额贷款公司监督管理办法》	《小额贷款公司改制设立村镇银行暂行规定》
《关于推进农村小额贷款公司又好又快发展的意见》	《关于小额贷款公司试点的指导意见》

资料来源：苏州市人民政府金融工作办公室官网（http://www.szjrb.suzhou.gov.cn/）。

（二）苏州小额贷款公司的特点

1. 公司人员组成方面

在公司的组成方面，苏州小额贷款公司的主要发起人都是苏州地区比较知名的企业（如波司登集团、三联印染、梦兰集团等），这些企业具有雄厚的资金和广泛的客户资源。在人员组成方面，公司的工作人员大都有银行从业的经历。这些工作人员十分熟悉贷款业务，具有风险控制的经验，也拥有一些潜在的客户资源。公司与人员组成方面的优势，也是小额贷款公司在苏州发展迅速的原因之一。

2. 市场经营方面

在市场定位方面，苏州小额贷款公司面向的客户基本是中小型企业，少数面向个人。在市场定价方面供不应求，苏州小额贷款公司具有较为灵活的贷款定价机制。苏州小额贷款公司的经营方式比较灵活，能最大限度上满足借款人对资金的需要，对新借款人一般只需5个工作日就可完成对借款人的审批和贷款发放。在贷款品种方面，苏州小额贷款公司提供的贷款品种如表5.7所示，苏州小额贷款公司多提供担保贷款。

表5.7 苏州小额贷款公司的业务品种

快速抵质押贷款	1至2天就可以完成贷款流程
小额担保	担保人可为60万元以下的自然人或企业提供担保
过桥担保	提供企业应急资金
大客户担保授信	对大公司的上下游企业提供以大公司为担保的贷款

续表

应收账款抵押	企业可用贷款本身金额为质押
存货质押贷款	针对物流公司可提供贷款
农户联保	农户可汇总资金,相互担保
小额纯信用贷款	主要针对收入稳定且金额为15万元至20万元的客户

资料来源:苏州市人民政府金融工作办公室官网(http://www.szjrb.suzhou.gov.cn/)。

3. 风险控制方面

在控制风险方面,大多数苏州小额贷款公司基本能够实现零坏账目标。苏州小额贷款公司对借款人通常进行详细的贷前审查,通过庞大的数据库和人员社会关系进行审查。并且在进行贷前审查的时候通过诸多规定来减小风险。如员工个人利益与贷款质量相关、借款人相关亲友的连带制度、雇用第三方保险公司或评估公司分摊风险等。

4. 银司合作方面

在银司合作方面,苏州小额贷款公司积极地与商业银行建立联系,希望商业银行对自己提供授信,丰富资金来源。商业银行也希望通过将资金借给小额贷款公司,再由小额贷款公司转贷给中小企业,优化资源配置和降低自身风险。苏州商业银行对苏州小额贷款公司提供两种授信,即贷款授信与担保授信。如农业银行苏州分行已为超过11家的小额贷款公司授信超过10亿元。

(三)苏州小额贷款公司存在的问题

1. 小额贷款控制不严

依据《江苏省关于小额贷款公司的指导意见》,小额贷款公司的服务对象为"三农",且对"三农"的贷款比例不得低于总贷款额的80%,而苏州地区的小额贷款公司在选择放款对象的时候,往往选择那些规模较大、盈利较好的中小企业,对于农户、经营较差的中小企业采取"能不贷则不贷"的策略,丧失了小额贷款公司"分散"的贷款原则,降低了自身的发展能力。并且大部分小额贷款公司也没有执行"小额"这一贷款原则。依据江苏省出台的指导意见,苏州地区的小额标准是单户不超过50万元(如表5.8)。现阶段,大部分苏州小额贷款公司的放款数量远远超过了"小额"。这些都明显与小额贷款原则相背离,不利于小额贷款公司的长远发展。

表 5.8　单户小额贷款最高额

苏南地区	50 万元
苏中地区	30 万元
苏北地区	20 万元

资料来源:《江苏省农村小额贷款公司监督管理办法》。

2. 具有较大的经营风险

苏州小额贷款公司主要面对的是违约风险。苏州小额贷款公司的放款对象主要是中小企业和高新科技企业,这些企业往往对资金需要量大,且不容易从商业银行获得贷款,具有较大的经营风险,容易受到宏观经济环境的影响,一旦经济环境不好,这些企业就有可能无法还贷,产生违约风险,势必会波及小额贷款公司的经营。并且,小额贷款公司贷款具有快速、频繁、短小的特点,审查贷款的程序往往不像商业银行那样详细,一旦出现贷款判断失误,就会使小额贷款公司的经营受到损失。如表 5.9,可以看出苏州小额贷款公司的放贷速度较快,在所难免会面临资金紧张的情况。

表 5.9　苏州小额贷款公司实收资本与发放贷款余额比较

年度	融资与注册资金(亿元)	发放贷款余额(亿元)
2011	270.4	274.9
2012	301.3	307.5
2013	311.4	333.7
2014	291.18	298.8

资料来源:苏州市人民政府金融工作办公室官网(http://www.szjrb.suzhou.gov.cn/)。

3. 没有明确的监管部门

苏州是通过苏州市金融办对小额贷款公司进行监管的。而依据《指导意见》,对小额贷款公司的监管"凡是省级政府能明确一个主管部门(金融办或相关机构)负责对小额贷款公司的监督管理,并愿意承担小额贷款公司风险处置责任的,方可在本省(区、市)的县域范围内开展组建小额贷款公司试点"。由此可见,《指导意见》对小额贷款公司监管主体的规定是不明确的,是由各地政府各自指派金融办或相关机构进行监管。在现实生活中,各地监管小额贷款公司的主体也是各种各样的(如表 5.10)。总而言之,现阶段小额贷款公司的监管主体是很混乱的,会导致监管机构的工作难以专业化和精细化,无法及时准确地发现监管对象的风险所在。

表5.10 各省市小额贷款公司监管主体机构汇总

省(市)	小额贷款公司的监管主体	省(市)	小额贷款公司的监管主体
北京	金融办	吉林	金融办
天津	金融办	黑龙江	金融办与联席会议
上海	金融办	辽宁	金融办、省工商局、银监局
重庆	金融办与联席会议	安徽	金融办与联席会议
山西	金融办	浙江	金融办与工商行政管理局
山东	金融办为主,工商、公安、银监会为辅	江苏	金融办
河北	金融办	陕西	金融办
河南	中小企业服务局	四川	金融办
湖北	金融办	贵州	中小企业局
湖南	领导小组等地区金融证券办	云南	金融办
广西	金融办	青海	经济委员会
广东	金融办	甘肃	金融办
新疆	金融办	福建	金融办
海南	金融办	宁夏	金融办
江西	金融办	内蒙古	金融办

资料来源:中国人民银行官网(http://www.pbc.gov.cn/)。

4. 没有明确的发展方向

由银监会发布的《小额贷款公司改制设立村镇银行暂行规定》(以下简称《暂行规定》)规定了小额贷款公司的发展方面,《暂行规定》表示,小额贷款公司最终要变为村镇银行,但有一个前提条件,就是小额贷款公司的发起人必须是商业银行。这个条件对大部分苏州小额贷款公司来说是无法实现的,如表5.11所示。因此,大部分小额贷款公司的发展方向并不明确。央行前行长吴晓灵表示,小额贷款公司可以发展成为社区银行,以自身的区域优势,增大服务面,但是,没有相关的法律法规支持。因此,有必要出台相关的法律文件来规定小额贷款公司未来的发展方向。

表 5.11　部分苏州小额贷款公司的股东情况

名称	主要股东
常熟市信德农村小额贷款公司	江苏梦兰集团
吴江市巾帼农村小额贷款公司	吴江汉通公司
昆山市神农农村小额贷款公司	振华建设集团
常熟市康欣农村小额贷款公司	波司登集团
苏州工业园区金鸡湖农村小额贷款公司	园区创投集团
张家港华芳农村小额贷款公司	华芳集团
苏州相城区永昌农村小额贷款公司	苏州惠龙热电公司
苏州沧浪区倡信农村小额贷款公司	汇海东兴集团

资料来源：苏州市小额贷款行业协会官网（http://www.szxdxh.cn/）。

六、对策建议

（一）完善小额贷款公司的法律法规

通过对苏州小额贷款公司的分析可以发现，我国小额贷款公司缺乏相应的法律法规来对其进行规范。只有制定了相关法律法规，有关部门才能依法监管小额贷款公司。央行和银监会颁布的《指导意见》等法律文件都是属于指导性文件，法律效力较低，不利于对小额贷款公司的监管。应完善相关法律法规，用法律的手段鼓励、引导小额贷款公司健康发展。

（二）明确小额贷款公司的监管主体

通过对苏州小额贷款公司监管主体的分析可知，各地对小额贷款公司的监管主体规定各不相同。

由于全国小额贷款公司数量很多，央行和银监会没有能力监管如此多的公司。由各地金融办主管部门监管，既避免了多头监管的弊处，又有利于其根据各个地方的不同，制定相应的规定，更好地对小额贷款公司进行监管。

应建立小额贷款行业协会，实现行业内自我约束和服务。行业协会可根据国家的法律法规、社会道德风尚，制定行业标准和规范，实现行业的自律管理。协会可为会员提供服务，维护合法权益，更好地维护小额贷款行业的正当竞争秩序，使得小额贷款行业走规范化的发展道路。

（三）完善小额贷款公司的监管制度

通过对苏州小额贷款公司的分析得出，应该加强对违约风险的监控。

在法律层面上对违约风险的控制,主要是通过物权和信用担保两个方面。各个地方除了担保制度外也有一些其他制度。

通过建立借款人信用体系,能够很好地降低小额贷款的违约风险,使得小额贷款公司能够更加充分地掌握客户的信用情况,降低贷款风险。因为我国小额贷款公司服务的对象大都是风险较高的中小企业,所以很容易产生违约风险。因此,应该建立借款人信用体系,降低小额贷款公司的经营风险。

七、结 论

综上所述,我国小额贷款公司正处于发展阶段,虽然发展势头迅猛,但也存在诸多问题。本章以苏州小额贷款公司为例,分析了小额贷款公司的发展现状和监管问题。我国小额贷款公司存在经营风险较大、发展方向模糊、监管主体不明确、法律监管缺失等问题。我国应该加强对小额贷款公司的监管,完善相关的法律法规,明确监管主体,完善监管制度,这样才能保证我国小额贷款公司可持续发展。

第六章
我国寿险个人代理人制度创新研究
——以 A 保险公司为例

20世纪80年代后我国保险市场逐渐恢复,国内的寿险业务主要以团体保险为主,而个人寿险业务的开展是以寿险公司销售机构直接对个人销售为主要方式。1992年随着美国 A 保险有限公司上海分公司的成立,一种全新的营销模式——寿险个人代理人制度的引进,打破了传统的个人寿险营销模式,个人寿险业务为寿险业发展注入强大动力,寿险业也从此进入跨越式发展期,成为金融产业发展最快的行业之一。在取得辉煌业绩的背后,寿险个人代理人制度发挥了巨大作用。

随着中国经济的腾飞和保险业的快速发展,从国外引入的寿险个人代理人制度也反映出与当时国内金融市场及法律监管环境不协调的一面,寿险个人代理人制度迫切需要进行本土化改革,走出一条中国特色道路以适应中国市场环境和法制环境。本章借助波特钻石模型,以数据分析为基础全面分析个人代理人制度,并以苏州市 A 保险公司为研究对象,结合问卷与访谈方式全面分析该公司寿险个人代理人制度中的约束与激励机制,同时对其制度性缺陷进行探讨,最后对现有制度提出改进与创新的对策建议。

一、引　言

(一)研究的背景与意义

1992年伴随着 A 保险公司上海分公司的成立,A 保险公司将个人代理人制度引入中国。个人代理人制度的引入对我国寿险业的发展起到巨大的推动作用,并打破了传统的寿险经营模式,激发了寿险营销人员的积极性,培养了一批从事寿险业的骨干人才,造就了一批寿险行业内的优秀企业,吸纳了大量社会就业人员,提升了民众的保险意识。个人代理人直接面对客户推销保险的营销方式符合我国寿险业发展的现状,极大地推动了我国寿险业的发展。但随着个人代理人制度在中国保险业中的早期推广和应用,其诸多弊端也逐渐凸显出来,如个人代理人素质参差不齐、离职率高、销售误导、非诚信经营问题严重等。

尽管寿险个人代理人制度存在某些弊端,但个人代理人制度也为中国寿险业发展发挥了一定的积极作用,而且寿险个人代理人制度改革关系到三百多万代理人的切身利益和一百多家保险公司的运营发展。保监会等政府相关部门也在积极探索改革寿险代理人制度的方式和方法,但这些探索和创新需要一个漫长的过程。多种因素决定了在未来很长一段时间内,个人代理人制度仍将是我国寿险营销制度的重要组成部分,因此,分析寿险个人代理人制度早期推广和应用过程中出现的问题与原因,并对其进行改革和完善具有十分重要的借鉴意义。

(二) 文献综述

寿险个人代理人制度在中国的早期推广和应用过程经历了约20年时间,学者对于其出现的问题及原因研究较多,主要集中在以下几个方面。

1. 法律定位模糊

王慧(2003)指出保险公司与寿险营销员属平等主体之间的民事代理关系,而不是劳动关系。在劳动报酬方面,保险公司根据寿险营销人员销售业绩支付佣金,上不封顶、下不保底。在社会保险、福利待遇方面,保险公司没有义务为寿险营销员提供社会保险、失业保险、住房公积金等社会福利保障。然而,因保险代理行业的特殊性,在日常工作中要求营销人员每天参加公司晨会,并对营销人员提供职场支持、培训,而对违反保险公司规定的营销人员实行纪律处分,但保险公司为了留住优秀营销人员也会为他们代办养老保险等。因此,这种模糊不清的委托代理关系和劳动关系并存使得营销人员的法律地位极不稳定,加大了保险企业和监管机构对个人营销员的管理难度。[①]

阳露昭、吴洋(2007)认为个人代理人的法律地位在现实中颇为尴尬,尽管法律对其资格和地位做了若干规定,但实际操作中并不与法律规定相符,既不是《保险法》所规定的法律意义上的个人代理人,无法与保险公司在平等的地位上开展业务;也不属于保险公司的正式员工,无法享有劳动和权益保

---

① 王慧.对我国寿险公司个人营销制度的思考[J].华东经济管理,2003,17(6):139.

障,导致保险个人代理人与保险营销员相混淆。尽管保监会自2006年7月1日开始施行的《保险营销员管理规定》对保险营销员的资格认定、行为禁止等各个方面做了较为详细的规定,但仍未明确解决保险营销员与保险代理人的角色冲突问题,也未从根本上明确其法律地位。甚至还有相互混淆之处。此外,中国保监会在2006年10月9日给贵州保监局《关于个人保险人法律地位的复函》中指出:(1)根据《保险法》第125条和128条的规定,个人保险代理人属于保险代理人的一种,其与保险公司之间属于委托代理关系。(2)在具体案件中,保险公司的业务人员是否属于个人保险代理人,保险公司与该业务人员之间是否属于委托代理关系,应依据二者订立的具体协议的法律性质确定。这个复函是迄今为止官方唯一一份关于保险个人代理人法律地位的书面意见。但它并不能真正解决这个矛盾,既然承认二者之间是委托代理关系,那么二者之间订立的具体协议就应当是委托代理合同,只有这样,才能维护双方正当权利义务关系。依据保监会的复函,二者之间的协议是定性的标准,然而由于保险公司与业务人员之间在订立协议的过程中必然存在的强势与弱势的差别,使得协议的性质往往并不能够真正反映二者之间的关系。因此,保监会的复函也不能真正从根本上解决这个问题。①

2. 个人代理人的道德风险和激励机制

杨敏(2009)指出个人保险代理人道德风险是个人保险代理人严重的机会主义表现。它的存在将破坏保险市场均衡,阻碍整个行业的健康发展。一是使得保险公司业务质量低下,赔付率和退保率增加,经营成本上升,经营稳健性受到影响;二是在个人代理人欺骗和隐瞒行为的误导下,投保人可能做出错误的投保选择,使自己支付的保险费无法获得最佳效用;三是恶化投保人与保险人之间的关系,影响了保险公司乃至整个保险行业的形象。②

辛桂华(2010)认为现行的个人代理人佣金制的收入方式是营销机制的一个基础,对营销队伍的发展壮大和营销员积极性的发挥起了重要作用。每一个人在这个制度下都有一种内在的自我鞭策的动力,无论是低级营销人员还是高级管理人员,其劳动报酬直接体现为业务佣金和管理佣金。不同产品、不同期限、不同缴费方式的佣金不同,一般新单佣金率较高,为首年度保费的15%~35%,续佣逐年渐低但可持续2~5年。其薪酬方式采用的是预

---

① 阳露昭,吴洋. 论保险个人代理人的法律地位[J]. 武汉金融,2007(7):30.
② 杨敏. 个人保险代理人道德风险与激励机制研究[J]. 中国农业银行武汉培训学院学报,2009(1):35.

扣客户后期缴费的佣金制。这种薪酬方式虽能极大地激发代理人不断拓展业务的潜能,还可以增加他们短期内跳槽的机会成本,有助于一定时期内营销团队的稳定,但也极易产生代理人由于受利益驱使而片面追求收入的短期行为和道德风险。如现在保险公司面临的佣金收入分2~5年全部领取后而投保人的续期保费收缴没有保障,致使客户和公司的利益受到严重损害的问题,代理人离开公司后形成的"孤儿保单"问题等即是有力证明。①

另外诸多学者也提出了改革或完善寿险个人代理人制度的措施:

王辉(2008)提出,根据我国个人代理人管理现状,结合国外一些成功经验,在个人代理人的身份定位上,可以采取以下三种方式,并在法律条文中列明。这三种方式可以归纳为"两个过渡,一个认同"。一是个人代理人向保险公司员工过渡。为了增强个人代理人的归属感和敬业精神,各保险公司在代理人的管理上应采取晋级制,给个人代理人员创造一个由"士兵"到"将军"的发展平台,逐步使个人代理人由编外管理向编内管理过渡,纳入正常的人事管理体系,使优秀的代理人逐步成长为专业营销顾问或专业个人理财顾问,进而成长为寿险公司的顶梁柱和主心骨。这样,一方面可以为寿险业的发展广纳贤才;另一方面可以给有才能者提供一个发展的机会,从政策上吸引更多的人才步入寿险代理行列。二是个人代理人向专业代理人过渡。我国应加快专业代理公司的建设和发展,使其从数量和质量上都能满足各保险公司的业务拓展要求,使各代理公司能挑起我国保险代理业务的大梁,使大多数个人代理人逐步投靠到代理公司麾下,由各代理公司用专业化的管理技术和考核机制进行管理,以减少代理人的违规行为。在代理公司的成立方式上,可以采取保险公司剥离法和自由招募法。三是从法律上认同个人代理人为独立经营主体,主管部门为政府监管部门和工商行政部门。政府监管部门和行业协会必须建立完善的个人代理人考试和注册制度,任何注册代理人都必须隶属于一家合法的保险公司,代理人可由隶属公司进行日常管理、培训,但如果要跳槽,必须按有关条例提前申请,并且到主管机构变更注册资料重新登记注册后方能在新公司推销产品。②

叶朝晖(2003)认为现行寿险营销制度使用的业务政策强化了激励机制,弱化了代理人的声誉机制,而激励机制又重在业务规模激励,其结果是业务高速增长难掩品质下降之忧,现有代理人队伍迅速扩张但综合素质下降,难

---

① 辛桂华.寿险个人代理制营销模式的缺陷及其创新[J].经济论坛,2010(8):183.
② 王辉.寿险个人代理人失信行为的正式制度分析[J].江西金融职工大学学报,2008(6):37.

以担当知识含量大幅提高的寿险产品的销售重任,整个行业的诚信受到考验。对于现行的寿险营销制度的弊端,有关人士提出两种改革思路:一是在现有制度框架内进行完善;二是彻底改变个险营销组织形式。并提出两种转制方案,即将代理人转为公司员工的企业化方案和将营业部转为专业代理公司的市场化方案。应该鼓励保险公司积极进行多种营销模式的改革探索,但现行的寿险代理制仍是具有效率优势的一种营销模式,并在相当一段时期内仍将在我国寿险市场中占主导地位。因此,采取健全激励机制、强化代理人声誉机制等措施完善现行营销制度应当是提高公司及行业信誉的工作重点。[1]

综合上述文献,对我国寿险个人代理人制度的研究主要集中在我国寿险个人代理人发展现状、存在问题及原因,改革和完善寿险个人代理人制度的政策建议等方面。大多数研究都针对其中个别问题有所侧重,少数针对寿险个人代理人制度整体研究的也不够系统和翔实。本章系统地对我国寿险个人代理人制度进行研究,全面分析了寿险个人代理人制度产生的积极作用和出现的问题,结合 A 公司实例提出变革和完善寿险个人代理人制度的政策建议。

二、相关概念的界定与阐述

(一) 寿险的概念

根据《中华人民共和国保险法》第二条对保险的定义,保险是指投保人根据合同约定,向保险人支付保险费,保险人对于合同约定的可能发生的事故因其发生所造成的财产损失承担赔偿保险金责任,或者当被保险人死亡、伤残、疾病或者达到合同约定的年龄、期限时,承担给付保险金责任的商业保险行为。

保险按其标的可以分为财产保险和人身保险。人身保险是与财产保险完全不同性质的保险。由于人的生命价值不能用货币来计量,所以,人身保险的保险金额是由投保人根据被保险人对人身保险的需要程度和投保人的交费能力,在法律允许的范围和条件下,与保险人协商约定后确定的。因此,在保险合同约定的保险事故发生或者约定的年龄达到或者约定的期限届满

---

[1] 叶朝晖. 我国寿险营销制度的理论评价及政策建议[J]. 保险研究,2003(4):13-14,30.

时，保险人按照约定进行保险金的给付。人身保险是以人的寿命和身体为保险标的的保险，可以分为人寿保险、健康保险和人身意外伤害保险。

（1）人寿保险是以被保险人的寿命作为保险标的的，以被保险人的生存或死亡为给付保险金条件的一种人身保险。主要业务种类有定期寿险、终身寿险、两全寿险、年金保险、投资联结保险、分红寿险和万能寿险。

（2）健康保险是以被保险人的身体为保险标的的，使被保险人在疾病或意外事故所致伤害时发生的费用或收入损失获得补偿的一种保险业务。

（3）意外伤害保险是以被保险人的身体为保险标的的，以意外伤害而致被保险人身故或残疾为给付保险金条件的一种人身保险。

人身保险通常被统称为人寿保险，简称寿险。

（二）寿险公司

随着寿险行业的发展，人身保险逐渐发展形成广泛地以保障一切以人的寿命和身体为标的的人寿保险、健康保险和意外伤害保险，经营人身保险产品的保险主体也从一般寿险公司发展到包括专业保险公司，如专业健康保险公司、专业养老保险公司在内的寿险公司群体。从法律上看寿险公司包括法人机构及其分支机构。寿险公司法人机构是指在中国境内经中国保监会批准设立，并依法登记注册的人寿保险公司；寿险公司分支机构限于寿险公司法人机构依法设立的省级（含直辖市、计划单列市）分公司和地市级中心支公司。外国寿险公司分公司视为寿险公司法人机构。

（三）寿险营销制度

根据市场需要组织产品生产，并通过销售手段把产品提供给需要的客户被称作营销。寿险营销制度是指寿险产品营销机制的总和。寿险营销包括市场调查和预测、客户行为模式研究、寿险险种的研发、保险产品销售以及售后服务等一系列营销活动。狭义上来看，寿险营销制度主要是指寿险营销渠道和模式的选择及组合，销售人员的管理、控制和激励等方面的制度构架。

三、我国寿险行业发展现状及渠道分析

（一）我国寿险行业发展现状与竞争力分析

我国寿险行业起步于20世纪80年代初期，近40年的发展为国家经济腾飞做出了巨大贡献。

1. 我国寿险行业发展现状

改革开放以来,我国保险业有了极大发展,取得了巨大成就,保险业务快速增长、服务领域逐渐拓宽、市场经营体系日臻完善、保险主体的竞争实力不断增强。保险业在我国的经济建设、经济保障、社会稳定等方面发挥着重要作用。我国的保费收入从1980年到2010年以年均30%的增长速度保持良好发展势头,是金融产业中发展最快的行业之一。中国保险市场的保费收入增长速度高于同期GDP的增长速度。

作为一个朝阳产业,我国保险业特别是寿险业在自身持续发展的过程中,表现出了高速成长性,市场潜力巨大。寿险业立足于为国民经济和社会发展全局服务,积极发挥保险的经济补偿、资金融通和社会管理功能,取得了显著成绩,为经济发展、社会进步和人民生活水平的提高做出了重要贡献。但中国寿险业粗放式、爆发式增长阶段已经结束,未来寿险公司须更注重销售人员培训、产能提升和保险产品差异化开发,提高寿险产品的技术含量和价值贡献,寿险销售渠道也必须进行相应的转型和创新。

2. 根据波特钻石理论分析我国寿险行业竞争力

为更全面、客观地评价我国寿险行业的竞争力,可以利用波特钻石理论对我国寿险行业进行分析。

美国哈佛商学院教授迈克尔·波特于1990年在《国家竞争优势》一书中系统地提出了国家竞争优势理论。该理论的核心内容就是"国家钻石"模型(national diamond model)。具体如图6.1所示。

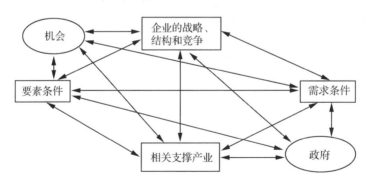

图6.1 "国家钻石"模型(national diamond model)

资料来源:迈克尔·波特.国家竞争优势.中信出版社,2010.

波特的"钻石"模型解释了一个国家为何能在某个产业上形成优势并在国际市场中取得成功。他认为,这决定于每个国家都存在的四个因素,即要素条件,需求条件,相关支持产业,企业战略、结构与竞争状态。此外,政府和机会作为另外两个辅助因素也影响着上述四个因素。这六个因素共同构成一个动态的、激励创新的竞争环境,并构成产业国际竞争优势的原动力。一个国家的产业竞争优势越明显,该国企业在国际市场就越有竞争力。

3. 中国寿险行业竞争优势分析

(1) 我国寿险行业的要素条件。寿险行业要素条件主要是指保险业发展过程中所需要投入的各种要素,主要包括寿险行业人力资源要素、保险公司的资本要素。

我国寿险行业的人力资源要素分析:我国有着丰富的人力资源,在保险行业高速发展时期,大批人员加入了寿险行业。从图6.2可以看出,我国寿险营销人员数量急速攀升,截至2010年年底,我国共有保险营销人员3 297 786人,其中寿险营销人员2 879 040人。这种总量上的扩张可以提高产业的供给能力,而且寿险业的规模经济使得产品的平均成本下降,有利于寿险产品和服务价格水平的下降,从而促进产业竞争力的提升。但需要指出的是,目前我国寿险行业中高学历专业人才还尚未达到行业发展的要求。

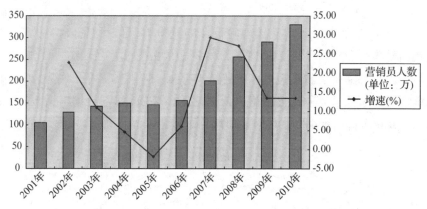

图6.2 2001—2010年保险营销员人数变化趋势图

资料来源:根据中国保险监督管理委员会公布数据整理。

保险公司资本要素分析:保险业的资本资源对于培养其持续经营能力非常重要,一来是因为资本资源本身就是保险业务拓展的物质基础,二来它直接决定了公众对保险行业的信心。拥有资本金越多,提供的服务能力越强。

我国保险公司的资产稳步、快速上升,截至2010年12月末,保险公司总资产共计50 481.61亿元,较年初增加9 846.85亿元,增长24.23%。同样,寿险行业保费收入在此期间也是迅速增加。从2000年的不足900亿增加到2010年的接近10 000亿。不管是保险公司资本还是寿险业务保费收入(如

图 6.3 所示),都显示出保险公司资本要素的强大发展动力。

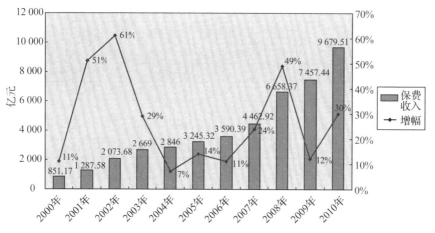

图 6.3 2000—2010 年寿险业务保费收入和增幅对比图

资料来源:根据中国保险监督管理委员会公布数据整理。

(2) 寿险行业的需求状况。按照波特的钻石模型,国内的需求对于保险业的竞争力影响非常大,因为保险业只有建立在一定规模且能够持续增长的市场需求的基础上,才能够获得自身的不断发展。

经济增长对寿险需求的影响:经济增长意味着社会再生产规模的扩大,而这会导致市场经济中可保风险规模的扩大,从而为保险业的发展创造了潜在的需求。从另一个角度来看,经济增长也使得消费者手中的可支配收入随之增长,为潜在的保险需求向现实保险产品消费的转化提供了支付力保障。可以发现,从 1981 年开始,我国保费收入的年增长率远远高于同期 GDP 增长率,保险行业成为我国发展最快的行业之一。表 6.1 显示了我国保险业市场渗透率与国际水平的差距。

表 6.1 我国保险业市场渗透率与国际水平的差距[①]

与国际水平相比,中国保险业市场渗透率(保险支出占 GDP%)相对较低						
地区	寿险	差值	非寿险	差值	总计	差值
中国	2.3		1.1		3.4	
印度	4.6	2.3	0.6	−0.5	5.2	1.8
世界	4	1.7	3	1.9	7	3.6
欧元区	4.6	2.3	3.4	2.3	8	4.6

---

① 中国保险业——中国寿险业的未来. HSBC 环球研究,2010 年 11:36.

续表

与国际水平相比，中国保险业市场渗透率（保险支出占GDP%）相对较低						
地区	寿险	差值	非寿险	差值	总计	差值
美国	3.5	1.2	4.5	3.4	8	4.6
日本	7.8	5.5	2.1	1	9.9	6.5
韩国	6.5	4.2	3.9	2.8	10.4	7
中国香港	9.6	7.3	1.4	0.3	11	7.6
英国	10	7.7	3	1.9	13	9.6
中国台湾	13.8	11.5	3	1.9	16.8	13.4

人口结构对保险需求的影响：我国已经迈入老龄化国家的行列，老龄化对寿险业的发展将产生两个方面的影响，有利的一面是老龄化带来的社会平均年龄提升能在一定程度上增强社会公众的风险意识，从而激发保险的潜在需求，特别是健康险和养老险；另外，由于中国80年代开始执行的计划生育政策，使得家庭中的两个成年人要负担双方四个老人的养老重担，并且还要养育后代，这种家庭结构迫使人们关注养老保障。老龄化不利的一面在于人力资源的枯竭。但老龄化的发展趋势促进了寿险需求的增加。图6.4显示了个人的理财需求随着年龄的增长而发生的重大变化。

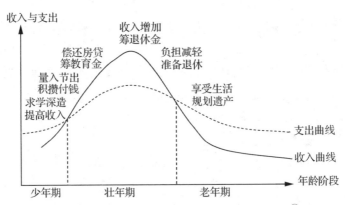

图6.4　个人的理财需求随着年龄的增长而变化①

（3）寿险相关产业和支持产业。在经济生活中，寿险行业和很多产业都有关联，例如银行等金融服务业。银行业和保险业之间的关系既是竞争关系又是合作关系。银行业和保险业都是向公众提供金融产品和服务的产业，在金融资产总量一定的情况下，两者的业务量一定是此消彼长的。而银行业也

---

① 中国保险业——中国寿险业的未来. HSBC 环球研究，2010 年 11：36.

可能和保险业成为合作伙伴,在世界金融混业经营的大趋势下,中国银行业和保险业虽然仍然是分业经营,但彼此间的业务合作却在不断加深,银行业已经成为保险业发展的重要支撑,表现在银行可以作为保险公司的代理开展银行保险业务、代收保费业务,不仅发展了银行业的中间业务,也可直接拓展保险业务。

在此期间,四大国有银行陆续投资控股一些保险公司,从而直接进入寿险市场,如当时就组建了建银人寿、交银康联等公司,同时保险公司也开始尝试向银行业渗透,如中国平安(保险)集团控股并改组平安银行。由以上分析可知,银行业的发展对保险业的发展既有促进的一面,也有互相竞争的一面,从发展趋势来看,银行业和保险业呈现出融合成长的状态,说明国内金融市场广阔,两个行业可相互支持、互利共赢。

(4)寿险企业的战略、结构和竞争对手。随着中国保险市场的对外开放,垄断市场结构已经被完全打破。保险企业的竞争战略和结构也影响保险业竞争力的提升。当保险市场发展到一定程度之后,集团化大型保险企业比专业化中小型保险公司具有更大的竞争优势。保险集团能以规模经济为基础降低经营成本和风险水平,进而获得丰厚利润。与集团化对应的细分市场的专业化目标就是以高效、优质服务效果获取某一特定领域内的竞争优势。国内保险集团化的趋势始于中国人寿和平安集团的上市以及新华控股公司的成立,向专业化发展的标志是太平养老股份有限公司的成立,此后国内保险业开始向集团化和专业化方向发展。这一发展模式既能综合利用集团内部资源和外部客户资源,又可提升保险业的专业服务水平,从而为提升保险业竞争力奠定良好的基础。

(5)政府的宏观经济政策对保险业竞争力的影响。2011年8月中国保监会发布了《中国保险业发展"十二五"规划纲要》。

"十二五"期间保险业的扩张速度大大低于"十一五"期间,增强行业发展质量被提到更高地位,保险业的综合竞争能力明显增强。行业总资产在金融业总资产的占比明显提升,在金融业中形成具有特色的发展优势。承保领域进一步扩大。同时,保险的功能作用得以充分发挥。承保金额在国民财富中的比重、保险赔付在全社会灾害事故损失中的比重等反映保险对经济社会贡献度的指标显著提高,逐步向中等发达国家水平靠近;保险业已成为中国金融体系的重要支柱,成为国家灾害救助体系和社会保障体系的重要组成部分。

保险业的风险防范能力在"十二五"期间得到显著提升。保险业资本补充机制逐步完善,资本实力明显增强,偿付能力整体充足,系统性风险得到有效防范。动态偿付能力监管体系进一步健全,市场退出机制基本建立,保险保障基金参与风险处置的重要作用充分发挥。保险业资产负债管理得到进一步优化。支持保险资金投资养老实体、医疗机构、汽车服务等相关机构股权。

加强保险资产战略配置,适时调整保险资金投资政策,稳定和提高投资收益。在风险可控的前提下,稳步推动保险资金投资不动产、未上市股权和战略性新兴产业,不断拓宽保险资金运用的渠道和范围,鼓励开展资产管理和产品创新。在实现分散投资风险、提高投资收益目标的同时,积极参与金融市场建设,在证券承销、市场培育等方面发挥重要作用。同时,继续深化保险资金运用体制改革。规范现有保险资产管理公司管理体制,支持保险资产管理公司优化股权结构,改进经营模式。规范保险公司与保险资产管理公司的委托受托关系,理顺利益分配机制。支持符合条件的中小保险公司设立保险资产管理公司。研究探索设立专业化保险资产管理机构,提高投资效率,满足创新业务和另类投资的需要。

提升服务能力,对结构进行战略性调整。要大力发展个人寿险、健康保险、养老保险,以及与住房、汽车等消费有关的保险业务,稳定居民预期,促进消费增长。大力发展出口信用保险和航运保险,支持国内企业扩大出口和开拓国际市场,促进对外贸易和投资。配合国家产业振兴规划,支持保险资金在风险可控条件下投资国家基础产业、重点工程建设和新兴产业建设。支持中小企业稳定经营,创新保险产品和承保模式。服务国家创新型战略,积极推进科技保险发展,为产业升级和技术创新提供保险保障。建立我国首创的保险风险补偿机制,逐步推广运用,促进企业创新和科技成果产业化。另外,保险业要积极参加多层次社会保障体系建设,大力拓展企业年金业务,支持有条件的企业建立商业养老保障计划,探索保险资金参与保障房建设的实现途径。①

(6)中国保险业面临的机遇。机遇的出现会打破钻石体系的平衡,进而影响体系内各个要素的变化,能够很快适应新环境的企业就会抓住这一有利时机,从而形成自己的竞争优势。中国在未来一个时期将成长为全球最重要

---

① 中国保险监督管理委员会. 中国保险业发展"十二五"规划纲要. 2011-08-18. http://www.circ.gov.cn/tabid/106/InfoID/175322/frtid/3871/Default.aspx.

的保险市场之一。纵观世界保险业的历史,一个国家人均GDP在2 000到10 000美元阶段是保险业快速发展的阶段,这个阶段的保险业发展速度会明显快于GDP增速。未来一个时期中国保险业仍将继续处于这个高速增长的阶段。中国保险市场将为世界各国的保险公司提供广阔舞台,国内的保险公司应抓住机遇,满足市场需求,扩大市场份额,进而提升公司在市场上的竞争力。图6.5显示了保险支出占GDP比重(市场渗透率)与人均GDP的相互关系。全球经验将同样适用于中国,中国在未来经济稳健发展的同时,保险业的发展也将会非常迅速。

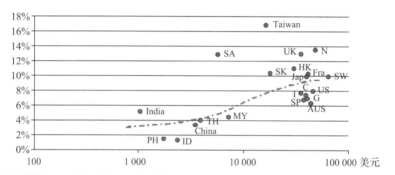

国家说明:Aus-澳大利亚,C-加拿大,Fra-法国,G-德国,HK-中国香港,I-意大利,ID-印尼,Jap-日本,MY-马来西亚,N-荷兰,PH-菲律宾,SA-南非,SK-韩国,SP-新加坡,SW-瑞士,TH-泰国。

图6.5　保险支出占GDP的比重与2009年人均GDP水平[①]

(二)我国寿险行业渠道分析

随着外资保险公司进入我国,寿险行业发展呈现多渠道并进的态势。其寿险公司的主要销售渠道包括营销员渠道、银行保险渠道、直销渠道和保险中介机构渠道。

1. 营销员渠道分析

营销员渠道是指营销员根据寿险公司的委托向寿险公司收取佣金,并在寿险公司的授权范围内代为销售寿险产品。寿险营销员的前身是寿险个人代理人,1992年中国人民银行颁发文件,第一次提出了对保险代理人的暂行管理办法。1996年2月2日中国人民银行制定了《保险代理人管理暂行规定》,对保险代理人做了详细的规定。2003年保监会与国家工商行政管理总局共同发表声明,认为保险代理人无独立场所、独立账户,不是独立法人,不

---

① 中国保险业——中国寿险业的未来.HSBC环球研究,2010年11:39.

具备《保险法》所规定的保险代理人的条件,因此只能称之为"营销员"。虽然这并非正式文件,但在此后官方及书面文件中"代理人"均改称为"营销员"。名称虽然改了,但个人代理人的本质并未变化,个人代理人只能接受一家寿险公司的委托,代理销售该寿险公司的寿险产品。长期以来个人代理人渠道是很多国家或地区寿险营销的主要渠道,1992年A保险公司在上海开设分公司,同时将这一制度带入大陆。紧接着其制度在中国大陆寿险行业内迅速被复制和发展。

个人代理人制度的引入和发展对我国寿险业起到了巨大的推动作用,它打破了传统的分配方式和晋升机制,激发了寿险营销人员的积极性,培养了一批寿险业的骨干人才,扩大了就业渠道,提升了全社会的保险意识。个人代理人和客户直接面对面销售保险的方式在民众保险意识不是很高的情况下,符合我国寿险业发展的规律,推动了我国寿险业的发展。但由于寿险公司、个人代理人及客户之间存在信息不对称和利益冲突,造成了保险市场发展中的种种问题。个人代理人制度在中国经历了多年发展,其制度的诸多弊端也逐渐凸显出来,如个人代理人整体素质参差不齐,欺诈及销售误导行为使消费者蒙受损失等诚信问题十分严重。

尽管制度本身存在缺陷,但中国寿险业的蓬勃发展说明其存在具有一定合理性。其他国家和地区的经验也告诉我们采用个人代理人制度在当时中国寿险业所处的发展阶段是较为合适的,营销员渠道也是当时我国寿险公司的主要业务渠道。保险市场受多种因素制约决定了个人代理人制度仍将是我国寿险营销制度的重要组成部分。

2. 银行保险渠道

银行保险渠道是指以银行为代理商销售寿险产品的渠道,银行渠道和邮政储蓄机构被统称为银行保险渠道。银行和保险都属于金融行业,但银行相对于保险公司来说一般规模大且网点多,银行对消费者进行现场服务的机会较多,并且往往是消费者主动到银行的营业场所办理业务,同时一般消费者都认为银行信誉较高,因此银行利用自己的网点和客户资源,通过柜面职员或客户经理向银行客户交叉销售寿险产品。这种营销模式有两方面优势,一方面寿险公司可充分利用银行的网点资源,借助银行的品牌、信誉、客户关系使寿险公司通过交叉销售切入更广阔的市场;另一方面,银行、邮政储蓄机构还通过销售寿险产品获取一定的销售代理收入。

营销员成本的增加和队伍建设难度促使保险公司大力发展其他销售渠

道,不少新筹建的寿险公司以银行保险为主要销售渠道。同时广大客户信任银行使得银行在销售保险产品中处于有利地位。由于当时我国银行保险渠道还处于初级发展阶段,因此我国银保渠道销售的产品仍为利润率较低的储蓄替代型产品,仍有很大的发展空间,但银行和邮政渠道的手续费率呈上升趋势,保险公司对银行无议价能力而难以压低费用率。现阶段国内银行、保险相互持股进程明显加快,随着监管政策放松和银保产品创新升级,使银保保费和保单利润率均呈上升趋势。

银行代理保险业务取得快速发展,但仍然存在不少问题:① 业务结构不合理、内涵价值低的问题仍较为突出;② 销售误导、账外违规支付手续费等问题未得到根本解决。2010 年年末银监会发布 90 号文《关于进一步加强商业银行代理保险业务合规销售与风险管理的通知》,明确规定商业银行不得允许保险公司人员派驻银行网点。2011 年 3 月保监会和银监会联合发布了《商业银行代理保险业务监管指引》,明确规定保险公司银保专管员向银行提供培训和产品售后服务,重申保险公司不派驻人员在银行网点。其目的在于进一步规范银保市场秩序,促进银保发展方式的转变。2011 年银保新规的执行对于银保规模产生了较大的负面影响,此外银行揽储压力也使得银行销售保险动力不足,大量保险公司出现负增长。

3. 直销渠道

近期国内比较普遍的直销渠道包括电话营销渠道和网络营销渠道。

(1)电话营销渠道。电话营销渠道指寿险公司通过直接给消费者拨打电话或使其拨打电话购买人寿保险产品的渠道。电话营销渠道按拨打电话的方式分为呼出式和呼入式两种。呼出式电话营销模式中寿险公司成立专门的电话营销团队,通过客户名单直接向准客户拨打电话推销保险产品;呼入式模式中寿险公司通过电视、报纸杂志等其他媒体进行广告宣传,接受准客户拨入咨询与投保电话。电话营销过程中寿险公司通过电话直销人员对产品进行讲解,获得认可后经银行账户或信用卡转账,保险单随后递交客户,由客户签收后即生效。我国寿险电话营销渠道还处于起步阶段,主要采取呼出式营销,而在成熟市场如日本,受到竞争及消费者隐私保护方面的监管限制,很多寿险公司采取呼入和呼出相结合的方式。国内寿险公司往往利用与银行、电信等机构的合作,获取准客户信息进行呼出业务,甚至假称自己是合作机构的员工取得客户的信任进而推销产品。随着国内消费者对个人信息、隐私的重视,国家必然会出台法律法规对此类销售行为予以规范。

（2）网络营销渠道。网络也可作为个人寿险营销的渠道。随着互联网技术的迅速发展，网络不仅作为寿险公司的宣传平台，也直接成为一个营销平台。寿险公司通过自身的网站或是专业的 B2C 网络平台结合第三方支付机构，签署保单合同、支付保险费和下载电子保险单。这种方式使寿险公司减少了中间环节，节省了渠道营销费用，寿险公司无须支付佣金，可使消费者节省保费，同时一些投保后的售后服务也可在网上完成，如保单变更、申请理赔、查询分红、现金价值等。寿险网络营销渠道还处于探索阶段。

4. 保险中介机构渠道

保险中介机构是活动于保险经营机构之间，或保险经营机构与投保人之间，专门从事保险业务咨询与招揽、风险管理与安排、价值衡量与评估、损失鉴定与理算等中介服务活动，并从中收取佣金或手续费的机构。保险中介机构主要有保险专业代理机构、保险经纪机构和保险公估机构。其中保险专业代理机构是指根据保险公司的委托，向保险公司收取佣金，在保险公司授权的范围内专门代为办理保险业务的机构，包括保险专业代理公司及其分支机构。保险经纪机构是指基于投保人的利益，为投保人与保险公司订立保险合同提供中介服务，并按约定收取佣金的机构，包括保险经纪公司及其分支机构。保险公估机构是指接受委托，专门从事保险标的或者保险事故评估、勘验、鉴定、估损理算等业务，并按约定收取报酬的机构。寿险公司通常会利用保险代理公司和保险经纪公司作为销售团体保险的重要渠道。保险中介是保险市场精细分工的结果。

我国保险中介市场虽然有了长足进步，但也存在以下问题：第一，保险中介的发展环境欠佳。中国市场上的保险客户对保险中介的认知度较低；保险中介公司经营不规范，主要表现在擅自扩大承保范围、制造假赔案等方面；绝大多数保险公司采取"大而全，小而全"的经营模式，在一定程度上排挤了保险中介。第二，保险中介的发展后劲不足。保险中介得以生存和发展的前提是投保人对保险方面知识的缺乏以及保险市场上的信息不对称，但中国目前的保险中介公司经验较少，专业技术力量缺乏。

四、我国寿险个人代理人制度的积极作用及存在的问题

（一）我国寿险发展个人代理人制度的必然性

个人寿险产品具有独特的商品属性，正因为这种独特的商品属性使其在

产品营销上显示出与一般商品不同的特点。

首先,个人寿险产品作为一种金融产品具有抽象性的特点。个人寿险产品的外在形式只是一份保险合同,约定在符合合同约定条件下可享受到的服务。这种服务往往是长期的、不可试用的。同时,作为服务,个人寿险产品体现了一种对风险的承诺与担当,如果出现合同中约定的风险,保险公司将实行赔偿或给付,而在合同期满时如果没有出现任何约定的风险,那么视产品的具体特性,对储蓄返还性质的产品将予以返还,消费类的产品将不予任何返还。同时,人寿保险产品除了合同之外无任何具体物品作为其载体,这需要消费者不仅具备足够的风险意识,还要信赖保险公司会在风险发生时履行寿险合约。另外,消费者遇到风险的概率本身较低,这也决定了个人寿险产品很难有源自自身的消费体验,进而对保险产品产生更高的购买欲望。

寿险的这种抽象性使得消费者难以产生直接的购买欲望,这就对保险公司的营销提出了更高的要求。如何将抽象转化为具体,对消费者进行风险防范教育和理财规划教育是保险公司需要思考的问题。另外,保险公司还需要让消费者理解具体寿险产品的功能、效用,同时还需传递给消费者寿险公司稳健、长期的经营信念,帮助消费者树立对保险的信心。由于受中国传统思想的影响,很多消费者对保险涉及的意外、重大疾病、残疾、死亡等事件比较忌讳,所以保险公司需要通过沟通逐渐扭转这样的观念,让消费者坦然面对风险。寿险营销的过程需要与消费者持续沟通,使消费者对风险管理有足够的认识,进而使其对具体保险产品条款充分理解,逐渐将寿险产品的无形转为有形,使消费者形成对寿险公司及产品的信任,最终促成交易。

其次,寿险产品复杂程度高,普通消费者难以理解透彻。寿险产品的复杂性主要体现在两个方面:第一,个人寿险产品的功能具有多样性的特点,寿险保障内容有因死、残、病、老其中一种或几种组合而千变万化,在保障期限、缴费方式上有多种选择。第二,复杂性还体现在产品的定价体系上。寿险定价一般基于生命表、疾病表、预期利率假设、预期费用假设以及预期退保假设等,而上述因素往往因销售市场地域不同存在差异,因此寿险产品的价格难以分解明晰。同时寿险价格不可根据消费者的具体情况或议价能力做出任何变化,面对同一种产品消费者只能做买与不买的选择。

个人寿险产品的复杂性加大了营销人员的销售难度,需要营销人员对顾客进行详尽、细致和耐心的说明,才能使消费者接受并购买寿险产品。正是这种需要使一对一营销方式成为保险营销的最重要方式。①

再次,寿险产品往往涉及长期消费与储蓄,寿险合同期限往往长达几十年,甚至支付保险费也可能长达十几年,而只有在出现死、残、病、老等风险事故后才可能享受其效益,这种效益产生远滞后于购买费用支出的时间。正是这种长期性和滞后性,消费者对寿险公司持续经营的信心、对中长期宏观经济形势的判断以及对自己未来收入的预期均会影响购买决策。

最后,个人寿险产品是一种非渴求品。作为非渴求品,消费者一般不会主动购买,即使是感觉有需求也不会购买。个人寿险涉及的人身风险事故多数具有悲剧性,无论是普通寿险所保障的身故风险、意外伤害保险所保障的意外身故与残疾风险,还是健康保险所保障的疾病风险,对于个人幸福来说都是巨大的冲击,年金保险承保的老年收入风险也不是人们乐于坦然面对的。对于这些具有悲剧性的话题,人们常常有所忌讳,不愿谈及,常常采取漠视或回避的方式来对待,甚至感觉购买保险是一种不吉利的事情。个人寿险产品的这种非渴求性也要求寿险营销必须采取面对面的方式,通过有效沟通唤醒消费者的危机意识,使其直面风险,利用保险这个金融工具有效转嫁风险。

寿险产品的上述营销特点表明,寿险产品营销与其他产品存在很大差别,消费者购买寿险产品存在被动性、存在情感和理解方面的障碍,需要直接的销售推动。而面对面沟通的销售模式具备这样的解释、说服与推动购买的功能,在国内寿险发展初级阶段的相当长时间内仍将是最主要的销售方式。保险市场对现行营销模式存在较大的路径依赖,还没有找到一条可有效替代的营销模式,但监管机构已经确定了保险营销员管理体制改革的总体目标,即努力构建一个法律关系清晰、管理责任明确、权利义务对等、效率与公平兼顾、收入与业绩挂钩、基本保障健全、合法规范、渠道多元、充满活力的保险销售新体系,造就一支职业品行良好、专业素质较高、能够可持续发展的保险营销队伍。②

(二) 我国寿险个人代理人制度的积极作用

个人代理人制度虽然备受争议,但其出现对中国寿险行业乃至金融行业的积极影响是巨大的。

首先,个人代理人制度推动了整个社会保险意识的提高。长期以来,由

---

① 李飞.保险服务三重特征的营销价值[J].保险研究,2004(1):18-20.
② 赵萍.保险公司增员维艰:20年保险代理人制再受拷问[N].21世纪经济报道,2011-04-23.

于传统计划经济体制的影响,公众习惯于由国家提供全面保障,意外、疾病、养老产生的费用往往由国家或所在工作单位解决。普通群众对寿险产品几乎完全没有消费需求,同时也缺乏了解和接触的渠道。1992年,当A保险公司将个人代理人制度引进中国时,全国人身险保费收入仅141亿元,而个人寿险业务基本处于空白。个人代理人通过上门服务,深入了解每一个家庭的保险需求,进行有针对性的宣传和销售,有利于加强客户对寿险公司及保险行业的了解和信任。随着个人代理人制度的普及,我国寿险公司寿险总保费迅速增加。虽然后来银行保险的崛起使保费规模突飞猛进,但是个人代理人渠道仍然是寿险行业的主要渠道。

其次,个人代理人制度帮助我国保险行业迅速建立起一支寿险营销队伍。个人代理人制度中非常重要的两项制度就是佣金制度和晋级制度。一方面,佣金制度规定了营销员按保费额比例获取佣金,收入与营销业绩挂钩,下不保底,上不封顶,极大地调动了个人代理人的积极性;另一方面,营销员可以通过增员方式发展自己的团队,并且通过壮大团队规模实现个人晋级,个人代理人制度中设计的团队内部组织架构为营销员提供了从低级职位向高级职位发展的空间,能够满足其从基本生存到自我实现等多层次的心理需求。不断追求业务规模增长和团队规模扩大成为所有营销员的工作目标,这种对目标的追求在营销员的内心形成了一种强大的驱动力。寿险公司通过严格的营销组织和日常管理帮助营销员形成良好的工作习惯,通过晨会和各种形式的辅导以及各类周期性竞赛对营销员实施激励,不断调动营销员的工作积极性。寿险个人代理人制度的引进,突破了传统营销体制下寿险公司的营销模式,营销员队伍以几十倍的速度增长。经过竞争和淘汰后留存下来的营销人员已经成为中国寿险业发展的中坚力量。

再次,个人代理人制度提高了我国寿险公司的经营管理水平。个人代理人制度在寿险发达国家已经发展得比较完善,这一制度在国外有一套非常完整的管理体系来支持。中国寿险业在引进这一制度的同时,也引进了境外寿险业先进的管理机制。营销员销售寿险公司的寿险产品,寿险公司对营销员进行管理,对营销员的业绩进行考核,为了提升营销员的专业知识和销售技能,寿险公司对营销员开展培训,对营销员销售的寿险合同进行跟踪服务,通过电话、信函、上门等形式对客户进行回访,尤其是伴随着寿险市场的开拓,个人代理人队伍迅速发展壮大,客观上要求各寿险企业不断加强管理力度。营销体制的管理是寿险经营管理的重要内容之一,国内寿险个人代理人制度的探索既吸收了国际保险业先进的管理经验,又根据中国国情建立起具有中国特色的寿险运营模式,对提高我国寿险业经营管理水平具有积极意义。

(三)我国寿险个人代理人制度存在的问题

随着寿险行业的飞速发展,我国寿险个人代理人制度也面临着诸多问题。

1. 寿险营销员离职率过高

营销员离职分为两种情况:一是营销员因为不适应工作性质而自动离职,或因诚信、合规问题等原因造成业绩下滑而被公司赶出营销员队伍;另一种是主动跳槽到其他寿险公司。随着保险市场的高速发展,人才需求缺口增大,特别是国内保险机构的数量迅速增加,而保险营销员数量增幅趋缓,使寿险公司间对人才的争夺日趋激烈。

数据显示每年我国保险个人代理人总体离职率高达50%,寿险公司第一年的个人代理人离职率甚至高达70%至80%。

寿险公司一般在营销员进入公司的初期都会投入大量的人力物力进行培训,同时公司通常在前几个月会对这些还没有产生业绩的营销员给予一定的生活津贴,如果营销员在短期脱落,寿险公司前期投入的招聘、培训和津贴成本会得不到任何回报。

寿险营销员离职后常常会对在职时已经销售的保单产生负面影响,在客户购买保单后需要服务时,联系营销员却发现他已经离开公司,如果公司的保全服务做不到位则会使客户满意度急剧下降。还有一些营销员离职后加入另一家寿险公司,还有可能说服原有客户退掉之前公司的保单,重新购买新公司的同类产品。

2. 营销员的短期行为导致寿险保单退保率高

退保率是指寿险公司当年的退保金与上年末长期险责任准备金加本年长期险保费收入的比率。由于寿险长期性险种居多,提高保单持续率是确保经营稳定的基础,如退保率高于寿险精算预定限额时,则会出现退保风险,不仅会影响公司的经营效益,还会严重损害被保险人的利益。个人代理人增长速度过快,大多数寿险公司未及时形成与之配套的科学合理的考核体系,寿险公司仅以保费、出勤率、增员等作为主要的考核指标,加之首年期佣金比率高,一些营销员只顾眼前利益不管售后服务质量好坏,还有一些营销员为达成交易,在与客户沟通产品时误导客户,客户在购买该产品后发现实际情况与营销员表述不同,因此,在寿险营销中的退保率、投诉率均比较高。

3. 寿险营销增员难

能否扩大寿险营销业务规模的关键在于是否能增加从业人员队伍数量,寿险业务结构调整迫使寿险公司提高对寿险营销人员的要求,但单纯依靠人员扩张带动业务增长这种粗放型的寿险营销模式已不能适应寿险业营销环境的变化。特别是在全行业普遍出现增员难的状况下,如何突破增员难问题已经成为全行业所面临的严峻挑战。

以中国人寿为例。中国人寿个险营销业务自 1996 年起步,从最初的 11.2 亿元发展到 2010 年的 1 400 多亿元,营销队伍则由不到 6 万人发展到 2010 年年末的 70.7 万人,业务及人力增长均超过十倍。据统计,早在 2004 年中国人寿的营销队伍已经达到 66.8 万人,实现个险渠道保费收入 760.7 亿元;之后的三四年间,营销人员一直保持在 65 万人上下,波动均在 1.5 万人以内。2008 年中国人寿的营销人员从 2007 年的 63.8 万人,一举攀升至 73 万人,2009 年更增长至历史最高位的 77.7 万人。但 2010 年其队伍数量又从高峰回落至 70.6 万人,降幅超过 9%。虽然平安和太保两家保险公司在 2010 年报显示的营销队伍数量有所增加,但在年中时也都曾出现过下降态势。①

4. 寿险营销员人均产能低

许多保险公司采用个人寿险代理人制度的初衷就是为了低成本、高效率。可是近年来保险行业也面临寿险营销效率下降问题。经过前期快速成长阶段后,国内寿险市场各家公司的销售业绩大幅度下滑。通过营销员渠道获得的保费,无论是总保费还是寿险保费的占比都出现了大幅下降,据保监会统计,截至 2010 年年底全国近 330 万保险营销员共实现保费收入 4 682.08 亿元,同比增长 13.45%,低于行业寿险总保费收入同比 31% 的增幅。营销员人均产能也增长缓慢。

5. 寿险营销员收入低

保险营销员佣金收入呈下降趋势,截至 2010 年年底全国营销员人均每年佣金收入为 17 252 元,同比减少 2 384 元。以中国平安和中国太保为例,对应营销员每月的佣金收入分别为 2 502 元和 855 元。营销员佣金收入远低于全国平均工资水平,据国家统计局和保监会统计数据显示,2006 年寿险代理人年佣金收入为 17 953 元,同时期制造业、建筑业、批发零售业、住宿和餐

---

① 黄蕾. 保险业人力净流失背后:佣金收入难以安居乐业[J]. 上海证券报,2011-09-08.

饮业年工资收入分别为 17 966 元、16 406 元、17 736 元和 15 206 元,寿险代理人佣金收入在上述行业中排名第二。至 2010 年寿险代理人年佣金收入为 16 376 元,同时期制造业、建筑业、批发零售业、住宿和餐饮业年工资收入分别为 30 700 元、28 127 元、33 520 元和 23 812 元,寿险代理人佣金收入在上述行业中排名垫底且出现下滑的趋势。寿险营销员收入低是由上述人均产能低问题引起的,同时也是导致寿险营销增员难问题的原因。

6. 寿险营销员缺少基本社会保障

个人代理人缺少基本的社会保障问题具体表现在两个方面:一方面,由于个人代理人与寿险公司签订的是代理合同而非劳动合同,不能享受劳动法规定的劳动福利和社会保障,保险公司基于运营成本考虑,不会为个人代理人提供社会保险及其他员工应享受的福利。即使某些寿险公司给个人代理人购买商业性养老、医疗或意外伤害保险,也是双方当事人自由订立的合同内容,不属于劳动保障的范围,它是双方约定的关于委托代理事项报酬的一种形式和委托代理报酬的一部分。另一方面,根据我国社会保障的有关规定,虽然对于没有劳动保障的公民来说,可以以灵活就业人员身份参加社保,但是大部分省份均未建立保险营销员个人参加社保的健全机制,以灵活就业者参与社保的保险营销员更是寥寥无几。有的地方政府放宽个体工商户、自谋职业和灵活就业人员基本养老保险参保条件:取消户籍限制、取消年龄限制,无论户口是否在当地,是否在城镇,凡在劳动年龄之内,均可持本人身份证到当地社会保险机构办理基本养老保险参保手续。保险营销员可以以个体工商户或灵活就业人员的身份参加社会基本养老保险。

7. 寿险营销员的双重纳税问题

双重纳税是指寿险营销员需同时缴纳营业税和个人所得税。由于保险营销员与保险公司签订的是代理合同,而非劳动雇佣合同,因此保险营销员被视为非企业雇员,视同其他行业的个人和法人销售代理商,对营销员的佣金同时征收营业税和个人所得税。双重纳税问题曾经是让寿险营销员苦恼的主要原因之一,一方面展业很辛苦,常常不被人理解;另一方面辛苦所得还要因为身份认定等原因受到双重征税。自 2011 年 11 月 1 日起开始施行《关于修改〈中华人民共和国营业税暂行条例实施细则〉的决定》,该决定将营业税起征点由原来的"月营业额 1 000～5 000 元"调高至"月营业额 5 000～20 000 元",很多省份都将营业税起征点设置为 20 000 元,这样在一般寿险公司中,90%以上的营销员都不用缴纳营业税了。

寿险营销员的双重纳税问题追根溯源还是由于寿险营销员的法律定位模糊而造成的。通常企业普通员工只需缴纳个人所得税,而国家税务机关认为保险营销员是代理保险,其与保险公司签的是代理合同,他们不属于保险公司企业雇员。根据我国关于企业雇员及非雇员的相关税务法规和条例,保险营销员作为非企业雇员,视同其他行业的个人和法人销售代理商,故对营销员的佣金同时征收营业税和个人所得税。

保险营销员的收入主要为佣金收入,该收入分为展业成本和劳务报酬。保险展业即保险宣传和销售行为,展业成本通俗而言即保险营销员为营销产品而自行付出的成本。规定展业成本占据佣金收入的40%,劳务报酬占佣金收入的60%。针对保险营销员的营业税税基为全部佣金收入,税率为5.5%。个人所得税税基为劳务报酬部分,即全部佣金收入乘以60%再扣除营业税,税率由应纳税额的高低而分档。

但在业内人士看来,保险营销员双重纳税是不合理的。这是因为,对营销员征收营业税,不仅与保险公司缴纳的营业税重复,而且营销员的佣金收入实际为其个人提供劳动服务所得,征收营业税不仅不合理,也不符合大多数国际惯例。

8. 寿险营销员整体素质不高,寿险市场诚信缺失严重

保险业是经营防范和化解风险的特殊行业,诚信是保险经营之本,是保护被保险人利益、防范和化解经营风险的前提。面对中国巨大的寿险消费市场,各家寿险公司都在展开新一轮的业务竞争,寿险营销员大多学历不高,整体素质低,存在为求业绩增加而不惜采用各种违规或违法手段销售保险产品的行为,他们为谋求佣金很少考虑公司的长远发展。在业务开展过程中,如无证展业、挪用保费、侵吞款项、恶性竞争、违规、误导乃至欺诈现象时有发生,既侵害了投保人和被保险人的权益,也损害了寿险业的形象,甚至一些待业人员将其作为临时谋生手段,干一天算一天,敬业爱岗精神缺失,短期行为严重,因此,寿险业诚信缺失严重阻碍了寿险业的发展。

就整个寿险市场来看,虽然多种营销模式并存,但个人代理人营销保费收入仍然占很大的比重。个人代理人制度改革,社会波及面广,改革不宜过于激进,还需要政府和保险行业共同研究对策并在不同地区进行试点,成熟之后再全面推广。

五、A公司个人代理人制度创新方法和成果分析

A公司是我国改革开放后较早进入国内保险市场的外资人寿保险集团的子公司,虽然其集团公司有丰富的运营管理经验,但进入国内寿险市场后仍面临着水土不服等一系列经营管理问题,尤其是如何构建和优化个人代理制度,以建立适应中国寿险市场的经营管理模式,这也直接影响着该公司的业绩。因此,该公司在进入我国初期面临着严峻的挑战,该案例虽然分析的是该公司早期个人代理制度的运营管理状况,但该公司的探索与创新仍然对我国寿险公司人事管理制度的改革和创新具有重要参考价值。

(一) A公司简介及个人代理人制度创新背景

A公司所属集团是全球最大的泛亚地区独立上市人寿保险集团,在亚太区14个市场拥有全资营运附属公司或分支机构,包括中国香港、泰国、新加坡、马来西亚、中国大陆、韩国、菲律宾、澳大利亚、印尼、中国台湾、越南、新西兰、中国澳门和文莱,及印度合资公司的26%权益。按寿险保费计算,集团在亚太地区(日本除外)领先同业,并在大部分市场占有领导地位。截至2011年5月31日该集团拥有总资产1 157.82亿美元。集团旗下的寿险公司提供全面的产品及服务,涵盖退休计划、寿险和意外及医疗保险,以满足个人客户在保障方面的需求。此外,集团为企业客户提供雇员福利、信贷保险和退休保障服务。集团通过遍布亚太区逾230 000名专属营销员及约20 000名员工的庞大网络,为超过2 300万名个人保单持有人及逾1 000万名团体计划的参与成员提供服务。

2011年年初A公司所属集团扮演了个人代理制度创新的引领者角色。为打破国内营销员渠道发展的瓶颈,在2010年12月推出了"营销员2.0"制度,旨在通过对营销员"改变意愿""岗位职责职能""薪酬及考核体系""销售流程和工具""技能培养"5个"核心引擎"的全面诊断和重新定位,构建一个充满活力的保险营销新体系,打造一支职业品行良好、专业素质较高、可持续发展的保险营销队伍。

(二) A公司寿险个人代理制度的创新

"营销员2.0"制度的主要创新之处是完善个人代理人制度的措施。"营销员2.0"制度的根本目标是提升寿险营销员素质,打造精英个人代理人团队。方法是通过改变寿险营销员的约束激励机制,在多劳多得、奖勤罚懒的

原则下,"营销员2.0"制度把更多的资源投放在推动有效增员、培训辅导等有利于团队可持续发展方面。主要的措施有:

1. 针对普通营销员

首先,加大对新人的扶持力度,延长新人津贴的领取时间,使新人在加入保险公司并开展业务之后的12个月内有持续的津贴收入,鼓励新人利用这12个月时间学习寿险知识,提升业务技能;同时鼓励新人尽快开单,在结束领取新人津贴之后,续期佣金可填补收入空缺,最终达到提升新人留存率的目的。

其次,为增强对普通营销员的激励措施,公司大幅提高营销员月度业绩奖金的比例。

另外,在增员方面提供新人推荐奖金,鼓励营销员有效转介绍新人加入寿险营销行业,帮助公司做大营销团队。同时强化对寿险营销员的日常管理,把营销员奖金和津贴与个人晨会出席率相结合,为主管团队管理提供强有力的抓手。

2. 针对主管

首先,公司提供助理业务经理和总监晋级津贴及配套培训帮助营销员夯实基础以顺利达成角色转换。鼓励优秀营销员迅速成长,公司投入资源激励优秀营销员在晋级之前加倍努力工作满足晋级要求,同时给予相应的培训,帮助优秀营销员尽早完成角色转变。

其次,公司取消主管管理津贴业绩起付线要求,鼓励主管投入更多精力在管理团队上。公司为主管提供上不封顶的新人辅导奖金,鼓励主管进行优质增员和新人辅导。同时公司为主管提供营业组恒久育成利益,鼓励主管培养出更多新的营业组。

另外,公司新增了直辖组续保奖金,鼓励主管更多关注其直辖组员的续保工作,从激励机制上鼓励提升寿险产品售后服务品质,提高客户满意度和续保率。

(三)A公司寿险个人代理制度创新的成果分析

在2011年报公布的集团数据中,A公司继续保持上一年业绩增长的强劲走势,2011财政年度业绩再创新高,分别在总加权保费收入(TWPI)、新业务价值(VONB)和税后营运溢利(OPAT)等方面再攀高峰,与2010年同期相比,分别提升了15%、50%和70%。截至2011年11月30日,即"营销员2.0"制度推广一年后,营销员渠道的生产力、执行力以及专业素质都取得长足进步,其中月均营销员活动率上升约20%,营销员收入平均上升约30%。

A公司苏州中心支公司积极落实公司总部策略,在2011年运用"营销员2.0"制度产生了良好的效果。图6.6是2011年度A公司苏州中心支公司寿险部营销基础数据与2010年同期对比,该图显示出2011年A公司苏州中心支公司寿险部在寿险活动人力、寿险Case数、建议书数量方面都有非常大的提升。图6.7是2011年度A公司苏州中心支公司寿险营销员晨会出勤人力与2010年同期对比,2011年度A公司苏州中心支公司寿险营销员晨会出勤人力比2010年同期平均增长了近25%。

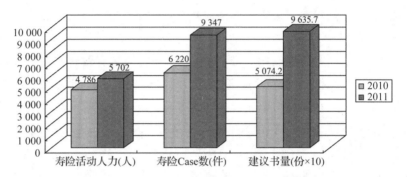

图6.6　A公司苏州中心支公司寿险部2011年度营销基础数据与2010年同期对比

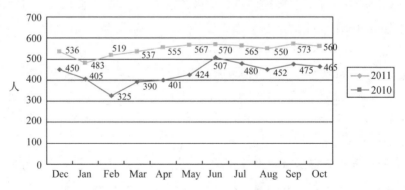

图6.7　A公司苏州中心支公司2011年度寿险营销员晨会出勤人力与2010年同期对比

另外,正是由于上述基础营销数据的增长带动了公司业绩的强劲提升,而公司业绩的提升带来营销员收入水平的提高,据统计,2011年A公司苏州中心支公司普通营销员收入比2010年同期增长29.4%,业务经理级营销员收入比2010年同期增长26%,而业务总监级营销员收入比2010年同期增长40.4%。

六、可以借鉴的成熟市场个人寿险营销模式

发达国家和地区市场成熟度高,寿险营销模式与其本国的市场状况、发展阶段和商业习惯密切相关,总体上看呈现多元化趋势。传统的寿险营销模式主要分为三类:一是以美国和韩国为代表的代理制,营销员与公司为代理关系,其收入由佣金加津贴构成;二是以日本为代表的员工制,营销员与公司为雇佣关系,其收入由底薪加佣金构成;三是以英国为代表的经纪制,法律上是较代理更为独立的经纪代理关系,经纪人一般仅有佣金收入。

(一) 美国的代理人模式

美国保险市场上保险公司众多,中介制度健全,保险市场发育相当成熟,消费者的保险意识也比较高。美国的保险营销体系比较完备,保险公司可以利用多种渠道联系目标市场,包括保险代理人、保险经纪人、保险公司职员以及直接营销渠道等,顾客投保十分方便。其中,保险代理人是美国保险市场的中心角色。

1. 美国寿险营销模式的现状

美国在过去10年寿险营销的主要渠道有以下几种:专属代理人队伍(Captive Agencies)、总代理分销体系(General Agencies)、专业寿险经纪公司(Independent Life Insurance Brokers)。

(1) 美国专属代理人制度与我国目前的寿险个人代理人制度非常相似,它们的基本状况是:营销员以个体劳动者的身份与一家保险公司签订代理协议,只销售这一家公司的保单。保险公司负责分支机构的管理、招聘、培训其营销员,并提供办公场所。营销员不是保险公司的雇员,但是许多保险公司迫于工会压力,或由于其他原因,除佣金、奖金、管理津贴外,还为营销员缴纳社会保险金。营销员在代理权限内所产生的任何民事或刑事责任,如因误导销售给客户带来的损失,保险公司负连带责任。

(2) 总代理分销体系由各自独立的代理机构(以下简称"总代理机构"或"代理机构",其负责人简称"总代理人")组成。总代理机构一般采用"个体企业"的法人形式分别与保险公司签订代理协议。总代理人可以销售一家保险公司的保单,也可以销售多家保险公司的保单。总代理人承担办公场所和办公费用,直接招聘、培训并管理营销员,自负盈亏,对营销员在代理业务中的刑事和民事责任负直接和连带责任。总代理人和其营销员均不是保险

公司的雇员,在传统的总代理人形式下,总代理人为其员工和代理人提供福利,而非保险公司。

(3) 专业寿险经纪公司在美国为数不多,但能生存下来的多为相当成功的公司。它们大多做团单或高收入的个人业务,并经常销售多家保单。除与业务直接挂钩的补偿以外,保险公司对经纪公司一般不承担任何福利支出;对其在代理权限内产生的民事和刑事责任,保险公司也很少负直接责任,连带责任也少。

2. 美国新型寿险营销模式

从20世纪80年代到90年代,许多有影响力的美国保险公司推崇专属代理人的营销模式。随后美国一司专属的营销形式又开始向总代理人制转变,但近年来的变化对传统总代理营销形式有所突破。

近年来约有六七家较大型美国寿险公司先后推出以下新型寿险营销模式:

(1) 保险公司将原来的个人营销部门分离出来,成立一个独立的子公司,一般由原母公司控100%股份(以下简称"营销公司")。

(2) 原专属代理人队伍的主管和营销员脱离所属保险公司,成立独立的总代理机构。总代理人与该营销公司而非保险公司签订代理协议。

(3) 总代理人直接招聘、培训并管理营销员,并对营销员在代理业务中的法律行为负有直接和连带责任,尽管保险公司和营销公司也没有完全脱离连带责任。

(4) 总代理人及其营销员可销售原保险公司的保单,也可销售其他保险公司的保单。但由于许多原因,这些新成立的总代理机构基本上还是销售原保险公司一家的保单。以下是其中主要原因:

原保险公司通过福利、激励活动等,使得这些总代理人及总代理人的营销员,有相当大的积极性或利益驱动去销售原从属保险公司的保单。如原所属保险公司根据营销员销售其保单多少,继续为这些营销员提供401K补充养老计划。由于美国税法所给予的优惠,401K是一种非常有吸引力的福利,但一个人只能从一家公司得到401K的福利,而且根据美国税法和员工福利方面的法律规定,只有当某个员工的收入中有相当大的比例来自某公司时,该公司才能为该雇员提供401K等福利计划。因此,尽管可以卖多家保单,但只有集中多卖一家保单才可以享受这些福利。另外,只有集中销售一家保险公司保单,营销员才有机会享受该保险公司组织的激励活动,如旅游、成为该保险公司的俱乐部会员等。

此外,相对于历史长久、财力雄厚的保险公司而言,许多总代理人实力单薄,在改制初期不得不接受保险公司的贷款或资助。

值得注意的是"一司专属制"向总代理人制转变的发起者既不是消费者,也不是营销员,而是保险公司。保险公司这样做的主要原因如下:

第一,消除营销费差损。长期以来保险公司一直面临这样的困境,即实际营销费用往往超出产品定价要求,使得保险公司不得不长期补贴营销费差损,而且营销部门没有积极性去降低营销费用。营销与公司其他部门的一个永恒关系是:想要多出单,就要多花钱。为了根本改变这一局面,保险公司首先将内勤营销部门变为一个独立的子公司,即"营销公司",目的是使营销部门有积极性进行独立核算,进而自负盈亏,不再依赖其他部门的补贴。这些营销公司大部分由保险公司控股,因此虽然"独立核算",但并未实现"自负盈亏"。

第二,股市压力。美国老牌相互制保险公司纷纷转为股份制。上市后公司面对降低成本的巨大压力,由于降低成本是实现利润的基础,从而成为使股票价格上升的直接途径之一。

第三,提高产能。由于现在总代理人更直接地面对自负盈亏的挑战,所以他们比以往更专注成本核算,并更努力地提高销售业绩,因此公司的整体营销成本有明显下降,盈利性均有所提高。

第四,摆脱营销工会。在改革前公司保险营销工会相当强势,保险公司许多提高利润的措施因工会反对而无法实施。如营销员销售的投资型产品多于保障型产品,但投资型产品对公司来说利润率低于保障型产品。过去迫于工会的压力,保险公司一直无法采取有效措施改变这一局面。转型后管理层终于可根据利润率对上缴保费加权,使得营销员多销售保障型产品。[①]

美国寿险营销模式中一个很重要的特征就是对代理人有严格的培训体系。如美国保险代理人协会(NAIA)、美国寿险业务员协会(NALA)等机构均对从业人员进行业务和法律法规培训,并且要取得代理人资格必须通过严格考试,如要在14门课程中至少通过10门才可成为寿险代理人。获得资格后还需参加继续教育,如美国寿险管理师协会(LOMA)还提供等同于本科学位的继续教育课程。这样的培训体系给代理人提供了多方面的培训机会。培

---

① 蓝岚. 美国寿险营销体制的转型. 中华保险网,2006 - 03 - 07. http://www.123bx.com/insurance/154/baoxian28475_1.html.

训制度对课程设置、学时、参训次序都规定得十分明确。此外,在营销活动展开之前或展开过程中,由美国保险公司或代理人的雇主向代理人提供一系列培训,以使代理人能更好地融入角色并更出色地完成营销任务。这种培训的主要内容包括公司文化、经营理念、营销技巧、营销商品的相关知识、对以往营销经验的总结及相关政策学习等。这样可从整体上提高保险代理人的业务素质,为代理人在社会中得到认同奠定良好的基础。

美国构建了保险代理人与保险经纪人共存的独特保险中介制度模式,并确立了以保险代理人为主体的中介制度体系,这与美国的中介制度环境是相适应的。美国高度发达的市场经济、完善健全的保险市场、数量众多的保险公司及其提供的数量庞大、种类繁多的保险商品、完备的法律体系和管理体制及国民对规范化的代理服务的巨大偏好,为代理制在美国保险业的推行提供了良好的发展环境。同时,美国多层次的业务培训体系造就了较高素质的保险代理人。

(二) 日本的外勤职员模式

日本寿险市场长期实行单一外勤职员营销模式。日本的外勤职员制结构在销售队伍组织方面与我国的个人代理制有些类似,但外勤职员属于保险公司员工,拥有基本收入与福利保障。日本的外勤职员队伍也是金字塔式的架构,都是注重人力发展型的业务拓展模式,都是以佣金收入为主。但外勤职员制也存在较大差异,外勤职员制是一种用工制度,即外勤职员均有一个较低的基本工资,如是新人还有培训津贴和其他补助等,同时在福利待遇方面享受60岁退休、全民医保和养老保险以及公司裁员补贴金、工伤保险、意外伤害保险、表扬与处罚及休假制度等。因此日本的寿险营销员实质上具备经济上的安全感和身份上的归属感。并且,日本邮政、银行、代理商店及互联网等新兴渠道也在崛起,产品险种也在随着社会经济发展和客户需求而发展变化。

日本外勤职员制的寿险营销模式也是经历了一系列改革才形成了这种比较稳定的模式。

20世纪50年代,寿险业进入高速成长期,以家庭主妇为代表的营销员队伍迅速发展。各寿险公司在市场竞争的压力下,均以追逐新保单为主要目标,依靠无限制增员争夺寿险市场份额。1951—1965年的15年间,日本全国营销员总数由2万人发展到27万人,年均增长率为18.95%。

各寿险公司的粗放式管理使营销员队伍出现混乱局面,寿险业发展受到制约。具体表现为：第一，营销员专业素质低。一方面，营销员销售技能较低，对产品不了解，难以满足客户需求；另一方面，营销员忽视保单维系和售后服务工作，使寿险公司信誉度日渐降低。第二，营销员工作效率低。由于以家庭主妇为主体的营销员的销售多为以亲人、朋友为目标客户的"缘故保单"，此类客户往往在投保后一年内解除保单，给寿险公司带来不利影响。第三，营销员流动性大。营销员的录用门槛较低，导致营销员素质参差不齐、效率低、留存率低，使得寿险行业增长缺乏长期稳定的内在动力。鉴于营销员队伍存在上述问题，1965年日本寿险业以保险审议会公布《关于寿险展业制度的合理化和留存率的改善报告》为契机，启动了对寿险营销员制度的改革。

日本寿险营销员制度从20世纪60年代起，至今主要经历了两次改革：第一次主要涉及营销员的资格认证、明确法律地位、薪酬制度和监管改革；第二次主要涉及完善教育体制、推进公司特色培训以及改进营销员激励机制。通过这两次改革，日本寿险营销模式在以下方面体现出成效：

（1）法律地位改革的成效。日本将营销员制度由代理制转变为雇佣制，明确了营销员与保险公司的法律关系及双方的权利义务，稳定了营销员队伍；在一定程度上增强了营销员对公司的责任感和归属感，发挥了业绩激励作用，且减少了有损公司名誉等问题的发生。

（2）展业体制三年规划，完善机制的成效。20世纪60—80年代的营销员制度改革有效地改善了营销员队伍"大进大出"的局面，特别是1976—1987年间连续实施的4次"展业体制三年规划"成果显著。主要表现在以下三点：一是逐步抑制了寿险业营销员的大批离职。1976—1986年间，日本寿险业的离职率由56.2%平稳下降至1986年的38.3%。二是提高了营销员的产能。1987年第四次展业体制三年规划完成后，第25个月的骨干成材率达到17.7%，约是1976年的3.5倍；同期，骨干营销员的占比也由1976年的30.4%攀升至1987年的46.2%。三是提高了保单的质量。日本寿险业的"第十三个月综合续保率"由1976年的79.8%稳步提升至87.3%。

（3）培训成效。各大寿险公司通过提高营销员在咨询和销售方面的业务技能增加有效保单续保率，培养高素质营销队伍提供售后服务以提高客户的满意程度。其结果使"日本生命"的客户满意度由2007年的77.9%上升为2009年的83.7%；"第一生命"的客户满意度由2003年3月的72.1%上升至2010年3月的82.6%。随着参加寿险专业课程考试的营销员人数逐年增加，合格率保持在50%以上；参加应用课程考试的人数虽然在减少，但合格率却有较大提高。

（三）英国的经纪人模式

英国是保险业发展历史最悠久的国家,保险市场规模仅次于美国和日本,保险密度世界第一。寿险公司经过多年发展已经具备一定实力,寿险产品也开始由保障型、储蓄型向投资型转变。英国保险行业发达而竞争激烈。在20世纪90年代至21世纪初虽出现了大批行业整合与并购现象,但2003年仍有159家人寿保险公司,还有45家兼营人寿保险业务的综合性保险公司,保险直接从业人员和相关服务人员达37万余人,占英国金融业总人数的二分之一。

英国寿险营销模式从渠道结构上看,主要包括独立中介方（经纪人或独立理财顾问）、寿险公司代理人、直销渠道和其他渠道,但经纪人是整个市场的核心,起着举足轻重的作用。英国有着世界上最发达的保险经纪市场,现有3 200多家独立保险经纪公司,为保险公司的4倍,有近8万名保险经纪人,其业务范围涉及财产保险、人寿保险和再保险领域。

从销售队伍的组织形式上看,英国经纪人可以是个人、合伙企业和股份有限公司,代理人可以是专职或兼职的,专职代理人多在独立的代理公司中供职,而兼职代理人如银行职员、住房协会官员、会计师、律师、车行老板等,历史上这些人一般用独立金融顾问身份服务于客户。按照1987年开始实行的"两极化"监管要求,同一自然人在对"打包的"复杂投资产品（包括人寿保险、个人年金产品和信托投资储蓄计划）提供咨询执业时必须在作为独立中介的经纪人和保险公司专属代理人中二选一。独立中介与产品提供方不存在任何关联,必须从客户利益出发,调查所有可售产品,推荐那些最适当的产品。因此经纪人在安排个人寿险方案时产品不受限制。专属代理人与之相反,与产品提供企业存在关联,只能推荐客户购买其所代理公司的产品。经纪人在向客户推荐产品时,所推荐产品应至少和市场其他产品一样好,并且必须向客户公开其佣金安排。由于对经纪人的咨询和佣金的公开要求可促使经纪人数尤其是经营规模较小的经纪人数减少而代理人数上升,但通过独立保险经纪人和理财顾问所销售的长期寿险和年金保险保单占比上升,2009年长期寿险保费收入中有68%来自独立理财顾问。英国保险法对代理人和经纪人的监管都比较严格。如财产保险代理人若要从事销售人寿保险业务,则必须以公司代理人身份重新注册登记,而寿险公司还要对其代理人进行资格审查,只有备案代理人才能从事销售活动。

（四）美、日国家代理人制度对我国寿险个人代理人制度的启示

（1）发展适合国情的寿险营销模式，多种寿险销售渠道并存。虽然每个国家的寿险渠道都有一种主要模式，但是依然还有多种其他模式与其共存，各种模式都存在利弊，寿险公司只有根据自身的发展策略和产品特点并结合市场环境来确定适合自己的营销模式，才能为公司创造最大利润。

（2）不同的组织形式没有优劣之分。固定员工和基本工资加佣金的模式可以增加其稳定性，但是提高了寿险公司成本；代理制及单纯的个人佣金收入虽然减轻了寿险公司的成本，但是却增加了其委托代理风险。因此，不同的经济环境、不同的发展阶段可以采取以不同模式为主的营销制度。

（3）严格的资格考试和资格审查制度。为确保营销人员具有扎实的专业知识水平，美日等国家一般都对代理人员实施较为严格的资格考试和资格审查制度，各国的法律法规都对代理人员做出了注册和资格审查的规定，要求其在申请执照前必须通过严格的资格考试。

（4）建立严格的监管。由美国、日本的寿险营销模式发展状况可以看出，发达国家的监管都非常严格，如美国除政府监管外，还强调行业自律，日本也强调政府监管，并对个人代理人资格设定了严格的考核规定。

我国寿险行业正处于市场上升阶段，美日等国的代理人制度对我国的代理人制度建设具有一定借鉴作用。通过对美、日两国寿险个人代理人制度与我国寿险个人代理人制度比较分析发现可借鉴如下：

第一，严把寿险个人代理人的准入关。寿险业须加强寿险个人代理人队伍的职业素质建设，而人员甄选是寿险业提高寿险个人代理人整体职业素质的首要关口。借鉴美日经验，寿险公司可通过多种渠道选用个人代理人，但要坚持高素质、高品质、高绩效的三高理念，严格遵循"择优选用、宁缺毋滥"的原则，充分考虑年龄、学历、性格、工作阅历等因素，以保证这支队伍具有较高的专业素质和业务能力。在人员甄选过程中，最重要的是要从人员质量上进行甄别，选出适合保险行业特色的人才。甄选包括初步审查、甄选面谈、性向潜能测试问卷等。

第二，加大寿险个人代理人队伍的培训力度。在新的市场环境下，寿险个人代理人的培训不仅仅是为了使其适应寿险营销工作的需要，而且还是帮助寿险个人代理人提升自我价值的一种渠道，是一种激励措施，是公司人力资源开发和管理的一个重要组成部分。在实践中，采取多种形式的业务培训，使寿险个人代理人获取最新的资讯，快速提高其综合能力。因此，随着寿

险公司在资金和时间上加大对寿险个人代理人培训的投入,将寿险个人代理人的培训目标和职业生涯规划结合起来,达到"神奇"的功效。这就是具有专业知识的寿险个人代理人可以通过掌握和精通更深、更广的知识,增强分析问题、解决问题的能力。在培训中注重培训过程和结果严格的考核督导与检查,来保证培训的效率和效果。通过培训,使寿险个人代理人真正增长知识,提高展业技能和展业效率。

第三,加强对寿险个人代理人的监管。尽管各国保险监管组织不尽相同,但大体上都可分为三个层次:第一个层次就是国家监管。国家对保险业的监管是国家社会经济职能在保险领域的体现,国家通过经济、法律和行政手段对保险业的组织、运营及财务等各项活动及保险市场的秩序进行直接或间接的指导、协调、监督和干预。第二个层次就是行业自律。保险市场上的众多保险企业之间必然产生各种联系与作用,为了稳定和优化这种相互关系,建立保险市场的良好秩序,需要形成一种保险企业之间的相互监督与约束机制,这就是保险行业组织与保险行业自律问题。这是一种中观层次上的监督,它发挥着国家宏观监管所不具备的横向协调作用。第三个层次就是保险企业内部控制。这是保险企业作为市场主体实行自我管理的一种手段,保险企业的自我约束、自我建设是政府监管与行业监管的必要补充。我国对寿险个人代理人的监管应该实施分层次、无缝隙的监管方式。不论企业、行业还是保险监督机关都应各负其责,切实履行自己的监管角色。

七、我国寿险个人代理人制度改革与完善的政策建议

(一)改革与完善寿险个人代理人制度的必要性

由于我国保险业处于发展初期,还处于快速发展的阶段,因此寿险个人代理人制度还将在很长一段时间里在寿险营销方面处于主导地位。虽然寿险个人代理人制度在推广过程中出现了一系列问题,但对保险产品本身具有的抽象性、复杂性和非渴求性而言,面对面式销售必不可少,寿险个人代理人制度是解决这一问题的方法之一。另外,寿险个人代理人制度能促进就业、提高公众生活水平和幸福感。

(二)完善寿险个人代理人制度的措施和政策建议

1. 完善相关法律制度

寿险代理行为本身是一种法律行为,可约束我国寿险个人代理人的适用

法律法规主要有《保险法》《保险营销员管理规定》《合同法》《民法》等。总体而言,我国寿险个人代理人的法律环境虽在不断改善,但法律规定缺少切实可行的实施细则,导致可操作性较差。这意味着应该针对现行寿险个人代理人立法进行补充和修改,修改现行法律法规中不合理的部分并制定实施细则,加大执行力度。

2. 明确寿险个人代理人的法律地位

寿险个人代理人法律地位模糊是导致寿险个人营销制度出现问题的原因之一。个人代理人与寿险公司之间是委托代理关系还是劳动关系在业界存在着普遍争议。寿险公司与个人代理人之间实际上形成的是一种委托代理关系和"疑似"劳动关系相互掺杂的特殊关系。表面看寿险公司通过公司基本法对寿险个人代理人实施了从考勤、培训到晋升、奖惩等全方位的管理,但笔者认为从本质上看个人代理人和寿险公司之间就是一种委托代理关系,只是这种委托代理关系具有专属性质而已。我国应尽快明确寿险个人代理人的法律地位,清晰界定相互间的权利义务与责任,使代理人享有更大的经营自主权,帮助寿险行业健康成长。

3. 改革与完善个人代理人制度的激励约束机制

我国现有的寿险个人代理人制度,存在激励机制不完善,寿险公司、投保人及保险市场都无法对个人代理人行为做出有效约束,因此,存在个人代理人的道德风险防范和控制很不完善等问题,为规范个人代理人的行为,促进市场良性发展,必须对原有个人代理人制度进行改革和完善。

现行的佣金制度激励机制不合理,导致了个人代理人的短期行为,个人代理人在这样的激励机制下往往只注重吸收新客户,从而获得前期高额佣金,不重视为已吸收客户提供良好的售后服务,这是现行制度的一个主要弊端。借鉴国外成功经验可对我国现行的佣金制度进行如下改革:

第一,实行佣金平准制。佣金平准制较一般佣金制度更有利于个人代理人长期稳定工作,减少"急功近利"的不良做法,有利于维护寿险公司的诚信形象。但是佣金平准制的缺陷也不容忽视,在现阶段,如采取佣金平准制,个人代理人获得的当期佣金较少,较难吸引人才。因此寿险公司可根据本公司的实际情况,结合公司其他福利政策,统筹兼顾,确定适合本公司的佣金提取比例。

第二,尝试佣金比率与除保费外的其他指标挂钩。为了保证个人代理人对后续保单客户提供优质服务,寿险公司可在对个人代理人进行激励约束时,把佣金的提取比率与保单质量等联系起来。如用客户投诉率和回访合格率等指标来衡量保单质量,当客户对同一类型的保单投诉率少时,则佣金比率较高,反之,佣金比率则较低,这样就把个人代理人的风险和收益真正挂起钩来,以提高个人代理人工作质量和水平。

4. 走精英个人代理人制之路

由于长期以来寿险营销员的不规范运营,致使其在普通消费者心目中的形象越来越差,而随着公众保险意识的增强及经济能力的提升,客户对寿险产品的需求越来越迫切,这不仅对寿险营销员带来了开展业务的机会,也对他们的要求越来越高。早在寿险个人代理人制度弊端开始凸显时,有些学者就提出要走精英个人代理人制之路,即寿险公司采用员工模式组建专业化销售队伍,组建针对高端客户群体的"精英型"直销队伍。但笔者认为,一般能成为寿险精英的个人代理人素质较高,自我学习和提高的能力也较强,对于这部分个人代理人,其生存和安全的需要已经得到满足,并不一定需要改变代理人的身份。寿险公司可以根据情况,加大对他们的投入,为他们组织更高层次的培训,鼓励和赞助他们获得国家或行业认可的专业资质认证,全面提升他们的能力。让这些精英个人代理人职业生涯真正走上良性循环的轨道:业务开拓—客户的需求分析—产品的专业咨询—产品销售—售后服务—客户转介绍。随着市场竞争主体的增加和寿险市场的逐步规范,有意识地培养一批具有高素质的精英个人代理人,无疑是寿险公司提高其竞争力的策略之一。

5. 加强寿险营销员的准入、培训和日常管理

第一,寿险营销员的素质是寿险业务发展的重要保证,增员问题是在寿险营销管理中与寿险产品销售同等重要的问题,招聘应把好营销员素质第一关。因此,在录用上必须经过严格的招募和甄选过程,有选择地增员,提高他们入行的成功率,保证寿险行业营销员的质量。笔者认为,保险行业监管机构可在这一问题上有更多的作为。首先,行业监管机构可对寿险营销人员的学历有硬性规定,要求寿险营销人员必须具备大学专科及以上学历,从而在一定程度上保证寿险营销人员在学习保险产品及销售方面具备足够的能力和知识基础。其次,行业监管机构可对寿险公司招聘环节有更多的制度管控,如要求寿险公司在招聘过程中必须经过初步审查、甄选面谈、性向潜能测试问卷三个环节并形成书面记录,由寿险公司专门部门负责存档。另外,可通过对寿险公司寿险营销员一年内离职率的审查和控制,监督寿险公司在招

聘及后续培训环节上存在的问题。

第二，建立严格的培训制度，使寿险营销员队伍建设趋向系统化、规范化和科学化。随着寿险产品复杂程度的提高，要将对营销员的培训教育贯穿于营销员的整个职业生涯，对于新加入寿险行业的个人代理人，正式开展业务之前必须进行系统性的培训和教育，注意将保险基础知识的传授、业务技能的提高与职业道德教育结合起来，使其凭合格证上岗，塑造一批高质量寿险营销专业人才。对一些资深个人代理人，要求在培训教育内容体系上向纵深拓展，既要加大保险理论知识、实务和展业技巧的传授，还应加强销售心理学、金融法律法规和金融理财投资等方面更广泛的教育，不断提高个人代理人的综合素质，打造复合型金融产品销售人才。我国的寿险个人代理人培训制度可以向美国学习，与国内的相关高校合作培养保险专业人才，同时引入社会专业培训机构，采用学院培训体系加专业授证体系，使培训体系更严谨和规范，切实提升营销员素质。

第三，强化对寿险营销员的日常管理，加强对寿险营销员的监管力度。寿险公司日常管理规定的主要目的是帮助寿险营销员创造优良的工作氛围，形成良好的工作习惯，培养优秀的团队文化。在实践中，很多营销员在加入寿险行业之前从事其他行业，在加入公司之初，并没有完全做好身份转变的心理准备，也没有形成良好的销售工作习惯。公司通过每天晨会的形式帮助营销员逐步适应寿险营销的工作节奏和规律，同时利用晨会的形式展开培训和激励。寿险营销是一份需要保持激情的工作，通过日常管理可保持对营销员持续的激励并帮助其养成工作习惯。平安保险的实践证明，通过严格的日常管理，营销员的专业素质提升得更快，人均保费更高，也意味着营销员自身的收入更高，更容易在寿险营销行业中留存下来并得到发展。另外，对于低素质且没有成长欲求的营销员，应实行严格的淘汰制度，对于寿险个人代理人的违规行为，应及时查处。

6. 建立多层级的寿险营销员资格考试制度

中国保监会组织的保险代理从业人员资格考试是我国寿险从业人员获得保险个人代理人资格的唯一合法途径。这种准入制度对于保证个人代理人具备从业入门知识起到关键作用。但随着寿险客户对个人代理人专业化要求的不断提高，单层次的资格考核制度已显得越来越不能适应保险业发展的需要。因此，有必要对广大个人代理人从业资格的认定采用多层级考试制度，对持有不同层级资格证书的营销员实行代理产品种类、不同公司范围甚至佣金标准的差异化管理，以改善现有寿险营销制度下营销员整体素质偏低的问题，并可通过高等级营销员的示范作用，重新塑造寿险营销员队伍的专业化形象，提升公众对寿险市场的信任度。

7. 努力营造诚信的寿险市场营销环境

保险业的诚信问题与寿险行业的发展息息相关。保险诚信关系到行业的健康可持续发展，加强寿险业诚信建设是寿险业所有机构和从业人员的共同责任与使命。

首先，寿险企业和员工是否能自觉参与是寿险行业诚信建设的关键。在寿险行业发展的初级阶段，市场的发展往往注重于规模扩张。随着市场成熟度不断提高，消费者的消费理念和行为趋于成熟，市场需求更多地表现为对寿险公司及其产品、个人代理人及其服务的要求提升方面。只有保险公司及其个人代理人自觉地参与到诚信建设中来，并共同采取行动，保险行业的社会环境及社会公信力才能得到根本改善。其次，信息平台是寿险业诚信建设的重要手段。诚信建设应以信息充分共享为基础。随着寿险市场主体迅速增长，业务规模不断扩大，经营技术不断提升，充分利用信息化手段推动信息平台的互联，可促进寿险信息和社会信息共享，提高信息利用效率，以满足并匹配寿险市场发展的现实需要。另外，完善相关法制法规建设，在社会环境下提高不诚信行为的成本，使不诚信行为在法律环境下无法生存，如保险监管部门为维护行业形象，可采取加大对违规个人代理人的惩罚力度，设立个人代理人黑名单制度等措施。此举也可使个人代理人失信行为惩罚进一步制度化和规范化。

第七章
我国期货市场套期保值有效性实证研究
——以沪铜期货为例

随着中国期货市场发展的日趋完善,研究期货市场套期保值对于相关企业的意义日趋深远。本章在对我国铜期货市场发展现状进行分析的前提下,选用上海期货交易所期货价格及全铜网上海现货价格的日数据与周数据作为研究对象,应用最小二乘法和考虑协整关系的误差修正模型计算套期保值比率,实证分析两种模型的套期保值有效性。研究结果表明,使用周数据并考虑协整关系的误差修正模型最终的套期保值效果更优。

一、引 言

（一）研究背景与意义

1991年铜商品期货在上海期货交易所正式上市,我国铜市场也自2002年以来成为超过美国的全球第二大铜交易市场。随着我国铜期货市场规范化、标准化程度越来越高,期货铜的价格也越来越能反映中国铜行业的价格走势。

近年来,经济全球化席卷全球,经济波动幅度更大,范围更广。与此同时,我国产业结构加速转型升级,各种不确定性因素逐渐增加,使得铜商品价格波动日趋剧烈。因此,越来越多的铜相关企业为控制成本和利润,开始选择在期货市场进行套期保值来作为避险工具。在动荡的大环境中,铜相关企业想要谋得自身长期稳定的发展,在国际竞争中位居前列,就必须保证企业效益的最大化,套期保值就是切实可行的方法。套期保值效果的优劣关键在于套期保值比率的确定,因此本章的研究重点是选用何种套期保值模型能获得更好的套期保值效果。

(二) 研究方法与思路

套期保值作为期货市场的三大基本功能之一,是指在期货市场上建立一个与现货市场品种相同、方向相反的头寸,以防范现货市场价格波动带来的损失。套期保值比率是指套期保值期货数量相对于现货数量的比率。为了研究我国铜期货市场套期保值的效果,本章选用最小二乘法和误差修正法两种套期保值比率确定模型进行实证分析。具体研究方法如下:收集近两年上海1#铜现货价格以及期货价格作为研究变量,进行描述性分析、平稳性检验以及协整检验,分别将日数据与周数据带入两种模型并计算得出四个套期保值比率,再用 Ederington 的套期保值绩效评价模型比较套期保值效果,最后对实证研究结果进行分析并得出结论。

二、文献综述

(一) 国外文献综述

国外期货市场自20世纪50年代以来不断发展,学术界关于期货市场的理论研究不断涌现。Working(1953)、Stein(1961)和 Johnson(1960)以 Markowitz(1952)的均值和方差模型为基础,最早提出了套期保值比率的概念。Ederington(1979)为了验证套期保值的绩效,在金融期货市场上应用最小方差套期保值比率。Witt(1987)分析总结前人经验,系统地论述了基于最小二乘法模型(OLS)估计最优套期保值比率的各种方法。Kate、Herbst、Marshall(1989)同 Myers、Thompson(1989)在实证过程中发现,利用 OLS 计算得出的最优套期保值比率会产生残差项的序列相关,进而影响到研究的准确性,故其转而利用双变量自回归模型(B-Var)进行套期保值比率的计算。Baillie、Myers(1991)创新使用 GARCH 模型对美国期货市场大宗商品中的大豆期货、玉米期货进行了实证研究。1981年 Granger 提出了协整理论,Engle、Granger(1987)在此基础上进行深入研究,进一步发展了协整理论。Ghosh(1993)在实证研究中应用 Granger、Engle 的协整理论,提出了考虑协整关系估计最优套期保值比率的新模型——误差修正模型(ECM)。Kroner 和 Sultan(2003)吸取其他学者的研究经验,将误差修正模型(ECM)和 GARCH 模型结合起来,创造性地提出二维 GARCH 模型(B-GARCH),研究结果表明,利用 B-GARCH 模型计算得出的套期保值比率能够获得最好的套期保值效果。

（二）国内文献综述

自1991年中国期货市场建立以来,我国金融界对于利用期货市场进行套期保值日趋关注,相关的理论研究、实证研究也日趋成熟。我国早期学者的研究多集中于传统套期保值和最小二乘法模型(OLS)套期保值有效性的比较研究。如蒋美云(2001)认为基差交易可以增加套期保值效果;齐明亮(2004)对上交所的铜期货进行实证研究,结果表明最优套期保值比率低于1,基于OLS的套期保值更优。随着国外相关理论知识的传入以及计量经济方法的发展,我国学者开始在套期保值的实证分析中运用比较成熟的计量模型。袁象等(2003)研究了考虑协整关系与否对套期保值比率以及套期保值效果的影响,结果显示考虑协整关系效果更好。王骏、张宗成(2005)运用OLS、B-VAR、ECM、EC-GARCH四个动静态模型分别对上海铜期货市场以及中国硬麦、大豆期货市场进行实证分析,还创新性地引入日数据与周数据的对比分析。彭红枫(2007)对比研究了静态OLS和动态B-GARCH的套期保值效果,发现对于中国铜期货来说B-GARCH模型保值效果更好。胡利琴(2007)首次引入Lien & Luo及Chou、Fan & Lee的误差修正模型估计最优套期保值比率。陈雨生(2008)通过相关性分析、合约流动性分析等方法比较了中国玉米市场和美国玉米市场的套期保值功能,研究表明中国玉米期货市场还有很大的进步空间。彭红枫(2009)运用Line的套期保值绩效指标得出了不同的结论,OLS的套期保值效果要优于其他动态模型,原因可能是中国大豆期货市场发展不成熟。杨显(2009)对伦铜和沪铜的套期保值做了对比研究。宋芝仙(2011)选择铜、棉花、天然橡胶三种期货,运用OLS、ECM以及两种多元GARCH模型比较套期保值效果,研究结果是不同的商品期货有其不同的最优套期保值模型。邵永同、王常柏(2012)用日数据、周数据、月数据研究中国玉米期货市场,发现套期保值期限越长,套期保值比率越大。陈媛(2013)用最小二乘法和误差修正模型计算了套期保值比率。

三、现状分析

（一）我国铜期货市场发展现状

我国最早的金属铜期货交易在1991年成立的深圳有色金属交易所中推出,然而由于历史原因其并未进行真正的期货交易。直到1993年上海期货交易所推出第一张标准的铜期货合约,才标志着金属铜期货交易在中国的开始。上海地区优越的地理位置和良好的基础条件给铜期货的迅速发展提供了条件,然而监管不力导致的市场混乱使得不得不对期货市场进行整顿。经过1999年的整顿后,上海期货交易所是全国唯一一家可以进行铜期货交易的场所。随着上交所铜期货市场规模的扩大,其影响力也逐渐加深,铜相关企业原料采购、现货销售的定价均会参考当期铜期货价格。我国已成为全球铜消费第一的国家,上交所也成为仅次于伦敦金属交易所的第二大金属铜期货交易市场,甚至在一定程度上影响着铜的国际定价。

(二)我国铜相关企业套期保值的现状

在现实经济中,真正对金属铜期货感兴趣的有原材料经销商、加工商、产品生产商及产品贸易商。原材料经销商直接买卖金属铜,持有期内面临着巨大的价格风险;加工商及产品生产商作为下游生产企业,成本利润均受金属铜价的影响;产品贸易商会因交易时差内铜价波动使得产品进价波动而面临损失,因此他们都有套期保值的需求。

随着沪铜期货市场的不断发展壮大,越来越多的实体企业意识到套期保值的重要性,并开始参与其中。截至2013年12月,上海期货交易所铜期货双边成交金额已达334 647亿元,总成交量已达12 859亿手,居上交所成交金额第一。但从整体上看期货市场存在着大量的投机者,实体铜中小企业参与套期保值的比率并不高。

四、数据与模型

(一)模型的初步设定

1. 普通最小二乘法模型(OLS)

S_t 和 F_t 分别代表在 t 时刻铜现货价格和铜期货价格的自然对数,ΔS_t 和 ΔF_t 代表铜现货与铜期货的实际收益率,那么,使用普通最小二乘法计算最优套期保值比率可由以下回归来估计:

$$\Delta S_t = \alpha + \beta \Delta F_t + \varepsilon_t$$

其中,α 为普通最小二乘回归的常数项,ε_t 为回归的残差项。假设有 T 个观测值,那么由普通最小二乘回归可知,β 的估计值即为最优套期保值比率 h^* 的估计值,表达式如下:

$$\hat{\beta} = \frac{\sum_{t=1}^{T}(\Delta S_t - \overline{\Delta S})(\Delta F_t - \overline{\Delta F})}{\sum_{t=1}^{T}(\Delta F_t - \overline{\Delta F})^2} = \frac{C\hat{o}v(\Delta S, \Delta F)}{V\hat{a}r(\Delta F)} = \frac{\sigma_{sf}}{\sigma_{ff}} = h^*$$

2. 误差修正模型(ECM)

普通最小二乘法模型没有考虑期货价格与现货价格之间存在的协整关系,也就是说它忽略了两个变量之间长期均衡的影响。国外学者在这一方面早有研究,1981年Engle、Granger提出了协整理论,Ghosh在实证研究中应用协整理论,提出了考虑协整关系后估计最优套期保值比率的新模型——误差修正模型(ECM)。该模型应用的前提是两组原时间序列不平稳,而一阶差分过后时间序列变为平稳。建立误差修正模型的公式如下:

$$S_t = a + bF_t + \varepsilon_t$$

$$\Delta S_t = \alpha \hat{\varepsilon}_{t-1} + \beta \Delta F_t + \sum_{i=1}^{m}\delta_i \Delta F_{t-i} + \sum_{j=1}^{n}\theta_j \Delta S_{t-j} + e_t$$

其中 $\hat{\varepsilon}_{t-1} = S_{t-1} - (\hat{a} + \hat{b}F_{t-1})$ 被称为误差修正项,将误差修正项带入模型中进行估计,所得 β 的估计值即为最优套期保值比率 h^* 的估计值。

3. 套期保值绩效评价模型

1979年,Ederington提出套期保值绩效评价模型,即将套期保值后资产减少的风险与未进行套期保值的资产所面临的风险相比,资产所面临的风险减少得越多,说明套期保值的操作越正确。

没有套期保值前资产因价格波动面临的风险可用方差表示为:

$$Var(U_t) = Var(\Delta S_t)$$

进行套期保值后资产因价格波动面临的风险可用方差表示为:

$$Var(H_t) = Var(\Delta S) + (h^*)^2 Var(\Delta F) - 2h^* Cov(\Delta S, \Delta F)$$

综上,进行套期保值操作后,资产的套期保值效果可由以下指标表示:

$$H_e = [Var(U_t) - Var(H_t)]/Var(U_t)$$

(二)数据的选择与说明

本章的研究对象是全铜网上海1#铜现货价格和上海期货交易所铜期货的每日收盘价。上海地区拥有优越的地理位置和便利的交通,这使得铜现货市场交易相当活跃,其现货价格能有效反映各种市场信息;此外,上交所铜期货合约的标的物与上海现货铜质量标准一致,所以本章选择的研究对象具有非常好的代表性。同时收集了日数据和周数据作为样本数据,这是为了从多角度研究铜期货现货的市场价格波动特征。

上交所的铜期货每年有12个期货合约，每个期货合约都有一定的时间期限，当合约到期后，这个月份的期货合约就不再存在。这就给本研究带来了问题，因为这样的期货价格是不连续的，同一期货品种在同一交易日会有若干个不同交割月份的期货价格。为了解决这个问题，产生连续的期货价格序列，本研究通过主力合约对期货价格数据进行了处理。主力合约一般是指参与交易的人数众多、成交量和持仓量都比较大的合约，因此它能充分反映市场的各种信息。而在上海期货交易所的铜期货合约中，交易最活跃的合约一般是当月之后的第三个，故本研究将其选作主力合约。在最近的期货合约进入交割月后，选取下一个当月之后的第三个期货合约作为主力合约。综合得到的主力合约价格就是具有连续性特点的期货价格序列。

本章研究对象的时间跨度为2013年1月4日至2014年12月31日，沪铜期货价格的周数据选自此时间跨度中每周五的收盘价格，沪铜现货价格的周数据选自此时间跨度中每周五的现货价格。按照上述方法共产生了483对日价格数据和103对周价格数据。

五、实证分析

（一）数据的描述性分析

图7.1至图7.4分别为2013年1月4日至2014年12月31日铜现货和期货日数据和周数据的走势图。从图中我们可以看出：一方面，虽然期货价格代表的是在未来某一时间交割现货的价格，但期货价格同现货价格一样，受宏观经济水平和行业景气程度的影响，因此无论是日数据还是周数据，期现货价格走势非常相似。通过期现货价格的相关性分析可知，日期现货数据和周期现货数据的相关性系数分别为0.988 645和0.988 208。相关系数结果表明，无论是日数据还是周数据，期现货价格都高度正相关，也就意味着铜期货市场具有相应的套期保值功能。另一方面，铜的期现货价格波动幅度很大，且并没有在一个均值上下波动，这些现象说明了原价格序列是非平稳的时间序列。为了对铜期货和铜现货价格序列有更深入的认识，本章对其进行了简单的描述性统计分析。

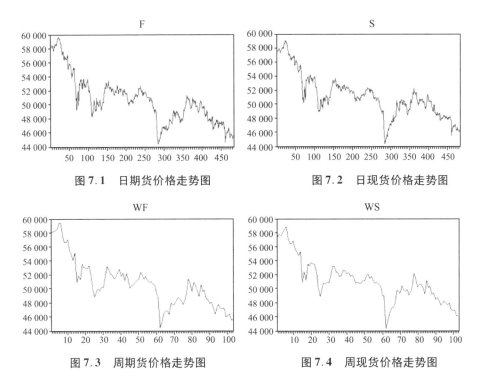

图7.1 日期货价格走势图　　　　图7.2 日现货价格走势图

图7.3 周期货价格走势图　　　　图7.4 周现货价格走势图

表7.1　铜期现货价格日数据、周数据描述性统计

	日铜期货价格	日铜现货价格	周铜期货价格	周铜现货价格
均值	50 666.92	51 135.87	50 759.61	51 199.81
中位数	50 480.00	50 790.00	50 600.00	50 910.00
最大值	59 710.00	59 085.00	59 480.00	58 960.00
最小值	44 330.00	44 325.00	44 380.00	44 325.00
标准差	3 363.927	3 034.318	3 349.795	3 009.484
偏度	0.681 609	0.557 460	0.690 715	0.567 545
峰度	3.251 917	3.208 271	3.278 445	3.304 839

从表7.1可以看出,在本章的样本期间内,铜现货日最高价格为59 085.00,日最低价格为44 325.00,均值为51 135.87,标准差为3 034.318。铜现货周最高价格为58 960.00,周最低价格为44 325.00,均值为51 199.81,标准差为3 009.484。四个价格序列的偏度均大于零,这意味着这些价格序列都是右偏的。从J-B统计量可以看出四组样本数据均是非正态的,从峰度可以看出它们是相对比较陡峭的分布。期货价格序列的标准差大于现货价格且都大于零,这一方面表明期货价格的波动要大于现货价格的波动,另一

方面表明现货价格波动风险很大,有套期保值的需要。

(二) 平稳性及协整检验

1. 平稳性检验

非平稳时间序列是指一个序列的均值或自协方差函数会随着时间的改变而改变。在对期现货价格进行回归时,要避免因期现货价格序列的非平稳性而导致的虚假回归。因此在进行价格序列回归前,本章使用 ADF 统计量对四组数据进行单位根检验,在检验过程中,本章选用了同时具有趋势项和常数项的序列。其原因主要是,金融资产一般都具有本身价值和时间价值,所以金融时间序列会有相应的趋势和截距。期现货价格序列的 ADF 检验结果如表 7.2 所示。

表 7.2 期现货日数据 ADF 检验结果

变量	ADF 检验值	伴随概率	临界值			检验结果
			1%	5%	10%	
F	−2.993 844	0.135 0	−3.977 211	−3.419 172	−3.132 154	不平稳
S	−2.762 220	0.212 2	−3.977 211	−3.419 172	−3.132 154	不平稳
$D(F)$	−23.539 97	0.000 0	−3.977 251	−3.419 191	−3.132 165	平稳
$D(S)$	−21.268 14	0.000 0	−3.977 251	−3.419 191	−3.132 165	平稳

表 7.2 给出了期现货日价格数据的单位根检验结果,从中可以发现:

日期货价格序列 F 的单位根检验值为 −2.993 844,大于 10% 显著水平下的临界值 −3.132 154,表示接受原假设,即日期货价格序列 F 存在单位根,不是平稳的时间序列。

日期货价格序列一阶差分 $D(F)$ 的检验值为 −23.539 97,小于 1% 显著水平下的临界值 −3.977 251,表示拒绝原假设,即日期货价格序列的一阶差分不存在单位根,是平稳的时间序列。

对于日现货价格序列 S,在 1%、5% 和 10% 的显著性水平下,铜现货价格序列的检验值为 −2.762 220,大于 10% 显著水平的临界值 −3.132 154,则接受原假设,即表明日铜现货价格序列 S 存在单位根,不是平稳的时间序列。

最后,对于日现货价格序列一阶差分 $D(S)$,在 1%、5% 和 10% 的显著性水平下,铜现货价格序列一阶差分的检验值为 −21.268 14,小于 1% 显著水平下的临界值 −3.977 251,表示拒绝原假设,即我国日铜现货价格序列的一阶差分不存在单位根,是平稳的时间序列。

表 7.3 期现货周数据 ADF 检验结果

变量	ADF 检验值	伴随概率	临界值			检验结果
			1%	5%	10%	
WF	−2.982 569	0.142 2	−4.050 509	−3.454 471	−3.152 909	不平稳
WS	−3.094 303	0.113 3	−4.050 509	−3.454 471	−3.152 909	不平稳
$D(WF)$	−11.209 73	0.000 0	−4.051 450	−3.454 919	−3.153 171	平稳
$D(WS)$	−11.682 07	0.000 0	−4.051 450	−3.454 919	−3.153 171	平稳

表 7.3 给出了周期货价格序列 WF 和周现货价格序列 WS 的单位根检验结果,我们可以发现：

周期货价格序列 WF 的单位根检验值为 −2.982 569,大于 10% 显著水平下的临界值 −3.152 909,表示接受原假设,即周期货价格序列 WF 存在单位根,不是平稳的时间序列。

周期货价格序列一阶差分 $D(WF)$ 的单位根检验值为 −11.209 73,小于 1% 显著水平下的临界值 −4.051 450,表示拒绝原假设,即周期货价格序列的一阶差分不存在单位根,是平稳的时间序列。

对于周现货价格序列 WS,在 1%、5% 和 10% 的显著性水平下,铜现货价格序列的检验值为 −3.094 303,大于 10% 显著水平的临界值 −3.152 909,则接受原假设,即表明周铜现货价格序列 WS 存在单位根,不是平稳的时间序列。

最后,对于周现货价格序列一阶差分 $D(WS)$,在 1%、5% 和 10% 的显著性水平下,铜现货价格序列一阶差分的单位根检验值为 −11.682 07,小于 1% 显著水平下的临界值 −4.051 450,表示拒绝原假设,即我国周铜现货价格序列的一阶差分不存在单位根,是平稳的时间序列。

2. 协整检验

通过前面的平稳性检验可知,期现货价格序列本身是非平稳的时间序列,但经过一阶差分后,期现货价格序列就变成了平稳的时间序列。这一情况与协整检验的前提条件相符,即当两个时间序列恰巧是同阶单整时,才可能会有协整关系。本章采用 E—G 两步法来检验两个变量是否协整,对同是一阶单整的时间价格序列 F、S 和 WF、ES 进行协整检验。

首先我们对日期货价格序列 F 和日现货价格序列 S 以及周期货价格序列 WF 和周现货价格序列 WS 进行一元回归,结果如表 7.4、表 7.5 所示。

表 7.4　日期现货价格一元回归结果

Variable	Coefficient	Std. Error	t-Statistic	Prob.
F	0.891 774	0.006 180	144.293 2	0.000 0
C	5 952.411	313.824 4	18.967 33	0.000 0
R-squared	0.977 419	Mean dependent var		51 135.87
Adjusted R-squared	0.977 373	S. D. dependent var		3 034.318
S. E. of regression	456.435 3	AKaike info criterion		15.088 90
Sum squared resid	1.00E+08	Schwarz criterion		15.106 21
Log likelihood	3 641.970	Hannan-Quinn criter		15.095 70
F-statistic	20 820.52	Durbin-Watson stat		0.495 545
Prob(F-statistic)	0.000 000			

由表 7.4 可知回归结果为：

$$S = 5\,952.411 + 0.891\,774F + \varepsilon_1$$

表 7.5　周期现货价格一元回归结果

Variable	Coefficient	Std. Error	t-Statistic	Prob.
WF	0.887 814	0.013 688	64.860 19	0.000 0
C	6 134.704	696.300 5	8.810 426	0.000 0
R-squared	0.976 554	Mean dependent var		51 199.81
Adjusted R-squared	0.976 322	S. D. dependent var		3 009.484
S. E. of regression	463.086 6	AKaike info criterion		15.132 93
Sum squared resid	21 659 365	Schwarz criterion		15.184 09
Log likelihood	-777.346 0	Hannan-Quinn criter		15.153 65
F-statistic	4 206.844	Durbin-Watson stat		0.622 643
Prob(F-statistic)	0.000 000			

由表 7.5 可知回归结果为：

$$WS = 6\,134.704 + 0.887\,814WF + \varepsilon_2$$

其中 S 为日现货价格，F 为日期货价格，WS 为周现货价格，WF 为周期货价格，ε 为残差序列。接下来，本章继续对两方程的残差项进行单位根检验，检验结果如表 7.6 所示。

表 7.6 残差序列项 ADF 检验结果

变量	ADF 检验值	伴随概率	临界值			检验结果
			1%	5%	10%	
ε_1	-3.152 227	0.001 6	-2.569 799	-1.941 486	-1.616 255	平稳
ε_2	-4.330 683	0.000 0	-2.587 831	-1.944 006	-1.614 656	平稳

由表 7.6 可知,残差序列项 ε_1 的检验统计量为 -3.152 227,小于 1% 显著水平下的临界值 -2.569 799,残差序列项 ε_2 的检验统计量为 -4.330 683,小于 1% 显著水平下的临界值 -2.587 831,这表明估计残差序列项 ε_1 和 ε_2 均为平稳序列,这也就意味着本章研究的两对价格序列具有协整关系。

(三) 模型估计结果

1. 普通最小二乘法模型(OLS)

普通最小二乘法的研究经历了几代人的发展,最早由 Johnson(1960) 和 Stein(1961) 提出使用期货价格序列与现货价格序列作为自变量和因变量,接着 Ederington(1979) 通过研究发现使用期现货价格的差分序列效果更佳,在此基础上 Brown(1985) 进一步创新性地提出将期现货价格的收益率作为因变量和自变量。在此之后国内外的实证研究中,普通最小二乘模型较多地使用收益率序列作为变量。本章也参照该种方法,估计结果如表 7.7 所示。

表 7.7 OLS 最优套保比率估计结果

	β 估计量	T 统计量	概率 P
铜日数据	0.637 517	23.652 45	0.000 0
铜周数据	0.883 938	62.213 12	0.000 0

从表 7.7 的估计结果中可以发现,在显著性检验中,铜日数据、周数据的 β 系数概率值 P 均为零,这说明 β 系数显著,不能拒绝原假设。由最小二乘法的模型设定可知,β 的估计值即为最优套期保值比率 h^* 的估计值,故本次实证研究中应用 OLS 模型得出的日数据套期保值比率为 0.637 517,周数据套保比率为 0.883 938。分析实证研究的结果可以看出,周套期保值比率大于日套期保值比率。这是由于在一般情况下,套期保值周期越长相应价格波动的幅度越大,故计算得出的套期保值比率也就越大。但由最小二乘法估计得出的套期保值比率并未考虑两个价格序列之间的协整关系,忽略这样的关系极容易产生伪回归,即当两个序列相关性不大时,仍能产生很好的回归效果。

2. 误差修正模型(ECM)

在前面的协整检验中,已证明两个价格序列存在协整关系,可建立误差修正模型。由表7.4和表7.5可知日现货价格对期货价格的回归系数为0.891 774,周期货价格对期货价格的回归系数为0.887 814,因此建立误差修正项:

$$Ecm_1 = S(-1) - 0.891\ 774 * F(-1)$$
$$Ecm_2 = WS(-1) - 0.887\ 814 * WF(-1)$$

使用Eviews进行回归,结果如表7.8、表7.9所示。

表7.8 日数据误差修正模型估计结果

Variable	Coefficient	Std. Error	t-Statistic	Prob.
DF	0.656 723	0.025 607	25.645 78	0.000 0
ECM1	-0.224 359	0.027 887	-8.045 207	0.000 0
C	1 329.733	166.555 4	7.983 727	0.000 0
R-squared	0.590 246	Mean dependent var		-22.769 71
Adjusted R-squared	0.588 535	S.D. dependent var		433.181 3
S.E. of regression	277.866 4	AKaike info criterion		14.098 36
Sum squared resid	36 983 464	Schwarz criterion		14.124 37
Log likelihood	-3 394.705	Hannan-Quinn criter		14.108 58
F-statistic	344.997 1	Durbin-Watson stat		2.381 220
Prob(F-statistic)	0.000 000			

由表7.8可知误差修正模型的估计结果为:

$$\Delta S = 1\ 329.729 + 0.656\ 723\Delta F - 0.224\ 359 Ecm_1 + \mu_1$$

表7.9 周数据误差修正模型估计结果

Variable	Coefficient	Std. Error	t-Statistic	Prob.
DWF	0.927 859	0.032 447	28.596 26	0.000 0
ECM2	-0.318 580	0.072 536	-4.391 996	0.000 0
C	1 960.553	446.692 7	4.389 042	0.000 0
R-squared	0.892 758	Mean dependent var		-110.147 1
Adjusted R-squared	0.890 591	S.D. dependent var		1 016.939
S.E. of regression	336.372 8	AKaike info criterion		14.503 29

续表

Sum squared resid	11 201 520	Schwarz criterion	14.580 49
Log likelihood	−736.667 7	Hannan-Quinn criter	14.534 55
F-statistic	412.071 6	Durbin-Watson stat	2.218 757
Prob(F-statistic)	0.000 000		

由表 7.9 可知误差修正模型的估计结果为:

$$\Delta WS = 1\ 960.553 + 0.927\ 859 \Delta WF - 0.318\ 580 Ecm_2 + \mu_2$$

在这里,ΔS 为日现货价格的差分,ΔF 为日期货价格的差分,ΔWS 为周现货价格差分,ΔWF 为周期货价格差分,Ecm_1、Ecm_2 分别为误差修正项,μ_1、μ_2 分别为随机误差项。

从以上两个误差修正模型的估计结果可知:两个回归方程的 F 统计量在整体上是显著的,自变量系数和误差修正项系数的 t 统计量也是显著的,由此可以推断,方程的回归拟合效果都比较好。另外从模型估计结果中可以推断出,当铜相关企业拥有一个单位的现货头寸,在期货市场上就需要用 0.656 723 个单位期货头寸进行对冲,即日套期保值比率为 0.656 723。同理可知周套期保值比率为 0.927 859。分析误差修正模型的实证结果可知,套期保值的时间周期越长,价格波动幅度越大,套期保值比率也就越大。

(四)套期保值有效性评估

本章分别使用 OLS、ECM 模型计算铜期货套期保值比率,接下来对不同套期保值模型的套期保值效果进行比较研究。本章采用的是 Ederington 的风险最小化法,即在收益相同的情况下,用最小方差来表示不同套期保值面临的风险,比较得出风险最小的方案。

为了方便理解,本章假设铜相关企业持有一个单位的现货头寸,为了转移现货头寸价格波动带来的风险,企业将在期货市场买入 h 个单位的期货头寸。使用 Eviews 软件对期现货价格序列的一阶差分进行描述性统计和相关性分析,操作结果得 ΔF 和 ΔS 的相关系数为 0.731 353,ΔWF 和 ΔWS 的相关系数为 0.933 736。

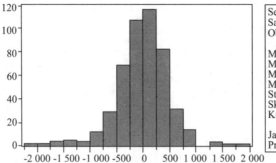

图 7.5　期现货价格序列的描述性检验 1

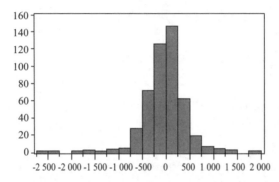

图 7.6　期现货价格序列的描述性检验 2

由图 7.5 和图 7.6 可知:

$$Var(U_t) = Var(\Delta S_t) = 433.181\,3$$

$$Var(\Delta F_t) = 496.921\,5$$

$$Cov(\Delta F, \Delta S) = \rho \sqrt{Var(\Delta S)Var(\Delta F)} = 339.317\,1$$

$$Var(H_t) = Var(\Delta S) + (h^*)^2 Var(\Delta F) - 2h^* Cov(\Delta S, \Delta F)$$

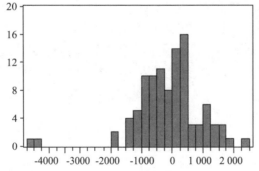

图 7.7　期现货价格序列的描述性检验 3

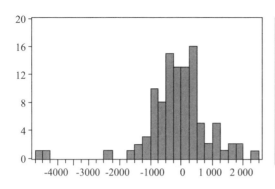

图 7.8 期现货价格序列的描述性检验 4

由图 7.7 和图 7.8 可知：

$$Var(U_t) = Var(\Delta WS_t) = 1\,016.939$$

$$Var(\Delta WF_t) = 1\,033.752$$

$$Cov(\Delta WF, \Delta WS) = \rho \sqrt{Var(\Delta WS)Var(\Delta WF)} = 957.369\,8$$

$$Var(H_t) = Var(\Delta WS) + (h^*)^2 Var(\Delta WF) - 2h^* Cov(\Delta WS, \Delta WF)$$

通过以上公式计算得出套期保值比率，结果如表 7.10 所示。

表 7.10 绩效评价结果

方法	h^*	$Var(H_t)$	H_e
最小二乘法（日）	0.637 517	202.503 3	0.532 5
误差修正模型（日）	0.656 723	201.821 4	0.534 1
最小二乘法（周）	0.883 938	132.146 3	0.870 1
误差修正模型（周）	0.927 859	130.310 8	0.871 9

从表 7.10 的结果中可以发现，一方面，本章应用 OLS、ECM 模型计算得出的套期保值比率均小于传统的理论套期保值比率 1，这就说明传统套期保值方法会有更大的基差风险，需要更多的期货头寸，投入的成本也将更多。另一方面，无论是铜日数据还是铜周数据，基于 ECM 模型的套期保值比率均高于基于最小二乘法的，同时基于 ECM 模型的套期保值绩效也更好。最后，整体比较套期保值绩效 H_e 可以看出，基于误差修正模型并使用周数据的套期保值效果最佳，铜相关企业可以参照这种方法进行套期保值。

六、结论和政策建议

（一）研究结论

在期货套期保值中，最需要关心的问题就是如何确定套期保值的比率，因为这直接关系着买入多少期货头寸，进而影响套期保值的成本和绩效。本章在借鉴其他学者研究的基础上，分析铜期货市场现状，收集两年的铜期货和现货价格，分别运用最小二乘法模型和误差修正模型对铜期货的套期保值比率进行了估计和分析，最后运用套期保值绩效评价模型比较套期保值效果。通过实证分析得出以下结论：

首先，本章对研究对象进行描述性统计检验，发现铜现货价格和铜期货价格的走势相当接近，其相关系数很大。这表明经过多年不断的努力，我国期货市场已逐渐发展成为一个有效的市场，也进一步说明上海期货交易所的铜期货市场具备价格发现功能，我国铜相关企业完全可以利用期货市场进行套期保值。

其次，通过使用每周价格数据计算得出的套期保值比率与使用日价格数据计算出的套保比率相比，前者更大，且其相应的套期保值效果也更为优秀。这是由于在一般的市场情况下，每周价格波动均要在一定程度上大于每日的价格波动。

另外，本章通过实证研究发现，铜现货价格和铜期货价格之间存在明显的协整关系，也就是说，在短时间内期货价格和现货价格的走势可能会有一定差异，但如果从长期趋势来看，它们之间或多或少仍然保持着相对均衡的关系。考虑到协整关系的误差修正模型计算得出的套期保值比率均小于1，说明铜相关企业在实际的套期保值过程中，如果按照传统理论值进行操作就会相应增加套期保值成本，进而必定会影响到套期保值的最终效果。

最后，通过对 Ederington 的套期保值绩效评价模型的分析，考虑协整关系的误差修正模型同时使用周数据的套期保值效果要优于最小二乘法模型。

（二）政策建议

首先，国家应该加强法制建设，进一步优化和完善中国期货市场的法律体系。只有在加强期货市场监管和增强违规的惩罚力度前提下建立起市场风险测控机制，才能够有效控制和防范期货市场风险，从而维护市场运行的稳定，进而才能保护投资者的利益和权益。

其次,国家也应该进一步加大期货知识普及的力度,并且提高期货市场参与者的理论水平和风险管控意识。在套期保值的实际操作中,不能想当然地将套期保值的对应比率设定为1,而应该从自身的风险偏好出发,选择相对科学的套期保值模型来计算得出预期套保比率,这样才能取得较好的套期保值效果。从另一方面来说,也能够吸引更多的投机人、套利人一起参与期货市场的交易,能够进一步完善中国的期货市场。

第八章
中国社保基金投资绩效实证分析
——基于 RAROC 和 VaR

随着经济发展及生活水平的不断提高,全球老龄化趋势明显,各国养老金的支付压力也越来越大。我国在这方面更显严峻,提高社保基金增值保值效率迫在眉睫,而只有通过将收益和风险水平相结合进行分析,才能得出投资组合既定目标的综合结果。本章重点讨论社保基金增值保值效率相关问题,介绍 VaR 和 RAROC 模型在社保基金投资组合中的应用,并通过运用经 VaR 调整过的资本收益率(RAROC)指标来对全国养老基金重仓组合与上证综指的增值效率进行实证分析,从而为社保基金的运用效率提出投资管理建议,以便更好地控制和管理好社保基金的投资。

一、前　言

全国社会保障基金是于 2000 年 8 月设立的由国家落实社会保障制度,按照法定程序和方式以货币形式筹集到的经济资源,对于整个国家的经济发展和社会秩序稳定都有着极其重要的意义。

2010 年第六次人口普查显示,我国 60 岁及以上和 65 岁及以上人口数量占总人口的比重分别为 13.26% 和 8.87%,超过世界人口老龄化的 10% 和 7% 的标准不少,这意味着我国已经正式步入老龄化社会。而同期的人均 GDP 远远低于发达国家水平,这表明中国经济发展落后于老龄化进程。年轻劳动力人口比例下降,整个社会赡养老人的负担越来越重。而随着中国老龄化加剧和社保支出的刚性特征,支出的增幅仍居高不下,如果保持目前养老基金的投资情况而没有任何改善,未来的养老金提取率会直线上升,养老金收支出现的巨大缺口将无法弥补。而社保基金这种巨额隐性债务及社保制度滞后为未来发展埋下了重大隐患。

表8.1 我国养老金提取率预测表①

年份	2000	2010	2020	2040	2050
养老金提取率(%)	23.7	28.24	32.03	40.2	45.37

通过表8.1的不断高涨的养老金提取率及其预测,可以看出急需增加社会保障资金的投资价值,因而很有必要将社保基金投资于股市这种高收益但同时有不小风险的领域,国内外的实践经验也证明了这种方法是可行的。但由于社保基金的性质决定了它是支撑社会保障体系的物质基础,同时也是社会生存和发展的一个重要保证,关系到国计民生,因此,社保基金的投资必须把安全性放在首要位置,要在安全的前提下实现增值、保值的目标。目前,中国的社会保障基金投资范围受限于债券、银行存款及股票等流动性较强、信用度较高的金融工具。社保基金在2003年刚准入市时的股票投资比例为5.1%,而在2008年增加至30%,而且还在逐年上升。同时证券市场的波动愈发深刻地影响着社保基金的保值增值结果。

二、我国社保基金增值效率现状

尽管社保基金十多年来平均收益率高于同期年平均通货膨胀率,但考虑到社保基金支取的空前压力以及收益率不稳定等情况从而导致社保基金不能及时支付需求,基金的增值效率并不是很理想。

表8.2 社保基金历年收益情况②

年\项目	投资收益额(亿元)	投资收益率(%)	通货膨胀率(%)	经济增长率(%)
2003	44.71	3.56	1.20	10
2004	36.72	2.61	3.90	10.1
2005	71.22	4.16	1.80	11.3
2006	619.79	29.01	1.50	12.7
2007	1 453.50	43.19	4.80	14.2

---

① 周咏梅.社会保险基金会计研究[M].东北财经大学出版社,2001:47.
② 根据全国社会基金保障理事会年度报告整理。

续表

年 项目	投资收益额（亿元）	投资收益率（%）	通货膨胀率（%）	经济增长率（%）
2008	-393.72	-6.79	5.90	9.6
2009	850.43	16.12	-0.70	9.2
2010	321.22	4.23	3.30	10.4
2011	73.37	0.84	5.4	9.3
2012	646.59	7.01	2.6	7.8
2013	685.87	6.2	2.7	7.7

根据表8.2数据我们可以发现，从2003年到2013年年底累计投资收益达4 409.7亿元。从2003年到2007年，全国社会保障基金的投资收益率和收益额都是越来越大。而到了2008年就有明显的大幅下滑，投资收益率从2007年43.19%骤降到了-6.79%。考虑到当时的环境，可以认为这是受到国际金融危机的影响。到了2009年则有了很大程度的改观，在相关国家政策改革的作用之下，社保基金投资收益额以及收益率呈现出不小的增长，这在当时是值得庆幸的。但好景不长，2009年后两年情景不是很乐观，收益率的总体变化趋向下降，直到近几年才稍显稳定下来。

通过了解中国股市历年的统计数据，可以发现2003年至2013年上证和深证综指的年平均收益率分别达到5.3%、12.7%，而同期社保基金的年均投资收益率为9.2%。考虑到社保资金投资于股票市场的比例有限，总体看来还是比较满意的。但是这样考虑就忽略了社保基金的支出具有持续性和规律性，在如此不稳定的回报率和偿付能力面前，恐怕时常会导致资金的缺口，不利于社会的稳定。所以我们仍旧认为社保基金的保值增值效率有很大的提升空间。

三、国内外文献综述

国外的社会保障制度起步较早，所以对于社会保障基金投资相关问题，国外研究得相对较早。尤其是一些欧洲国家，它们的社会保障制度比我国发展成熟得多，研究得也更为透彻。例如：早在1990年，Peter Diamond 和 John Geanakoplos（1990）就提出了通过将社会保障基金投放股市，在运营管理社保障基金过程中实现保值增值,并可以通过增大社会保障基金筹资规模来满足未来可能出现的支付需求。

而后 Booth、Yakoubov(2000)和 Robert Poezn(2002)分别对英国和中国的历史数据进行研究,得出相似结论,认为能有效规避通货膨胀并使养老金计划可以顺利执行的方法是在养老基金的投资组合中增加在股票市场的投资,通过合理调整各投资对象的比例来实现投资的高收益、低风险。

然而也有人持不同观点,Deborah Lucas(2004)及 Gollier(2008)不主张将社保基金投向资本市场。前者通过一些国家养老金改革的经验,认为人口危机根本上需要经济的发展来解决,股市高回报带来的高风险必将反作用于国家福利。而后者认为社保基金长期高风险的运行将限制和约束投资运营活动及其自身各种业务发展,最终减少参保人的回报。

虽然我国社保基金是从2003年起才正式进入证券市场,涉足时间不长,但我国学者依然从西方发达国家的社保基金投资管理中汲取经验,在相关方面也拥有丰富的研究成果。

在社保基金入市的组合配比方面,郭纲(2001)和王琦(2004)通过对投资工具的配比分类研究和定量分析社保基金投资组合的资金分配,分别得出我国社会保障基金的合理比例为20%(或20%以上)及40%~60%的结论。而肖华(2012)则相反,通过对金融危机时社保基金的损益分析,完全不赞成社保基金进入股市,将社保基金的超额损失归咎于社保基金的入市。而刘永泽、唐大鹏(2012)及邵怡蓉(2007)相对更折中一点,认为社保基金在投资时有其固有原则,通过社会保障基金投资的一些指标衡量和监测投资结果,在风险最小时,可以拥有保值增值的良好效果。

而在社保基金入市的监测方面,郭悦红、齐莉丽(2009)通过引入 VaR 方法对如何防范入市的相关风险进行了深入分析;高鹏、梁海明(2010)根据 GARCH(1,1)模型计算社会保障基金的风险值。两者都得出了用 VaR 方法来监测和控制社保基金的市场风险是完全可行的结论。

除了通过社保基金的投资收益解决我国目前社保基金支付压力外,我国学者还从社保基金的来源出发寻求解决之道。裴宏波(2003)认为可以将国有企业的部分产权转让给社保基金,从而实现双方互利互惠的良性循环。孙一帆(2012)认为现阶段社会保费的入和出都存在很大弊端,建议往个体账户发展以解决未来的保障。

要解决我国人口及保障问题当然不止上述这些方向,像张良和陈煜

(2013)提出的通过延迟人员退休来缓解社会保费入不敷出的窘境,虽然在经济数学层面可以行得通,但是在社会层面及其他一些方面所带来的问题都是未知数,所以延迟退休等方法有待商榷。国内外学者对于社会保障基金的入市和投资,都有不少深刻的论述,但对于综合风险和收益的投资效率结果衡量缺少一定的论述。近年来,国内外学者在风险管理的理论研究方面已有不少成果,其中,VaR 和 RAROC 因为克服了均值-方差分析的缺点,已经成为一种评价度量风险性能的主流方法。

四、基于 VaR 值的 RAROC 业绩评价指标

现代投资组合理论认为,直接以收益率来衡量投资业绩的高低会产生一些无法解释的问题,因为风险对于投资组合具有决定性的作用。表现好的基金并不意味着一定拥有高明的投资策略,可能是用承担较高风险换取的;而表现差的基金也可能因为风险较小使然,并不必然表明在投资方法上不尽人意。因此,我们不能单纯地以基金的收益率水平作为对社会保障基金绩效的评价,而疏忽了承担的风险,我们需要对收益进行风险调整,得到一个既考虑到风险同时又能满足盈利的综合指标,以此来去除风险因素在绩效评价中的负面影响。

(一) 经典投资基金业绩评价模型

在投资效率的研究中,出现过许多评价模型,其中要数经典投资业绩评价模型最为著名,包括夏普指数[1]、特雷诺业绩指数[2]、詹森业绩指数[3]等模型。其中夏普指数模型最具代表性。该模型以标准差作为调整基金风险的度量,用单位总风险可给予的超额报酬来衡量投资组合或资产的业绩表现。用公式表示为:

$$S_p = (R_p - R_f)/\sigma$$

其中 S_p 表示夏普业绩指数,σ 表示投资收益的标准差,R_p 表示投资组合的平均收益率,R_f 表示组合的平均无风险收益率。σ 权衡的是总风险。

夏普指数的含义为平均每单位总风险资产获取的超额报酬,而投资组合的绩效的好坏与夏普指数大小同方向变化。因为夏普指数测量基金投资过

---

[1] 威廉·夏普(William Sharpe). 共同基金业绩[J]. 商务月刊,1966(1).
[2] 杰克·特雷诺(Jack Treynor). 如何评价投资基金的管理[J]. 哈佛商业评论,1965.
[3] 迈克尔·詹森(Michael C. Jensen). 1945—1964 年间共同基金的业绩[J]. 财务学刊,1968.

程中的总风险,所以相较于其他投资绩效评价指标,它更适用于投资者将资金集中于某基金时的情况。

（二）VaR 模型的介绍

VaR(风险价值)[①]是指在一定概率水平(置信度)下,某一金融资产或证券组合在未来特定时间内正常市场波动下的最大可能损失。根据 VaR 的定义,可以表示为:

$$Prob(\Delta P > VaR) = 1 - c$$

其中 $Prob$ 表示概率,ΔP 实质上是一个随机变量,具体指证券组合在持有期 Δt 内的损失值,VaR 表示置信水平 c 下可能的最大风险值。从公式中可以看出,VaR 值牵涉置信水平和持有期长度两个重要因素,这两个因素都会影响 VaR 的计算结果。

VaR 值的计算方法有很多,通常有 Delta 正态法、历史模拟法、蒙特卡洛模拟法及拔靴法等。

1. Delta 正态法

(1) 基本假设:价格和风险因子两者的变动呈线性相关;出现的单个资产收益连同组合的总收益均服从正态分布。

(2) 基本公式: $VaR = -(\mu - Z_a \sigma_p \sqrt{t})$。

其中 μ 是投资组合收益率均值,Z_a 是相应置信度下的分位数,p 为资产的初始市值,σ_p 是组合收益率的标准差,$\sqrt{t}$ 是时间调整因素。

(3) 计算步骤:求出收益率的均值和方差,可用 Eviews 等软件;确定置信水平 α 的值;由公式计算出 VaR 值。

2. 历史模拟法

不考虑风险因子具体分布对资产价值的影响,仅用资产组合收益率的历史数据统计分布来求解 VaR 值。

(1) 无须分布假设,认为未来可能发生的概率会遵循历史情况,通过历史数据估计。

(2) 计算步骤:选择合适的历史数据的时间序列并依照从小到大顺序排序;确定置信水平 a;根据公式 VaR = 历史收益率中的"$1 - \alpha$ 百分位数"×资产头寸初始值求解 VaR 值。

[①] VaR 模型是以 JP 摩根银行为代表的大型金融机构开发的基于风险价值原理的风险管理模型,是一种组合潜在损失的总结性的统计测度方法。

3. 蒙特卡洛模拟法

蒙特卡洛模拟法是依照一定随机过程输入变量而得出的结果变量的分布,能很好地处理非正态和非线性等问题,因而在实务中得到广泛应用。

(1) 假设条件:资产数值的变化具有随机性,由电脑可以模拟数据生成的路径,然后得出资产收益的概率分布和范围。

(2) 选择资产价格随机模型: $dS_t = \mu_t d_t + \sigma_t S_t d_z$。

其中 dS_t 为价格变动量,μ_t 为资产收益率,σ_t 为标准差,d_z 为服从期望值为 0、方差为 d_t 的正态分布。

(3) 计算步骤:先从上式中产生随机序列 ε,$\varepsilon \in N(0,1)$;假定参数 $\mu_t \sigma_t$ 为常数,接着将 $\varepsilon d_t \mu_t \sigma_t$ 代入几何布朗过程模拟出途径,收益由 $\Delta S_t / S_t$ 计算;然后,根据需要重复上两步,最后得到未来数据的概率分布来计算 VaR 值。

(三) 基于 VaR 的 RAROC 模型①指标

1. 传统评价指标的缺陷

夏普比率等传统指标虽然从创立至今仍在应用,但其自身具有一定的缺陷:

(1) 夏普比率风险调整指标所采用的风险与投资者一直重视的风险是两个概念。由于收益率指数上下波动导致测出的标准差值包括了损失和盈利两方面风险,而只有损失即偏向下行方向的风险才是实际中需要重点考虑的风险。

(2) 现实中的金融资产大多数情况下无法满足收益率完全符合正态分布的假设。通常具有尖峰后尾的特征,这使得用夏普比率将标准差作为风险调整的指标会得出错误的结论。

所以,当收益率并不完全服从正态分布时,需要下行风险调整作为评价投资组合表现的更优方法,可以将 VaR 作为衡量下行风险的代替指标,这样就能获得基于 VaR 调整风险绩效的指标 RAROC。

以 VaR 作为风险调整修正夏普比率公式:

$$RAROC = (R_p - R_f)/VaR$$

2. 基于 VaR 的 RAROC 值

RAROC 值可以被近似看作一种 Sharpe 比率,是衡量经风险调整后的资

---

① RAROC(Risk Adjusted Return on Capital),即风险调整资本收益,是由银行家信托公司(Banker Trust)于 20 世纪 70 年代提出来的,其最初的目的是为了度量银行信贷资产组合的风险。

本收益的一种有效工具。

其表达式为：

$$RAROC = Roc/VaR$$

它表示证券组合在某一持有期的收益。RAROC 值表明每单位风险资本即损失所带来的超额回报大小，基本上反映了风险资本获取收益的效率。通常来说，RAROC 的值越大，投资项目的绩效越好。传统的绩效指标在 RAROC 模型下也得到了修正。

现代投资组合中，RAROC 被广泛应用，在社会保障基金投资中也不例外，主要体现在以下两个方面：

（1）可作为社会保障基金的绩效评价。当前全国社保基金的业绩考核系统也不只是追求利润最大化，否则容易产生短期行为而造成风险和长期发展缺失，同时不利于激励投资经理，使其更愿意承担巨额风险来获取较高利润，导致利润失真和考核失真。而引入 RAROC 值后利润一旦过高，VaR 的值也会相应增加，所以 RAROC 值不会很大。这就迫使社保基金管理者只能放弃偏激的投机而追求风险最低情况下的收益最大化。

（2）RAROC 值也可以实现社会保障基金资本在金融工具之间的有效分配。RAROC 值是在有约束情况下刺激投资决策者寻求最优化的投资组合配置，它考虑了风险和收益两个因素，可以为社保基金的投资决策提供合理依据。通过对各类投资工具和方案的定期 RAROC 值测量，决策者对于不同的组合可以根据 RAROC 值高低适当增加和减少持有率。

五、我国社保基金增值效率的实证分析

我国社会保障基金的投资风险集中在股市，但我国股票市场存在许多不稳定因素，自身体系制度也并不完善，所以使得社保基金进入股票市场后的风险不可小觑。本章选取社保基金 2014 年半年度在股票市场中持有的重仓股作为研究对象，采用方差-协方差法求解 VaR 值来进行实证分析。[①]

（一）研究样本数据来源和置信水平的确定

数据选取：本章选用 2014 年半年度全国社保基金入市投资持股中前十位的重仓股票（见表 9-3）。由于受限于重仓持股中有几只刚发行不久的股

[①] 张俊唐. 我国社保基金投资基础设施风险控制研究[D]. 同济大学硕士学位论文, 2009.

票,数据的时间区间只能为 2014 年 2 月 11 日至 2014 年 6 月 30 日,共 96 个交易日。同时选取同期上证综指相关数据作为相比较的研究对象。数据来源于锐思数据库的日股票数据。

置信水平的确定:对于风险规避要求程度的不同,置信水平可分为不同的风险厌恶偏好程度,如果要求承受的风险太小,可能会使收益流失即损失很大。这里选取 95% 的置信水平。

(二) 社保基金重仓组合相关数据的计算

1. 重仓股权重的计算

表 8.3 股票权重基准为 2014 年 6 月 30 日十个重仓股的收盘价,通过社保基金重仓持股数和收盘价的结果计算出社保基金重仓股票组合的总市值,然后用每一只股票的市值除以重仓股组合总市值得到股票各自的投资权重。

表 8.3 2014-06-30 社保基金前十重仓股(以市值计)①

二季度末排名	股票名称	持股数量(万)	收盘价	持股市值(万元)	权重
1	美的集团	31 407.8	19.32	606 798.2	25.847%
2	海天味业	13 619.9	33.84	460 895.9	19.632%
3	华侨城 A	57 470.5	4.69	269 536.7	11.481%
4	长城汽车	8 251.8	25.3	208 769.5	8.893%
5	开山股份	4 954.2	31.69	156 997.7	6.687%
6	海思科	6 950.2	19.2	133 444.6	5.684%
7	奥飞动漫	3 596.8	36.7	132 003.0	5.623%
8	广汽集团	16 903.5	7.53	127 282.2	5.422%
9	牧原股份	2 887.5	44.05	127 193.1	5.418%
10	中南传媒	8 639.1	14.44	124 748.9	5.314%

2. 社保基金重仓持股日平均收益率的计算及其平稳性检验

社保基金各股的日收益率计算公式为:$R_{it} = \ln\left(\dfrac{P_{it}}{P_{i(t-1)}}\right)$。其中 P_{it} 表示 i 种股票在第 t 天时的收盘价。通过相应的数据计算出每只股票的日收益率。

为了避免时间序列的随机趋势或确定趋势就需要检验数据的平稳性。对各股收益率及上证指数进行单位根检验的结果如表 6-4 所示。分别将十

---

① 数据来源:东方财富 Choice 数据。

只股票记为 X1、X2……X10。

表8.4　收益率序列平稳性检验

	1% level	5% level	10% level	t 统计量	结果
X1	-3.500 669	-2.892 200	-2.583 192	-8.354 606	平稳
X2	-3.501 445	-2.892 536	-2.583 371	-8.737 445	平稳
X3	-3.500 699	-2.849 843	-2.546 831	-10.518 62	平稳
…	…	…	…	…	…
X10	-3.500 669	-2.892 200	-2.583 192	-10.226 15	平稳
上证综指	-3.502 238	-2.892 879	-2.583 553	-9.512 917	平稳

从表8.4可以看出,社保基金和上证指数的ADF检验的t值均小于临界值,故在任何置信水平下均拒绝单位根假设,说明收益率序列是平稳的。

由得出的收益率再整理得出十只重仓股在96个交易日的平均收益率(见表8.5)。

表8.5　社保基金重仓股各自平均收益率[①]

股票	平均收益	股票	平均收益
美的集团	0.000 942	海思科	-0.001 70
海天味业	0.000 40	奥飞动漫	-0.000 48
华侨城A	-0.000 43	广汽集团	-0.000 58
长城汽车	-0.003 61	牧原股份	0.003 592
开山股份	-0.003 25	中南传媒	0.001 614

将股票持有期内各自收益率加权平均可得投资组合平均收益:

$$E_R = \sum W_i R_i$$

其中 W_i 为重仓股的权重, R_i 为重仓股在持有期内的平均收益率,而 R 是社保基金重仓股组合的平均收益率。

由表8.3和表8.5数据求得: $E_R = \sum W_i R_i = -0.000\ 136$。

(三) 社保基金投资组合的方差计算

用均值和方差分别定量描述单个资产的收益与风险。投资组合整体的

---

① 数据来源:根据锐思数据库整理。

风险则需要以组合中个体的方差、相互的协方差和个体权重来衡量。[①] 因此通过权重矩阵,我们能够计算出如下社保基金组合的方差公式:

$$\sigma_p^2 = \sum_{i=1}^n \sum_{j=1}^n \omega_i \omega_j \text{cov}(r_i, r_j)$$
$$= \sum_{i=1}^n \omega_i^2 \sigma_i^2 + 2\omega_i \omega_j \sum_{1<i<j<n}^n \text{cov}(r_i, r_j) \tag{8.1}$$

其中,σ_i 表示组合中资产 i 的标准差,反映了收益偏离均值的程度,可以用来表示单个资产风险大小;σ_p^2 表示十只重仓的总方差,可以反映重仓组合的总风险大小;(r_i, r_j) 为协方差,是用来反映投资组合中资产 i 和资产 j 之间相关程度的统计指标。协方差为正值表明两种资产收益率同向变化,零值表明两者之间不存在联系,负值表明两种类型资产之间的影响是负相关的。收益率的变化亦呈不同方向,而此时负协方差资产组合在一起能够分散投资的风险。

通过公式(8.1),可以用 EXCEL 表格函数计算出各权重股之间的协方差矩阵(见表8.6)。

我们既可以通过这一系列数据计算投资组合的总方差,又可以在这一协方差矩阵中看出各权重股收益率之间的关联性。在社保基金的投资组合之中,正是由于各个资产之间存在协方差,才让社保基金投资能够很好地分散风险。

根据上表数据及公式(8.1)计算得到社保基金投资组合的总方差为:

$$\sigma_p^2 = \sum_{i=1}^n \omega_i^2 \sigma_i^2 + 2\omega_i \omega_j \sum_{1<i<j<n}^n \text{cov}(r_i, r_j) = 0.000\ 144$$

(四) 上证综指的收益率和方差计算

我们选用上证综指计算得出的相关数据来代表资本市场整体收益率和方差,上证指数收益率直接按下列公式计算:

$$\frac{R_t = Index_t - Index_{t-1}}{Index_{t-1}} \tag{8.2}$$

式(8.2)中,R_t 表示上证综指在第 $t-1$ 天到第 t 天的收益率,$Index_t$ 表示上证综指在 t 时刻的收盘指数。则上证综合指数与社保重仓组合相同的 96 个交易日内的平均收益率为:$E(R_m) = -0.000\ 149$。同时计算可得上证综合指数同期的方差为 $0.000\ 075\ 7$。

[①] Harry. Markowits. Protfolio Selection[J]. The Journal of Finance 1952,7(1).

表 8.6 社保基金重仓组合收益率的协方差矩阵

	X1	X2	X3	X4	X5	X6	X7	X8	X9	X10
X1	0.000 395	0.000 106 913	0.000 103 5	0.000 140 938	7.4E−05	3.16E−05	0.000 157	0.000 108	5.55E−05	4.64E−05
X2	0.000 106 913	0.000 444	1.4E−05	0.000 102	8.78E−05	5.73E−05	0.000 16	2.06E−05	0.000 237	0.000 193
X3	0.000 103 5	1.4E−05	0.000 357	8.477E−05	−1.26E−05	3.895E−05	−1.8E−05	7.579E−05	1.15E−05	−4.55E−05
X4	0.000 140 938	0.000 102	8.477E−05	0.000 751 738	6.842 45E−05	2.465 09E−05	0.000 146 362	0.000 160 553	0.000 147	5.091E−05
X5	7.4E−05	8.78E−05	−1.26E−05	3.895E−05	0.000 285	6.17E−05	0.000 169	9.28E−05	0.000 119	0.000 155
X6	3.16E−05	5.73E−05	3.895E−05	2.465 09E−05	6.17E−05	0.000 321	0.000 17	7.83E−05	8.83E−05	7.43E−05
X7	0.000 157	0.000 16	−1.8E−05	0.000 146 362	0.000 169	0.000 17	0.000 929	0.000 108	0.000 134	0.000 232
X8	0.000 108	2.06E−05	7.579E−05	0.000 160 553	9.28E−05	7.83E−05	0.000 108	0.000 304 252	0.000 162	0.000 111
X9	5.55E−05	0.000 237	1.15E−05	0.000 147	0.000 119	8.83E−05	0.000 134	0.000 162	0.001 138	0.000 177
X10	4.64E−05	0.000 193	−4.55E−05	5.091E−05	0.000 155	7.43E−05	0.000 232	0.000 111	0.000 177	0.000 62

（五）Var 值和 RAROC 值的计算

假设社保重仓组合和上证综指的总价值同为 1，置信水平上述已设为 95%，而时间窗口同时分别选取 5 天和 20 天（一周、四周交易日），然后计算两者的 VaR 和 RAROC 值（见表 8.7）。

表 8.7 社保基金重仓组合和上证指数的 **VaR** 和 **RAROC**

	方差	平均日收益率	(t=5)Var	RAROC	(t=20)Var	RAROC
社保基金组合	0.000 144	−0.000 136	0.044 14	−0.025 65	0.088 280	−0.053 11
上证综合指数	0.000 075 7	−0.000 149	0.032 10	−0.023 21	0.064 007	−0.046 56

六、结论及建议

通过表 8.7 的计算结果，我们得出以下结论：

第一，根据计算结果可以看出，社保基金重仓组合在 2014 年 6 月 30 日之后的 5 个交易日内，有 95% 的可能性损失值不超过重仓组合投资总额的 4.414%，而在之后 20 个交易日，同为 95% 概率下损失值只控制在投资总额的 8.828% 以内。而上证综合指数在相同情况下的损失值分别为总额的 3.21% 和 6.40%。可见在同样既定的上述置信水平和持有期内，社保基金投资组合的风险价值大于指数投资的风险价值。因此，社保基金承担的风险要大于资本市场总体的风险，需将社保基金现持仓的资产结构进行一定的优化调整，以降低投资组合的风险价值，防止可能产生的损失危及社会保障。

第二，从表中也能看出，在计算期 96 个交易日内，社保基金重仓持股组合的平均收益率为负数。这表明社保基金的投资效率还有待提高，目前情况持续下去不足以应对社保支付的空前压力。而中国资本市场的建立和发展时间较短，资本市场尚不成熟，还存在着不小风险，无论是市场自身运作还是监管的制度、力度等都存在很多问题，使得投资者及社保基金的入市难以规避风险。

而表中社保基金平均收益率由于受整个市场、行业经济的影响，与上证综指收益率差距非常小。但其方差和 VaR 值偏大了不少，可能与其偏好持有较新发行的股票有关。的确，只有在新股中社保基金才能寻求到巨大收益来填补其空缺。但在现在市场投机氛围较浓的情况下，有的企业并不认真提升自身的经营水平,反而一直想着怎样通过上市来圈钱,所以新股股价大起大落也在情理之中,各机构投资者及个人投资者自然也有赚有赔。由于社保基金管理公司属于机构投资者之一,其发生亏损不足为奇,但其后果却十分严重,甚至是很难承受的。

虽然国家近期在慢慢放松社保基金的投资限制,但这只是基金规模扩大的必然结果。所以更需科学合理地处理好投资组合中各资产的投资比例。获得较高收益的做法是资金管理者应尽可能考虑当时宏观的货币政策、财政政策以及风险传导等因素,运用定量化的投资组合模型,通过优化不同行业之间的资产配置比例以实现社保基金的增值。同时还可以丰富社保基金的投资品种,增加基金投资渠道的多样性。社保基金除了可以投资于存款、债券和股票等之外,还可放出适当比例投资于流动性较高、信用度较好的抵押贷款、不动产等。[①] 投资渠道的拓宽不仅能够增加基金的流动性,同时还可以增加不同期限的利润来源,填补社保基金中长期收益的部分空缺。

第三,从社保重仓组合的RAROC值来看,在5个交易日(一周)和20个交易日(四周)风险价值度量下RAROC值偏低,为负数,同时社保重仓组合的RAROC值要低于上证指数,这意味着风险价值调整下社会保障基金的投资业绩逊于上证综指业绩。[②] 故而在不断优化资产组合配置过程中,可以对社保基金持有的股票添加RAROC值进行测算,以投资组合RAROC值的平均水平作为衡量标准,可以适当增持或减持各投资项目RAROC值较高和较低的投资项目。通过RAROC值的测定和比较,不断调整投资组合,从而最终提高整个社会保障基金的投资效益。

---

① 李茹兰,吴玉梅.基于RAROC模型的社保基金增值效率分析[J].山东财政学院学报,2012(3):68-70.

② 李林.基本养老保险个人账户基金投资运作研究[D].西南财经大学硕士学位论文,2008.

第九章

可转债发行的公告效应及其影响因素实证研究

——基于对2008年至2011年发行可转债的26家上市公司的分析

我国越来越多的上市公司将发行可转债作为募集资金的重要渠道，而由于可转换债券具有股权和债权的双重属性，因此可转债的发行对发债公司的股价产生何种影响成为学术界关注的焦点。正是在这一背景下，本章以2008年至2011年在上海证券交易所和深圳证券交易所发行可转债繁荣期的26个上市公司为研究对象，运用事件研究法，以可转债发行信息公告日为关键事件点，得出可转债发行对发债公司股价产生正面影响的实证结果。运用逐步回归法和单因素方差分析法筛选得到显著影响可转债发行的公告效应的因素，并分析得到这些因素的影响机制。基于以上研究成果，本章对有可转债融资意向的上市公司和普通投资者提出了合理性建议。

一、引 言

（一）研究背景

可转换公司债券是指发行人依照法定程序发行，持有者可以在一定期间内按事先约定的条件转换为公司股票的债券，可转换债券具有债权性和股权性相结合的特点。

可转换债券的发行始于美国 New York Erie Railway 公司，该公司于1843年发行了世界上第一只可转换公司债券。可转换债券发行的最初目的是为了解决铁路电讯行业的产业资金筹集问题，但是经过100多年的发展，可转债已成为国际资本市场上一种非常重要的中长期再融资方式。可转换债券由于其具备收益较高风险较低的特点,成为一种相对理想的融资方式,其优势主要体现在以下三个方面:

首先是融资成本较低,可转债由于包含股票看涨期权,因此其票面利率低于一般公司债券,所以相对于普通债券融资来说,发行公司承担的利息成本较低。

其次是具有避税的功能,可转债作为公司债券,发行公司支付的利息费用通常计入公司财务费用,而进行股权融资所要支付的股利通常不计入利息费用,因此发行可转债起到了避税的作用。

最后是缓解股权稀释,发行股票会导致股权被稀释,影响原有股东的权力,而可转债的转股是有条件的转股,因此可以缓解融资对股权的影响,避免股价的剧烈波动。

正是基于以上优点,可转债已经逐渐成为各个国家上市公司非常重视的再融资工具。我国的可转换债券市场建立较晚,1991年非上市公司琼能源发行了我国境内第一只可转债,1992年深宝安发行了我国第一只上市可转债——宝安转债。但是由于宝安转债转股失败导致可转债市场陷入停滞,直到1997年《上市公司发行可转换公司债券实施办法》的出台才使我国可转债市场重现生机,并且随着2001年《上市公司发行可转换公司债券实施办法》的颁布,可转债市场进入了新的阶段,上市公司逐渐取代非上市公司成为发债主体。2005年的股权分置改革使可转债市场暂时停滞,但是随着2006年《上市公司证券发行管理办法》的颁布,可转债市场迎来了真正的繁荣,融资规模逐渐超过股权融资和债务融资,成为上市公司再融资方式的主力军。据统计,2008年至2011年在沪深交易所发行交易的可转债募集资金额度超过800亿元人民币,超过了配股和增发股票的融资金额。可转债在我国再融资市场占据着越来越重要的位置,而可转债兼具股权和债权,因此研究可转债发行对于股票市场的影响就显得尤为重要。目前国内学者对于可转债发行公告效应的研究成果并不丰富,并且主要集中研究的是从2001年《上市公司发行可转换公司债券实施办法》出台到股权分置改革进行之前这段时间的可转债发行对于股价的影响。本章正是在这一背景下,对2008年至2011年可转债发行的公告效应展开研究,即对新的经济形势下股票市场对于可转债发行的反应和接受程度进行研究。

(二) 研究意义和目的

2008年金融危机以来,我国的实体经济受到重创,上市公司越来越倾向于通过资本市场募集资金,目前上市公司募集资金主要是通过发行股票和债券的方式进行。众所周知,无论是发行新股还是增发配股,都会影响到股票规模,从而对股价产生冲击,而我国上市公司信息披露机制并不完善,大型企业的信息披露则更加不完善,市场信息不对称势必导致有着迫切融资需求的上市公司的投机行为,从而对股民造成巨大损失。可转换债券虽然具有股权的性质,却是在有条件的情况下转股,因此能缓解融资对于股权的稀释,所以相比股权融资,可转债融资带来的股价波动风险较小。因此研究可转债发行对公司股价的影响对于我国可转债市场的发展具有重要意义。而研究得出上市公司基本面信息以及可转债的条款设计信息对于可转债发行的股价公告效应的传导机制,则能为准备发行可转债的上市公司提供参考建议,使其能够根据自身情况和融资需求做出合理的可转债发行方案,从而避免股价的剧烈波动,最终保证整个资本市场的稳定性。

本章的研究目的,首先是确认发行可转债对上市公司股价的影响程度,并且针对不同发行年份的可转债的公告效应进行研究分析,一方面分析经济形势对于公告效应的影响,另一方面分析市场对于可转债发行信息的接受程度是否在逐渐变化,从而为上市公司的融资决策提供借鉴;其次是通过实证分析方法找到影响可转债发行公告效应的因素以及影响机制。目前的可转换债券市场仍然存在着一系列发行企业违规操作和监管上的漏洞,使得该市场也存在着信用危机,这样就不能很好地发挥其通过债权融资与股权融资相结合的融资效果。因此通过对于可转债公告效应的传导进行研究,不但能为监管当局制定可转债监管标准提供参考建议,还能为投资者提供参考,避免其受到损失。而发行公司在了解公告效应传导机制和影响因素的基础上制定的可转债融资决策,为股价带来的负面影响最小,甚至是正面影响,这必然会提高市场信心,恢复市场景气。因此,本章的研究具有较高的理论价值和现实意义。

(三) 本章创新点

1. 样本选取创新

本章选择的可转债样本的发行年份横跨2008年至2011年,填补了学术界对于这一时期可转债公告效应研究的空白。并且2008年至2011年是可转债市场空前繁荣的时期,表现为发债规模最大,而本章选择的可转债样本的发行公司横跨多个行业,因此研究结果更有说服力。另外,2008年至2011年也是我国股权分置改革高速推行的时期,这一时期上市公司的流通股比例超过2008年以前的上市公司,所以可转债发行的公告效应必然会有其独特性。

2. 研究视角创新

本章采用事件研究法对可转债发行的股价效应进行研究,因此将董事会拟发行公告日和募集说明书公告日作为研究可转债发行的公告效应的关键事件发生节点,避免了只选择单一事件发生节点造成研究结果存在偶然性问题,保证了研究结果的连贯性和全面性。并且本章还对不同年份、不同行业的样本组合的公告效应进行多重比较分析,探究公告效应与经济形势之间的关系,从而丰富了整个研究的成果。

3. 研究方法创新

目前对于可转债公告效应影响因素的研究主要采用回归分析法,辅助方法较少。而本章除了应用逐步回归分析确定公告效应的显著性影响因素外,还对其他影响因素进行了独立样本T检验和单因素方差检验分析,从而掌握了影响因素对于公告效应的传导机制,使得研究成果更具全面性。

(四)数据和方法

1. 样本数据

本章以2008年至2011年在国内成功上市的26只可转债(剔除了工行转债和中行转债)为研究对象,可转债发行公司的股价数据来自上海证券交易所、深圳证券交易所的交易系统数据,发债公司基本面数据来自上市公司公开发布的年报、半年报和季报,可转债条款设计信息来自发行公司公开发布的募集说明书。

另外由于中国的上市公司通常会在可转债公告日当日公布业绩报告,目的是为了吸引投资者,因此本章根据上市公司在公告日内有无发布对于公司股价产生重大影响的信息,而将全部样本划分为清洁样本组和非清洁样本组,并对其进行对比研究。

2. 研究方法

本章主要采取了以下三种研究方法:

(1)实证研究方法。本章采用事件研究法实证分析了可转债发行公告日窗口期内上市公司股票累计平均超额收益率的变化,从而确定了可转债发行对于股价的影响程度,其中累计平均超额收益率由市场调整模型算出。

(2)比较分析方法。在确定了可转债发行对于上市公司股价的影响程度之后,本章对清洁样本组合和非清洁样本组合的可转债发行的股价效应进行对比分析,从而确定发行公司在公告日发布重大事项会对股价效应产生影响,并且比较分析了不同发行年份的可转债的公告效应的差别。

(3) 定性分析与定量分析相结合。本章采用回归分析的方法确定了影响可转债发行的股价效应的因素,然后运用定性分析的方法解释影响因素的传导机制。

二、文献综述

本章文献综述共有三个部分,首先介绍了国内外学者研究建立的再融资对股价影响的模型理论;其次是总结介绍国内外学者针对不同证券市场,上市公司融资对于股价影响的公告效应的实证研究成果;最后总结介绍国内外学者对于可转债发行公告效应的影响因素的研究成果。

(一) 再融资对股价影响的模型理论

由于发达国家的资本市场起步较早,市场非常成熟,因此国外学者关于再融资方式对于股价的影响研究起步早,理论也较为成熟,所以目前探讨再融资对股价影响的理论模型均来自国外学者的研究,这些模型主要包括最优资本结构假说、价格压力假说、杠杆假说、优序融资理论信号假说、代理理论模型和自由现金流量假说等理论。

1. 最优资本结构假说

最优资本结构假说认为公司存在最优资本结构,公司的资产和负债存在最优比例,即公司价值的增长与股东和债权人的利益存在一个平衡的关系。如果负债比例过高,则债权人面临的风险与获得的利息收益并不一致,而如果负债比例过低,企业用于发展的资金将是自身的留存收益,这会限制公司的资产规模扩张。所以上市公司的再融资方式无论是股权融资还是债务融资,都会被市场视为公司资产结构变动的信号。

对进行再融资的上市公司来说,如果发行债券必然会影响资本结构,并且要承担还本付息的义务,则考验的是公司的偿债能力,对公司的资金实力要求非常高,所以发行债券会向市场传递公司情况向好的信号,还会避免因增发股票引起的股权稀释,影响股东的利益。并且发债公司偿还债权人的利息费用会被计入公司财务费用,而上市公司进行股利分配的费用则不会被计入财务费用,所以债务融资具有节税的作用,因此发行债券通常会对公司股价产生正效应。

对于通过发行股票进行再融资的上市公司来说,发行股票会增加公司的资产,并且股票是无限期的,对于很久不进行分红的公司而言,资金压力非常小;而发行股票具有风险大、发行成本高的特点,并且发行股票带来的资本结构变化是负债比例下降,公司不再享受节税的待遇,发行股票还会引发股权稀释,冲击股东的利益,因此发行股票通常会对公司股价产生负效应。

通过比较发行债券和股票对于公司资本结构的影响可知,发行兼具股权和债权的可转债,有利于上市公司实现最优资本结构,因此当上市公司进行外部融资时,选择的融资方式的顺序是:发行普通债券、发行可转换债券、发行股票。

2. 价格压力假说

价格压力假说由 Scholes 于 1972 年提出,该理论认为每一只股票都不存在完全替代物,因此当股票的供应量增加时,根据需求供给理论可知,股价将会下降,且股价下降的幅度与增加的发行规模有关,并且如果投资者对企业的未来发展没有信心,那么股价将会进一步下降。

3. 杠杆假说

杠杆假说包括债务税收优势假说和财富再分配假说。其中债务税收优势假说最先由莫迪利亚尼和米勒在 1963 年提出。他们认为增发新股将会导致公司财务杠杆下降,因此无法享受到税收优惠,并且会稀释每股收益,从而导致股价下跌,股价下降幅度与发行规模相关,由此判断发行股票会对股价产生负效应,而发行债券则会对股价产生正效应。

财富再分配假说由 Galai 和 Masulis(1976)提出。他们认为发行债券会提高公司财务杠杆,提升股价,增发股票则会降低公司的财务杠杆,降低股价。由于股票持有者的收益来源于股票价差,因此增发股票会对股票持有者的利益造成损失,但提高了公司的价值,因此增发股票实际上是将财富从公司股东转移到公司债权人。所以他们认为发行股票虽然降低了企业杠杆和债务风险,但是将会对股价产生负的公告效应,并且对于股价的影响程度与发行规模和财务杠杆有关。

4. 优序融资理论

优序融资理论由 Myers 和 Maljuf(1984)提出。该理论认为公司面对资金需求时,首先会选择内部融资,使用内部留存收益,然后才是使用外部融资手段募集资金,而外部融资首先是债务融资,然后才是股权融资。① 而根据信号理论可知,投资者会认为公司经理人对于企业内部的信息更为了解,因此当上市公司发行股票融资时,会被投资者认为是公司的股价被高估,而发行债券或使用内部资金则会被认为是公司股价高于真实价值的信号,投资者会根据发行公司的融资方式来调整自己对于公司价值的判断,因此会出现的情况是,公司发行股票会导致股价下跌,下跌幅度与发行规模无关。

5. 信号假说

信号假说理论主要包括现金流信号假说与信息传递假说。现金流信号假说由 Mllier 和 Rock(1985)提出,该理论假设公司的融资策略是不变的,公司发行证券融资是因为有投资支出和预期净现金流减少等情况发生,而投资支出和预期净现金流减少一般是公开信息,如果公司在发行证券时没有投资支出的发生,投资者就会认为公司发行证券是为了弥补预期现金流的减少,从而导致股价下跌。所以该理论认为上市公司只要是进行非预期的外部融资,就会被认为是传递现金流不足的消极信号,从而导致股价下跌。

信息传递假说由 Leland 和 Pyle(1977)提出,该理论认为,只有向市场释放有利信息,其外部融资方式才能得到市场认可,从而对其股价产生正效应或者将负效应降至最小。并且由于外部投资者认为股东和经营者比投资者更了解公司信息,因此当增发股票时,如果现有的股东不增持股票,导致其持股比例下降,投资者就认为股东对公司的前景不具有信心,将会导致投资者对公司股价的期望降低,导致股票价格下降,即股东持股比例的下降将会对股价产生负效应。

6. 代理理论模型

该模型由 Jensen 和 Meckling(1976)研究得出,他们认为公司经理人持股有利于减少其代理成本,解决了公司经理人因为谋求自身利益而损害股东财富的问题。但是在公司经理人持股的前提下,增发股票会降低公司经理人的持股比例,致使其承担股权稀释带来的股价下跌。增发股票同时也会降低公司的负债比例,公司的盈余资金增多,而债权人的监督地位就会被削弱,公司经理人滥用资金的概率就会变大。由股权融资带来的代理成本上升,将会抵消股价下跌带来的损失,由于股权融资带来的代理成本高,所以公司经理人倾向于股权融资。而对于发行债券的代理成本问题,Datta(2000)认为公司

---

① 转引自陈晓莉,樊庆红.香港人民币债券发行的公告效应及其影响因素分析[J].国际金融研究,2012(4).

外部融资如果采用银行贷款会提高对上市公司的监管力度,从而减少代理成本,而如果通过发行债券进行融资,则会增加企业的代理成本,同样会导致公司股价变动。所以投资者会根据公司经理人选择的外部融资方式来判断公司的外部融资所带来的代理成本,从而对股价产生影响。

7. 自由现金流假说

自由现金流假说由 Jensen(1986)提出,他认为公司经理人通常会有利用自由现金流谋取自身利益的倾向,因此公司经理人不会将自由现金流用于股利分配,导致股东利益受损。增发股票会使公司的现金流增加,原因是股权融资规模的增大,会使公司的财务杠杆下降,负债率下降,公司的现金流增加。这使得公司经理人滥用现金流的概率增加,产生代理成本,上市公司发行股票会导致股价下跌,且下跌幅度与代理成本成正相关。发行公司债券因为有着还本付息的限制,会对公司经营者的行为产生约束,所以代理成本较低,因此发行债券对于股价一般不会产生显著的负效应,甚至会出现正效应。

(二)可转债发行对于股价影响的实证研究成果

国内外学者对于可转债发行对股价的影响是基于对不同发行市场的可转债的实证研究,由于各国证券市场存在差异,所以得到了不同的研究结果。

1. 英美市场

目前西方学者对于发行可转债对于股价的影响分析得出的结果差异性较强,造成差异的原因是选择的样本存在较大差异,样本研究的窗口期也存在不同,最终导致了结果的不同。

Smith(1986)通过研究发现,发行可转债会导致公司股价下降,但下降的幅度介于股权融资和债务融资导致的股价下跌幅度之间。

Mikkelson 和 Partch(1986)的研究发现,上市公司发布可转债公告会导致公司股价显著下降,他们观察到投资者认为上市公司只有在股价超过实际价值时才发行股票或具有股权性质的可转债,因此导致股价下跌。

Abhyankar 和 Dunning(1999)以在英国伦敦交易所发行的可转换债券和可转换优先股的财富效应作为研究内容,经过筛选之后,选取了 1982 年至 1996 年发行的累计共 237 个清洁样本,计算公告日窗口期内的累计平均超额收益率的变化,最后得出发行可转债对股东财富产生显著负效应。

Arshanapalli(2004)等学者以美国可转债发行对市场影响为研究内容,以 1993 年 1 月至 2001 年 12 月之间发行的 229 只可转债为研究对象,研究得出可转债的发行对发行公司股价产生显著为负的公告效应。

2. 日本市场

Kang 和 Stulz(1996)通过对 1985 年 1 月至 1991 年 3 月发行的 875 只日本证券进行研究后发现,可转债的发行会引起公司股价产生 1.05% 的超额收益率,但同时他们也发现,发行股票会引起公司股价产生 0.45% 的超额收益率,即发行股票和可转债都会产生正的股价效应。

3. 荷兰市场

De Roon 和 Veld(1998)通过研究 1976 年 1 月至 1996 年 12 月在阿姆斯特丹交易所上市的公司所发行的 47 只可转债发现,可转债发行使公司股价产生 0.23% 的平均超额收益率,但是并不显著。①

4. 中国市场

目前国内学者对于可转债发行的股价效应的研究,由于采集的样本数据和研究视角不同,导致研究得到的公告效应有正负两个结果。

(1) 负公告效应。刘娥平(2005)通过对 2001 年 4 月至 2003 年 2 月首次发行成功可转债的 88 家上市公司的研究发现,发行可转债具有显著的负的公告效应,但低于增发股票所带来的负的公告效应。宋晓梅(2009)通过研究发现,随着我国股权分置改革的进行,控股股东和中小股东之间的矛盾得到了缓解,大股东通过发行可转债来进行财富转移的行为也在一定程度上得到了遏制,因此发行可转债虽然会带来负效应,但这种效应在逐渐减少。张雪芳(2008)的研究表明,由于我国的上市公司一般在公布发行可转债的同时会发布利好消息,所以虽然可转债发行具有负的股价效应,但会因此而被减弱。从宋晓梅和张雪芳的研究结果中可以看出,目前国内可转债发行的股价效应,与发行公司基本面信息的变动具有很大的关联性。唐弢、苑倩(2009)通过对 2000 年至 2009 年公布过可转债发行议案的上市公司研究后发现,可转债发行议案对股价产生了显著的负影响,原因是样本公司的流通股比例远低于非流通股比例,可转债的转股将会导致流通股利益受损,所以形成了市场排斥反应,导致股价下跌。杨伟(2010)通过对 2001 年 4 月至 2009 年 6 月成功发行可转债的上市公司研究后发现,可转债发行议案的公告会对公司股价产生负效应,并且从股权分置改革以前的样本来看,可转债发行的负公告效应更显著。

---

① 转引自陈晓莉,樊庆红.香港人民币债券发行的公告效应及其影响因素分析[J].国际金融研究,2012(4):42-53.

（2）正的公告效应。王慧煜、夏新平(2004)通过对1992年至2003年成功发行过可转债的上市公司研究后发现,可转债发行具有显著的正公告效应,他们认为这是由于发行可转债的公司基本面良好,所以吸引到了投资者。刘成彦等(2005)通过对在2001年4月至2003年12月发行可转债的27家A股上市公司进行研究后发现,发行可转债为公司带来正的股价效应。付雷鸣等(2011)通过比较2007年至2011年股权融资、债券融资和可转债融资对发行公司股价的影响之后,得出可转债公告前的累计平均收益率显著为正,公告后显著为负,但总体为正,且可转债融资带来的公告效应大于股权融资和债券融资。

5. 实证结果总结分析

从以上学者对于不同国家证券市场可转债发行的公告效应的研究结果可以看出,不同国家的公告效应存在着巨大差别,本章将对这种差异性进行分析。

（1）日本市场与英美市场。日本市场与英美市场的可转债的公告效应成相反的方向变动。造成这种差别的原因是,日本的经理人与英美经理人的目标存在差异,英美两国的经理人普遍将最大化股东利益作为融资目标,即如果经理人发现股价被高估,那么他们就有动机去实施零或负净现值的项目,如发行股票或债券,而股东就可以在这种财富转移中获益；而日本的经理人则通常以公司价值最大化为融资目标,发行可转债的目的是为了提高公司整体价值,所以造成了发行可转债的公告效应存在差异。

（2）荷兰市场与英美市场。荷兰市场与英美市场可转债的公告效应的波动方向也不一致,造成公告效应差异的是,荷兰的公司治理结构与英美两国存在着一定差异,荷兰的公司通常由大型银行机构控制,因此荷兰公司发行可转债通常的目的是实现公司价值最大化,并且在发行可转债时,通常会伴随着发行可转债公司的利好消息的发布,所以产生了正的公告效应。

（3）中国市场与英美市场。中国市场与英美市场可转债的公告效应的波动方向并不一致,造成这种差异的原因是股本结构的差异。由于英美国家的公司股本结构较为分散,而国内对于可转债公告效应的研究采用的样本数据基本分布在股权分置改革进行之前,所以股权结构非常集中,因此中国上市公司的经理人在发行可转债时首要考虑的是大股东的利益,尤其是国有股和国有法人股的利益,经理人并不一定在股价高估的时候发行可转债,所以产生了与英美市场可转债发行不同的公告效应。

(三) 可转债发行的公告效应的影响因素

国内外学者对于可转债的公告效应的影响因素的研究，主要是基于各因素对可转债发行公告引发的股价变动的影响机制进行研究，选取的被解释变量为累计超额收益率，用回归分析法建立模型，从而找到影响因素。这些因素通常包含可转债的条款设计因素以及发行公司的基本面因素，而经过不断修正，目前可总结为以下几个因素。

1. 负债比例

Mikkelson(1984)认为如果可转债的发行显著提高了发债公司的负债比例，那么发债公司股票的超额收益率会从负值提高到 0 左右，即负债比例与超额收益率成正相关。而 Abhyankar 和 Dunning(1999)的研究表明，负债比例和超额累积收益率成正相关关系，但这种关系并不显著。对于负债比例与超额收益率之间的正相关关系，Stein(1992)的解释是，高负债比例的公司发行可转债向市场传递的是未来公司价值提升的信号。而刘娥平(2005)的研究成果与 Abhyankar 和 Dunning(1999)的研究结果相反，她认为中国上市公司偏好股权融资，而根据我国的政策规定，负债比例过低的公司申请发行股票再融资得到批准的可能性非常低，而如果负债比例较高，从改善公司资本结构的角度来说，应该选择股权融资，但是如果选择了发行可转债融资，投资者就会认为公司是因为不符合股权融资的审核标准而选择发行可转债，因为我国的法律对于发行可转债的审核标准低于发行股票，因此负债比例越高，负效应就会越明显。

2. 发行规模

Barclay 和 Litzenberger(1988)在价格压力假说的基础上发现新证券的发行会导致股价的永久性下降，并且下降幅度与新证券的发行规模成正相关。Gosselin(2003)通过对可转债发行规模和股票超额收益率的研究发现，发行规模与超额收益率呈显著的负相关关系，他的解释是可转债转股会冲击发债公司的股本结构，从而引发股价变动。

3. 公司价值

Abhyankar 和 Dunning(1999)通过回归研究发现，超额收益率和公司价值正相关，但并不显著。Gosselin(2003)的研究也证实了这一点，并且他认为公司价值越高，股价的稳定性越高，可转债转股面临的风险越低，因此呈现了正相关关系。而针对中国的可转债市场，张雪芳(2008)的研究发现，基本面越好的公司，投资者对公司未来的业绩增长期望越高，可转债发行越会产生显著的正的股价效应。罗毅等(2006)通过对2001年至2004上市的可转债进行研究后认为公司价值和规模越大,超额收益率越高,因为公司规模越大,其还本付息的能力就越强,投资者对于其期望越高,从而引发股价上升。

4. 公司成长性

Green(1984)的研究证明,可转债公告事件窗口的累计超额收益率和公司的成长性存在一定关系。Kim(1990)的研究认为,发行公司的成长性与股票的累计超额收益率呈显著的正相关关系。但Abhyankar和Dunning(1999)将公司成长性与超额收益率进行回归分析后发现两者虽然成正相关关系,但并不显著。

5. 股权结构

De Roon和Veld(1998)通过研究荷兰的股权结构发现,股权集中度高的国家,经理人在发行可转债时通常会考虑大股东的利益,因此会带来股价正效应,而股权结构分散,如英美国家的股权结构,发行可转债则会带来负的股价效应。

6. 募集资金的应用

Dann、Mikkelson(1984)和Eckbo(1986)通过实证研究发现,可转换债券的发行对股价的影响与募集资金的用途无关。但Davidson(1995)发现可转债的发行对股价的波动与募集资金的用途有关,如果筹集资金的用途是为了投资新项目增加资产,那么发行可转债会有正的股价效应。

(四)文献评述与思考

由以上文献可知,由于国外可转债市场发展较为成熟,我国的可转债市场虽然发展很快,但毕竟起步较晚,因此目前有关可转债市场的研究理论基本都来自国外学者的研究成果,国内学者的研究成果相对较少。因此本章在借鉴国外可转债发行的公告效应的基础上,建立模型展开研究,同时将国内学者对于我国可转债发行的公告效应纳入对比研究,从而丰富研究成果。

国内外学者的研究成果对于我们的研究有着重要的铺垫作用,但是也存在着一些不足。首先是大量学者并没有将样本区分为清洁样本和非清洁样本,即没有剔除窗口期上市公司公布重大事项对于公告效应的影响,因此研究成果不够准确完善。另外国内外学者主要选择将募集公告日作为事件研究时间点,而本章将上市公司拟发行可转债公告日纳入研究范围,使研究更具有连续性。国内学者对于我国可转债发行的公告效应的研究采用的研究样本发行日期大部分在2005年以前,还有一部分样本分布在2005年至2008

年之间,而我们的研究样本的发行日期为 2008 年至 2011 年,使得关于可转债发行的公告效应的研究具有连续性。另外,2008 年以后我国的股权分置改革已经进入一个新的阶段,因此我们将发行公司的股本结构作为公告效应的影响因素之一,目的是能够与已有的研究成果展开对比,从而考察股权分置改革对于我国资本市场的影响。

三、可转债发行公告对于基础股票价格的影响

（一）样本筛选和数据筛选

本章选取了 2008 年至 2011 年间成功在上海证券交易所和深圳证券交易所发行可转债的 A 股上市公司作为研究样本,并且这些样本公司必须满足在发行公告期间有交易数据,符合条件的共有 28 家上市企业。但是由于金融行业和非金融行业的上市公司的资本机构存在较大差异,可比性较低,并且在 28 个样本中,非金融行业上市公司较多,因此剔除了中国银行和中国工商银行,最终得到 26 个样本。

本章研究过程中所采用的研究数据,主要来自以下几个渠道:可转债发行公司的基本面数据来源于其公开发布的季报、半年报和年报;发行公司的股票价格、上证指数及深成指数均来自上海证券交易所及深圳证券交易所数据系统的公开数据;可转债的条款信息主要来自上市公司公开发行的可转债董事会拟发行公告以及募集说明书。

（二）样本数据描述性统计

1. 时间分布

我们统一截取了可转债发行公告日来考察样本的时间分布,选取了在 2008 年至 2011 年间发行可转债的上市公司作为研究样本。2008 年至 2011 年是我国可转债市场的高速发展时期,从表 9.1 可以看出样本组合中 2011 年发行可转债的上市公司数量最多,为 9 家。

表 9.1　时间分布

发行时间	2008	2009	2010	2011
发行公司数量	5	6	6	9

数据来源:和讯网 http://www.hexun.com/。

2. 发行规模

可转债发行规模在 5 亿元至 10 亿元之间的上市公司样本数量最多,发

行在50亿元以上的有4个样本,所有样本的平均发行金额是23.24亿元(见表9.2)。

表9.2 发行规模

发行时间	2008	2009	2010	2011
发行总规模(亿元)	77.2	46.61	67.3	413.2

数据来源:和讯网 http://www.hexun.com/。

3. 行业特征

样本组合中分布在制造业的上市公司数量最多,而在发行规模上,能源类公司所占比重最大,无论是在样本数量上还是在发行规模上,交通运输业和销售业所占的比重都较小。原因除了可以归结为制造类企业和能源类(石油加工以及电力供应)企业通常规模较大,发行申请容易通过审核外,也可以看出这类企业的融资需求比较高(见表9.3)。

表9.3 行业特征

发行时间	制造业	能源业	交通运输业	其他
发行总规模(亿元)	168	340	66.7	29.61
发行数量	16	4	3	3

数据来源:和讯网 http://www.hexun.com/。

(三) 实证方法

本章采取事件研究法来研究可转债的公告效应。事件研究法一般运用于研究上市公司的财富效应,事件研究法在实际应用中是通过研究某一事件的发生是否影响了时序性股票价格数据,从而检验事件对于市场的影响机制。本章通过研究可转债发行公告窗口期内的累计超额收益率来研究市场对该事件的反应,从而确认上市公司可转债发行信息的股价效应。

1. 日收益率的计算方法

计算收益率的方法主要有百分比法和对数收益率法,由于本章计算日收益率主要应用的是临近两日的股票收盘价,而一般情况下,临近两日的股票收盘价差异通常较小,因此用百分比法计算出来的日收益率在统计学上并没有对数法计算出来的日收益率显著,故我们采取了对数法代替百分比法。另外如果发生了股票分割、除息、除权以及配股的情况,本章会对计算公司进行相对的调整。

百分比法的日收益率计算公式:

$$R_t = \frac{P_t - P_{t-1}}{P_t}$$

对数法的日收益率计算公式：

$$R_t = \ln(P_t) - \ln(P_{t-1})$$

其中 R_t 为公司第 t 天的日收益率，P_t 为公司第 t 天的股票收盘价，P_{t-1} 为公司第 $t-1$ 天的股票收盘价。

2. 超额收益率计算方法

计算上市公司股票的超额收益率的方法有四种，分别是原始收益率法、均值调整法、市场模型法以及市场模型调整法，其中后三种方法是在原始收益率法基础上进行的修正和调整。

（1）原始收益率法。该方法认为股票的每日超额收益率等于当日的日收益率，该模型的缺点是忽略了证券市场对于单只股票的影响，因此一般作为其他模型方法的参考。应用该方法得出的超额收益率计算公式为：

$$AR_t = R_t$$
$$R_t = \ln(P_t) - \ln(P_{t-1})$$

其中 AR_t 为公司第 t 天的超额收益率。

（2）均值调整法。均值调整法所计算出来的超额收益率是日收益率与窗口期内的平均日收益率的差值，该方法的优点是能够消除股票正常收益率的影响。

$$AR_t = R_t - \overline{R_t}$$
$$\overline{R_t} = \frac{\sum R_t}{N}$$

其中 $\overline{R_t}$ 为公司窗口内的平均日收益率。

（3）市场模型法。该模型的计算基础是资本资产定价模型，是对窗口期公司股票的日收益率与市场收益率进行回归，根据得出的市场模型系数，运用市场模型得出窗口期的超额收益率。

$$AR_t = R_t - \alpha - \beta Rm_t$$

其中 Rm_t 是第 t 天市场的日收益率，系数 α 和 β 是市场模型参数。

这一方法在现实生活中应用非常广泛，因为它在最大程度上消除了公司的正常收益率和整个市场的收益率对于单个标的股票的影响，但该模型的缺点是 β 系数的波动性受窗口期的大小影响程度较大，因此本章并未采用这一方法，只是作为参考。

（4）市场模型调整法。该模型计算出来的超额收益率是用公司股票的日收益率减去股票市场的日收益率,该模型能够消除股票市场收益率对单只股票超常收益率的影响,本章采用的正是这一模型。

$$AR_t = R_t - Rm_t$$

$$Rm_t = \frac{Pm_t - Pm_{t-1}}{Pm_t}$$

其中 Rm_t 是第 t 天股票市场的日收益率,Pm_t 是第 t 天股票市场的收盘价,一般为上证指数或深成指数。

3. 平均超额收益率的计算公式

$$AAR_t = \frac{1}{N}\sum AR_t$$

其中 AAR_t 为总体样本组合在 t 日的平均超额收益率。

4. 总体样本组合的累计平均超额收益率的计算公式

$$CAR(-j,k) = \sum AAR_t$$

其中 $CAR(-j,k)$ 是总体样本组合在 $(-j,k)$ 窗口期内的累计超额收益率。

5. 显著性概率检验方法

(1) 对于 AAR 的检验。对某一交易日所有样本的平均超额收益率进行单样本 T 检验,验证每个交易日的 AAR 是否显著异于 0。

假设 $H0: AAR_t = 0, H1: AAR_t \neq 1$。

单样本 T 检验的计算公式如下:

$$T = \frac{AAR_t \sqrt{N}}{S(AARt)}$$

(2) 对于 CAR 的检验。对某一交易日所有样本的累计平均超额收益率进行单样本 T 检验,验证每个交易日的 CAR 是否显著异于 0。

假设 $H0: CAR_t = 0, H1: CAR_t \neq 0$。

单样本 T 检验的计算公式如下:

$$T = \frac{CARt \sqrt{N}}{S(CARt)}$$

本章对于 CAR 和 AAR 两个统计量分别在 1%、5% 和 10% 的显著性水平上进行单样本 T 检验,如果检验的结果拒绝了原假设,那么就说明可转债的发行公告确实对基础股票产生了冲击,否则就说明可转债发行的公告效应是几乎不存在的。

(四) 可转换债券发行公告对于公司股价的影响研究

本章将上市公司发布董事会拟发行可转债公告日和可转债募集说明书公告日作为研究可转债发行公告的股价效应的关键事件发生节点,因为董事会拟发行可转债公告是首次向市场发布可转债的信息,而募集说明书则是向市场传递已经确定的可转债发行信息,因此这两个公告日对于研究可转债发行的公告效应具有重要意义。

1. 董事会拟发行可转债公告效应研究(全样本研究)

本章对董事会拟发行可转债公告日前后各 10 个交易日的样本平均超额收益率进行了单样本 T 检验,验证其是否显著异于 0,具体结果见表 9.4。

表 9.4 样本组合 AAR 检验结果

交易日	平均超额收益率 AAR	统计量 T 值	显著性 P 值	累计平均超额收益率 CAR(-10,i)
-10	9.372 3%	0.951	0.350	9.372 3%
-9	-9.119 5%	-0.967	0.343	0.252 8%
-8	0.120 3%	0.009	0.993	0.373 1%
-7	-0.757 8%	-1.793	0.085***	-0.384 8%
-6	0.148 4%	0.096	0.925	-0.236 3%
-5	-0.425 8%	-1.311	0.202	-0.662 1%
-4	0.714 1%	1.238	0.227	0.052 0%
-3	0.500 4%	0.799	0.432	1.214 5%
-2	0.656 4%	0.960	0.346	1.208 8%
-1	-0.806 0%	-1.716	0.111	0.402 8%
0	0.630 3%	0.519	0.609	1.033 0%
+1	-8.091 2%	-0.921	0.366	-7.058 2%
+2	9.465 1%	1.016	0.319	2.406 9%
+3	-0.224 5%	-1.119	0.274	2.182 4%
+4	-0.097 4%	-0.413	0.683	2.085 0%
+5	0.118 9%	0.013	0.990	2.203 9%
+6	0.109 1%	-0.014	0.989	2.313 0%
+7	0.434 4%	0.548	0.588	2.747 4%

续表

交易日	平均超额收益率 AAR	统计量 T 值	显著性 P 值	累计平均超额收益率 CAR(-10,i)
+8	0.589 5%	0.611	0.547	3.336 9%
+9	-1.590 3%	-2.494	0.020**	1.746 6%
+10	0.642 6%	0.680	0.503	2.389 2%

注:本章中以 * 代表在 0.01 的水平下显著,** 代表在 0.05 的水平下显著,*** 代表在 0.1 的水平下显著,下文同。

表 9.5 样本组合 CAR 检验结果

CAR(-j,k)	平均值	标准差	T 值	显著性 P 值
(-1,0)	-0.001 8	0.058 3	-2.242	0.341
(-1,+1)	-0.082 7	0.423 2	-1.284	0.211
(0,+1)	-0.074 6	0.421 5	1.707	0.245
(-5,0)	0.012 7	0.051 1	-1.118	0.274
(-5,+5)	0.024 4	0.075 9	0.034	0.973
(0,+5)	0.018 0	0.085 2	-0.352	0.728
(0,-10)	0.010 3	0.051 9	-1.332	0.195
(-10,+10)	0.023 9	0.106 1	0	1
(0,+10)	0.019 9	0.107 1	-0.192	0.850

从表 9.4 和表 9.5 可以看出,董事会拟发行可转债公告对于股票市场的影响总体上来看并不显著,但不可忽视的是在以公告日为基准的前后 21 个时间点中,-10 日、-9 日、+1 日、+2 日的平均超额收益率在统计学上显著异于 0,但 -10 日与 -9 日的公告效应方向相反,+1 日与 +2 日的公告效应方向相反。造成这种现象的原因是投资者因上市公司发行可转债而做出的投资判断并不理性,投资策略波动性过大。这些在统计学上显著异于 0 的平均超额收益率,单样本 T 检验的结果并不显著的原因,我们认为可能是由于各样本发布拟发行可转债公告时面对的经济形势不同,部分样本公司在发布拟发行可转债公告的同时也发布了企业的年报、半年报或季报,因此多重影响因素相互抵消,从而影响了总体样本的 T 检验结果,所以可转债拟发行公告虽然对于股价产生了影响,但是影响方向难以判断。

2. 董事会拟发行可转债公告效应研究(清洁样本研究)

上市公司在发布董事会拟发行可转债公告的同时,通常会发布影响公司股价的重大事项,这些重大事项包括发布企业年报、半年报或季报,这些报告会反映出公司业绩出现的环比增长或下降,从而影响可转债发行信息对基础股票股价的公告效应。本章根据公告日当天发行公司是否发生发布财务报告、担保、关联交易以及股利分配公告这些影响股价的情况,而将所有样本划分为清洁样本和非清洁样本两组,对公告效应进行研究,其中清洁样本组有9个样本,非清洁样本组有17个样本(见表9.6)。

表9.6 清洁样本组和非清洁样本组样本分布情况

	清洁样本组	非清洁样本组
公司名称	五洲交通、博汇纸业、双良节能、四川美丰、国投电力、中鼎股份、川投能源、国电电力、中海发展	海马汽车、南山铝业、柳工、新钢股份、厦工股份、大西洋、浙江龙盛、安泰科技、王府井、铜陵有色、塔牌集团、燕京啤酒、歌华在线、宁波海运、中国石化、深圳机场、巨轮股份

注:以上公司的名称为发行公司在上海证券交易所和深圳证券交易所的挂牌名称。

表9.7 清洁/非清洁样本组累计平均超额收益率

时间窗口 ($-j,k$)	清洁样本组			非清洁样本组			独立样本 t 检验 P 值
	CAR($-j,k$)	T 值	P 值	CAR($-j,k$)	T 值	P 值	
($-1,0$)	0.012 3	-0.970	0.361	$-0.009\ 2$	-2.033^{***}	0.059	0.382
($-1,1$)	0.022 5	-0.105	0.919	$-0.138\ 3$	-1.288	0.216	0.367
($0,+1$)	0.017 0	-0.501	0.630	$-0.123\ 1$	-1.168	0.260	0.431
($-5,0$)	0.017 7	-0.381	0.713	0.010 0	-1.066	0.302	0.723
($-5,5$)	0.030 3	0.434	0.676	0.021 3	-0.121	0.905	0.779
($0,+5$)	0.019 4	-0.425	0.682	0.017 3	-0.263	0.796	0.937
($-10,0$)	0.016 9	-0.350	0.735	0.006 8	-1.439	0.169	0.647
($-10,10$)	0.042 1	0.773	0.462	0.014 2	-0.327	0.748	0.535
($0,+10$)	0.032 0	0.403	0.698	0.013 4	-0.342	0.737	0.682

由表9.7可知,清洁样本与非清洁样本的累计平均超额收益率并没有显著性的差异,进一步证明拟发行可转债对公司股价的影响方向难以判断。

对比两组累计平均超额收益率可以发现,清洁样本组的累计平均超额收益率均为正值,并且全部大于非清洁样本组的累计平均超额收益率。究其原因是投资者对于业绩报告中的财务指标有着不同解读,而投资者对于财务指标的反馈将会影响发行公司股价,所以业绩报告不一定会正面影响股价,对于财务指标对股价的影响本章将会在第四部分展开分析。清洁样本组的累计平均超额收益率全部为正值,但并不显著,由此可以进一步确定,董事会拟发行可转债公告对于股价的影响虽然整体上并不显著,但还是可以看出,可转债拟发行公告实际上对于发行公司的股价产生了一定的正效应。

3. 董事会拟发行可转债公告效应研究(不同年份分组研究)

为了检验股票市场对于可转债拟发行公告的反应程度,并研究经济形势对于公告效应的影响,本章对样本组合根据董事会拟发行可转债的公告年份进行了分组,并选择了短期窗口($-1, +1$)和长期窗口($-10, +10$)进行研究。本章将董事会拟发行可转债公告的年份作为分组依据,将所有样本组合分为五组。通过对五组的比较可以发现,各年度之间无论是长期窗口还是短期窗口,累计平均超额收益率并没有比较一致的变化方向。为了能够进一步了解造成各年度累计平均超额收益率的变化不一致的原因,本章对年度数据做了单因素方差分析(见表9.8)。

表9.8 不同公告年份累计平均超额收益率

年份	样本数量	($-1, +1$)		($-10, +10$)	
		CAR	P值	CAR	P值
2007	4	-0.509 2	0.400	0.137 3	0.147
2008	2	-0.030 4	0.478	-0.138 3***	0.059
2009	11	0.006 1	0.481	0.035 8	0.719
2010	7	0.011 2	0.413	-0.011 8***	0.073
2011	2	0.007 4	0.757	0.018 5	0.773

(1)对各年度样本数据在时间窗口($-1, +1$)内的累计超额收益率进行单因素方差分析,设原假设为:各年份间累计平均超额收益率不存在显著性差异。分析结果如表9.9所示。

表9.9 方差一致性检验结果 CAR($-1, +1$)

Levene Statistic	df1	df2	Sig.
11.823	4	21	0.000

由表9.9可知,Levene统计量的值为11.823,其显著性概率小于0.05,说明各组的方差不具备齐次性,所以本章采取非参数检验的方法进行检验,具体采用的是Kruskal-Wallis检验方法。检验结果如表9.10所示。

表 9.10　秩 CAR(-1, +1)

	公告年份	N	Mean Rank
CAR	2007	4	14.25
	2008	2	10.50
	2009	11	12.64
	2010	7	15.00
	2011	2	14.50
	Total	26	

表 9.11　检验统计量 CAR(-1, +1)

	CAR
Chi-Square	0.790
df	4
Asymp. Sig.	0.940

从表 9.11 可以看出，由于渐进显著性(Asymp. Sig.)为 0.940，大于 0.1，所以接受原假设，即各年度样本组之间的累计平均超额收益率并不存在显著性差异。

(2) 本章还对样本数据在时间窗口(-10, +10)内的累计超额收益率进行单因素方差分析，分析结果如表 9.12 所示。

表 9.12　方差一致性检验结果 CAR(-10, +10)

Levene Statistic	df1	df2	Sig.
2.390	4	21	0.083

Levene 的检验值为 2.390，显著值为 0.083，大于 0.05，说明各组的方差在 0.05 的显著水平上没有显著性差异，即方差具有齐次性，因此属于方差齐次性的方差分析问题。接着分析各年份样本组间的差异是否存在显著性，原假设为各年份间累计平均超额收益率不存在显著性差异(见表 9.13)。

表 9.13 单因素方差分析结果 CAR(-10,+10)

			Sum of Squares	df	Mean Square	F	Sig.
Between Groups	(Combined)		0.115	4	0.29	3.607	0.022
	Linear Term	Unweighted	0.003	1	0.003	0.426	0.521
		Weighted	0.022	1	0.022	2.785	0.110
		Deviation	0.092	3	0.031	3.880	0.024
Within Groups			0.167	21	0.008		
Total			0.281	25			

由表 9.13 可知,由于 F 检验的 sig 值为 0.022,小于 0.05,所以拒绝原假设,即各公告年份样本组间在窗口期(-10,+10)内累计平均超额收益率存在着显著性差异。进一步做 LSD(最小显著性检验法)分析,多重线性比较结果可以发现,公告年份为 2008 年的样本组合的累计平均超额收益率与 2007 年和 2009 年存在着显著性的区别;公告年份为 2007 年的样本组合的累计平均超额收益率与 2008 年和 2010 年存在着显著性的区别;其余年份之间累计平均超额收益率并没有显著性的差异(见表 9.14)。

表 9.14 多重比较结果 CAR(-10,+10)

	(I)公告年份	(J)公告年份	Mean Difference (I-J)	Std. Error	Sig.	95% Confidence Interval	
						Lower Bound	Upper Bound
LSD	2007	2008	0.275 56	0.077 17	0.002	0.115 1	0.436 0
		2009	0.101 49	0.052 03	0.065	-0.006 7	0.209 7
		2010	0.149 04	0.055 85	0.014	0.032 9	0.265 2
		2011	0.118 75	0.077 17	0.139	-0.041 7	0.279 2
	2008	2007	-0.275 56	0.077 17	0.002	-0.436 0	-0.115 1
		2009	-0.174 07	0.068 49	0.019	-0.316 5	-0.031 6
		2010	-0.126 52	0.071 44	0.091	-0.275 1	0.022 1
		2011	-0.156 81	0.089 10	0.093	-0.342 1	0.028 5
	2009	2007	-0.101 49	0.052 03	0.065	-0.209 7	0.006 7
		2008	0.174 07	0.068 49	0.019	0.031 6	0.316 5
		2010	0.047 55	0.043 08	0.282	-0.042 0	0.137 1
		2011	0.017 26	0.068 49	0.803	-0.125 2	0.159 7

续表

	(I)公告年份	(J)公告年份	Mean Difference (I-J)	Std. Error	Sig.	95% Confidence Interval	
						Lower Bound	Upper Bound
LSD	2010	2007	-0.149 04	0.055 85	0.014	-0.265 2	-0.032 9
		2008	0.126 52	0.071 4	0.091	-0.022 1	0.275 1
		2009	-0.047 55	0.043 08	0.282	-0.137 1	0.042 0
		2011	-0.030 29	0.071 44	0.676	-0.178 9	0.118 3
	2011	2007	-0.118 75	0.077 17	0.139	-0.279 2	0.041 7
		2008	0.156 81	0.089 10	0.093	-0.028 5	0.342 1
		2009	-0.017 26	0.068 49	0.803	-0.159 7	0.125 2
		2010	0.030 29	0.071 44	0.676	-0.118 3	0.178 9

总结以上的分析结果可知,在短期窗口内,各年度样本组合之间的拟发行可转债公告对于发行公司股价的影响并没有显著性差异,在长期窗口内,各年度样本组合的拟发行可转债公告对于发行股价的影响存在显著性差异。本章认为各年度样本组合的 CAR 出现差异,更多的是受经济环境的影响。拟发行公告时间在 2008 年的样本组合的累计平均超额收益率出现了显著异于 0 的负值,并在 0.1 的水平上显著,且与经济环境较好的 2007 年和 2009 年的累计平均超额收益率存在显著性的差异就较好地说明了这一问题。

4. 可转债募集说明书公告效应研究(全样本研究)

由前文可知,拟发行可转债公告对于发行公司的股价影响从整体上来说并不显著,但根据清洁样本组累计超额收益率的变化可以看出,拟发行公告对于股价产生了一定的正效应。基于此,本章将对另一关键事件发生节点可转债募集说明书公告日的公告效应继续研究,从而确认可转债发行是否会影响公司股价,值得注意的是各样本均为清洁样本,即没有发行公司在可转债募集说明书公告日当天公布重大事项。本章对可转债募集说明书公告日前后各 10 个交易日的样本平均超额收益率进行了单样本 T 检验,验证其是否显著异于 0,具体结果如表 9.15 和表 9.16 所示。

表 9.15　样本组合 AAR 检验结果

交易日	平均超额收益率 AAR	统计量 T 值	显著性 P 值
-10	-0.158 5%	-0.096	0.924
-9	-0.030 0%	0.186	0.854
-8	-0.567 2%	-0.944	0.354
-7	0.009 0%	0.224	0.825
-6	-0.369 4%	-0.307	0.761
-5	0.565 3%	1.767***	0.090
-4	-0.110 5%	0.016	0.998
-3	0.466 9%	1.556	0.132
-2	0.031 0%	0.278	0.783
-1	0.140 8%	0.641	0.528
0	0.937 0%	1.774***	0.088
+1	-0.044 9%	0.176	0.862
+2	-1.328 9%	-2.011***	0.098
+3	-0.386 2%	-0.519	0.608
+4	0.324 9%	0.920	0.366
+5	-0.035 0%	0.174	0.863
+6	-0.713 4%	-1.070	0.295
+7	-0.641 6%	-1.839***	0.078
+8	0.545 1%	1.402	0.173
+9	0.356 7%	1.205	0.239
+10	-0.453 1%	-1.354	0.188

表 9.16　样本组合 CAR 检验结果

	平均值	标准差	T 值	显著性 P 值
(-1, 0)	0.010 8	0.035 20	5.128*	0.000
(-1, +1)	0.010 3	0.041 53	4.291*	0.000
(0, +1)	0.008 9	0.030 15	5.673*	0.000
(-5, 0)	0.020 3	0.066 84	3.427*	0.002
(-5, +5)	0.005 6	0.089 38	1.154	0.259
(0, +5)	-0.005 3	0.056 78	0.924	0.364

续表

	平均值	标准差	T值	显著性P值
(0, -10)	0.009 1	0.070 05	2.311**	0.029
(-10, +10)	-0.014 6	0.104 06	0.087	0.931
(0, +10)	-0.014 4	0.071 13	-1.650	0.775

由表9.15和表9.16可以看出,在可转债募集说明书公布的当日,发行公司股票的平均超额收益率为0.937%,显著异于0,且在0.1的水平上具有显著性。通过考察公告日短期窗口期内的累计平均超额收益率的变化可知,围绕公告日的短期窗口(-1,0)、(-1,+1)和(0,+1)的累计平均超额收益率均为正值,显著异于0,且在0.01的水平上显著,中期窗口(-5,0)的累计平均超额收益率也在0.01的水平上显著异于0,长期窗口(-10,0)累计平均超额收益率也在0.05的水平上显著异于0,因此可以说明募集说明书的发布对于发行公司的股价产生了显著的正效应。结合之前对于清洁样本的董事会拟发行可转债公告对股价的影响可以确认,可转债发行公告信息对于发行公司的股价确实产生了正效应,并且市场对于可转债发行公告的信息反映非常迅速。在募集说明书公告日的+1日,平均超额收益率出现了负值,证明募集说明书对股价的正效应在公告当日释放完毕,在公告日的+2日,平均超额收益率出现了显著异于0的负值,且在0.1的水平上显著,可以说明样本组合对募集说明书公告对股价带来的正效应,吸收得非常迅速。通过对累计平均超额收益率的观察可知,募集说明书对股价的正效应主要体现在公告日前的窗口期。发布可转债募集说明书会对基础股票价格产生正效应的原因如下:

(1)股权分置改革前,流通股股东属于中下股东,对于决策权的影响较小,上市公司经理人发行可转债主要是为了提高大股东的利益。可转债是股权和债权相结合的金融衍生品,通常被视为变相的股权融资工具,可转债转股后稀释股权,对股价产生一定的负面冲击,因为大股东通常为非流通股持有人,其持有的股票并不上市交易,所以不受冲击,大股东却能享受到发行可转债带来的公司价值提升的收益,因此在这种情况下,发行可转债会使投资者产生排斥反应,致使股价下跌。但是股权改革以后,流通股比例在上升,本章的样本组合的平均流通股比例为65.22%,已经超越了非流通股比例,因此发行可转债必须要兼顾流通股股东的利益,即发行可转债越来越注重提升的是公司的整体价值,使得投资者对于发行公司具有较高的期望,导致股价上升。

(2) 流通股股东的利益受到重视还表现在公司经理人通常会选择公司的超额收益率超过整个证券市场的超额收益率时公布发行公告,因为如果股价出现负面波动对流通股股东的损害最大。因此我们认为募集说明书公告日出现显著正效应的原因是公司经理人选择了公司超额收益率高于整个市场超额收益率的时机发布了公告,从而使得股价延续了正效应。

(3) 自2008年金融危机以来,我国股票市场受到重创,股价一直比较低迷,所以投资者对于可转债的投资更倾向其"债"性,所以导致上市公司发行可转债的债权融资倾向在提升。一般公司在进行股权融资时,会选择在公司股价被高估时发行证券,而债权融资的时机则并不一定是在股价被高估的时候,因此如果发行债券则向市场传递的是上市公司提升公司价值的决心。另外相比股权融资,债权融资具有节税的效果,相比一般公司债券,发行可转债支付的利息费用要小得多。综合以上几个方面来说,发行可转债支付的利息费用较低,且会向投资者传递公司价值提升的信号,所以引发股价上升。

(4) 发行可转债的上市公司通常为大型企业,企业信誉和公司实力良好,具有良好的发展前景,而可转债募集说明书一般会详细说明募集资金的用途。本章的样本组合中各样本的可转债募集资金用途主要是项目投资,没有将募集资金用于偿债的意向,所以投资者会认为可转债募集到的资金主要用于提高公司的价值,从而提高对于发行公司的期望,引发股价上升。

(5) 目前大多数发行公司原股东享有对于可转债100%的优先认购权,而根据我们的研究发现,26只可转债的发行公司股东都参与了可转债的认购。根据信号传递理论可知,内部人士对于公司的信息更为了解,而现有股东参与可转债的认购向外界传递的信号除了证明可转债具有投资价值外,还传递了可转债转股对现有股权结构的影响较小的信号,所以流通股股东的权益得到了保证,还享受到了可转债发行带来的公司价值提升,提升了对于上市公司的期望,带来了股价上升。

5. 可转债募集说明书公告效应研究(行业分组研究)

(1) 全样本研究。由于各样本公司的行业差异较大,因此为了度量行业因素对于可转债发行公告效应的影响,我们将各样本按照行业大类分为四组进行对比研究,同样考虑到可转债募集说明书的正效应主要表现在公告日前,因此选取的短期窗口为$(-1,0)$,长期窗口为$(-10,0)$。检测的结果显示,无论是在长期窗口还是在短期窗口,各行业之间的累计超额收益率并没有显著性差异,所以行业的差异对于可转换债券发行引起的股价效应并没有显著性影响。但还是可以发现交通运输业企业无论是在长期窗口还是在短期窗口,其累计超额收益率都高于其他行业,显示投资者对于交通运输业的上市公司期望更高,所以其可转换债券发行的正的公告效应高于其他行业上市公司(见表9.17)。

表9.17 不同行业累计平均超额收益率

年份	样本数量	(−1,0)		(−10,0)	
		CAR	P值	CAR	P值
制造业	16	0.011 9	0.897	−0.000 5	0.620
能源业	4	0.005 6	0.489	0.005 3	0.869
交通运输	3	0.036 0	0.462	0.047 8	0.339
其他	3	−0.013 6	0.467	0.027 4	0.768

(2)制造业企业研究。另外,对于经济环境对可转债公告效应的影响研究表明,制造业企业对经济环境的变动最为敏感,并且在本章的样本组合中,制造业上市公司数量最多,所以本章选取全样本组合中的制造业上市公司构建了新的样本组合,根据募集说明书公告年度分为四组。由上文和表9.18可知,短期窗口内各年度的累计平均超额收益率不存在显著性差异,而可转债发行的正的公告效应主要体现在公告日之前,所以本章选取的研究窗口是长期窗口(−10,0)。由表9.19可知,由于Levene值对应的显著性概率大于0.05,所以各组方差在0.05的水平上存在一致性,而根据表9.20的单因素方差检验结果可知,各组之间存在显著性的差异。所以应进行LSD分析(参考表9.21)。分析结果显示,2009年的样本组合与2010年的样本组合存在显著性差异,2011年的样本组合与2008年、2010年的样本组合的公告效应存在显著性的差异。虽然本章计算出来的超额收益率剔除了整个市场对于个股价格的影响,但是通过分析可知,整个经济环境的景气程度将会影响投资者对于可转债发行的反馈,进而影响了可转债发行的股价效应。

表9.18 不同公告年份累计平均超额收益率(制造业企业)

年份	样本数量	(-10,0)	
		CAR	P值
2008	4	-0.032 9	0.374
2009	5	0.042 8***	0.100
2010	5	-0.058 9	0.101
2011	2	0.101 8***	0.071

表9.19 方差一致性检验结果(制造业企业)

Levene Statistic	df1	df2	Sig.
0.542	3	12	0.662

表9.20 单因素方差分析结果(制造业企业)

	Sum of Squares	df	Mean Square	F	Sig.
Between Groups	0.052	3	0.017	5.839	0.011
Within Groups	0.035	12	0.003		
Total	0.087	15			

表9.21 多重比较结果(制造业企业)

	(I)公告年份	(J)公告年份	Mean Difference (I-J)	Std. Error	Sig.	95% Confidence Interval	
						Lower Bound	Upper Bound
LSD	2008	2009	-0.075 67	0.036 39	0.060	-0.155 0	0.003 6
		2010	0.025 97	0.036 39	0.489	-0.053 3	0.105 3
		2011	-0.134 73	0.046 98	0.014	-0.237 1	-0.032 4
	2009	2008	0.075 67	0.036 39	0.060	-0.003 6	0.155 0
		2010	0.101 64	0.034 31	0.012	0.026 9	0.176 4
		2011	-0.059 06	0.045 38	0.218	-0.157 9	0.039 8
	2010	2008	-0.025 97	0.036 39	0.489	-0.105 3	0.053 3
		2009	-0.101 64	0.034 31	0.012	-0.176 4	-0.026 9
		2011	-0.160 70	0.045 38	0.004	-0.259 6	-0.061 8
	2011	2008	0.134 73	0.046 98	0.014	0.032 4	0.237 1
		2009	0.059 06	0.045 38	0.218	-0.039 8	0.157 9
		2010	0.160 70	0.045 38	0.004	0.061 8	0.259 6

(3)发债时机与经济环境。通过前文分析可知,经济环境将会影响投资者对于可转债发行的反馈,最终影响到可转债发行的公告效应。2008年至2009年是市场由衰落走向复苏的时期,2010年至2011年也是经济由低转高的时期,因此人们对于上市公司发行可转债有了期待,认为在经济逐渐复苏的过程中,可转换债券转股后能够获得较高的股票价差收入,因此对于可转债发行有了较高的期待。经济过渡时期也是可转债最被认可的时期,人们对于证券市场恢复信心,可转债得以顺利发行。因此在经济由熊市转入牛市的时期,是可转债作为募集资金的渠道和投资工具最被认可的时期,因此上市公司应该选择这一时期作为发债时机,而投资者也应该选择这一时期作为投资可转债的时机,从而达到上市公司和投资者的双赢。我们认为正是由于近几年我国经济形势不断波动,导致具备股性和债性双重特点的可转债作为一种融资和投资方式越来越受欢迎。

四、发布可转债募集说明书对股票价格影响的成因分析实证模型

(一)确定解释变量和被解释变量

1. 被解释变量

本章选取事件研究法来实证研究上市公司发布可转债募集说明书对于股票价格的影响,选取的事件窗口期(-1, $+1$)为标准事件窗口期,在具体研究过程中,我们选取样本股票在窗口期的累积超额收益率作为被解释变量来构建模型,以此来实证分析影响可转债发行公告效应的因素及其影响机制。

2. 解释变量——发行公司基本面信息

(1)公司负债比例。负债比例即发行可转债上市公司的总负债除以总资产,我们采用的总资产和总负债的数据来源于样本公司距离发行信息公告日最近一次公布的财务数据。Stein(1992)认为发行可转债的公告效应与负债比例呈正比,他将负债比例的提高视为未来业绩提高的可靠信号,因为投资者认为高负债比例公司的经理人只有对公司未来前景乐观时才会发行可转债,并且由于发行可转债的利息费用低于一般公司债的利息费用,所以相对于发行一般公司债,发行可转债是一个非常理想的融资方式。因此本章假设发行公司的负债比例与累计平均超额收益率成正相关。

(2)发行公司的成长性。本章采用市场价值与账面价值之比来反映公

司的成长性,即以发行信息公告前一日标的股票的收盘价与最近一次财务报表所公布的公司每股净资产之比来表示,如果上市最近一次财务报表公布到可转债发行信息公告期间派发过股息,则每股净资产要进行除息。发行公司的成长性越高,则公司的未来发展潜力越大,因此本章假设公司的成长性与累计平均超额收益率成正相关。

(3)流通股比例。流通股比例本章采用上市公司发行公告上的无限制流通股股本与总股本之比。由于我国上市公司还存在着无限制流通股和有限制流通股,我们认为流通股比例的提高会提高流通股股东的决策权,保证了流通股股东的利益,并且流通股比例的提升,也会削弱可转债转股带来的对于流通股的稀释程度,所以削弱了流通股稀释可能带来的股价下降,因此本章假设发行公司的流通股比例与累计平均超额收益率成正相关。

(4)销售净利率。销售净利率反映的是发行公司现在的盈利能力,公司的盈利能力越高,投资者对于发行公司的未来发展就越有信心,因此本章假设发行公司的销售净利率与累计平均超额收益率成正相关。

3. 解释变量——可转债发行条款信息

(1)发行相对规模。发行规模是指上市公司发行可转债募集到的资金金额。相对规模是指发行规模与可转债发行公告前最近一次报表公布的公司总资产的比值。由于可转债具有股性和债性相结合的特点,因此可转债发行规模将会影响企业现在的偿债能力,在未来将会影响企业的股本结构。根据 Scholes(1972)价格压力假说可知,可转债的股价公告效应与发行规模存在一定比例关系,发行规模越大,发行可转债的上市公司股价下降得越多。Gosselin(2003)的研究结果也证明可转债的发行规模越大,对于公司股价的负效应就越大。发行规模越大意味着未来对股票的稀释作用越大,投资者的股票收益率也会受到负面影响。因此本章假设可转债的发行相对规模与累计平均超额收益率呈负相关。

(2)可转债存续期。可转债存续期指可转债的存在期限,本章选取的样本数据中,部分上市可转债在达到触发条件以后已经全部转股,并且已经摘牌,但本章选取的事件窗口期是在可转债的发行起始阶段,因此本章选取的样本数据的存在期限是以可转债募集说明书条款为准的。本章所选取的样本可转债期限为 5 年或 6 年,存续期非常接近,所以基于现有的数据很难判断存续期对于公告效应的影响程度,但是我们认为本章基于存续期的研究还是具有一定意义的,因为可转债是一种债券和买入看涨期权相结合的衍生金融产品,因此可转债的存续期间存在着还本付息的压力,对上市公司的偿债能力以及资产负债结构产生重要影响,而在存续期内实施转股则会对股价产生重大影响,因此本章假设可转债的存续期与累计平均超额收益率呈负相关。

(3) 转股概率。可转债属于股权和债权相结合的衍生金融债券,一般认为初始转股价格越接近于基础股票价格的可转债,越容易发生转股,继而对股票规模产生影响,冲击公司股价。所以本章假设转股概率与累计平均超额收益率呈负相关。本章采取的转股概率是募集说明书上的初始转股价与基础股票价格之比,其中基础股票价格选择的是公告日前1日基础股票的股价。

(4) 流通股稀释度。流通股稀释度即为可转债全部转股之后对于股东权益的稀释程度。流通股稀释度越小,可转债发行及其转股之后对于上市公司的股本结构冲击越小,对股价的负面作用也就越小。我国上市公司的股权分置改革正在分批进行中,因此大部分公司的股本分为有限制条件股票和无限制条件流通股票,本章所采用的流通股稀释度是可转债募集金额与发行公告前一日标的发行公司流通股市值。截止到募集说明书公告日,本章的研究样本中已经有6家上市企业完成全面股权分置改革,其中石化转债的发行公司中国石化的无限制条件流通股票由A股和H股构成,但考虑到石化转债转股以后转为A股,主要冲击中国石化的A股股票规模和股价,因此本章所有样本采用的流通股市值均为A股市值。本章假设流通股稀释度与累计平均超额收益率呈负相关。

(5) 票面利率。可转债的票面利率对于投资者来说,会影响其未来收入,对于发行人来说会影响其未来偿付能力,较高的利率会使投资者获取较高且稳定的收益,容易吸引投资者,但是较高的票面利率会对发行人产生压力,必然会增强发行人转股的意愿,因此票面利率必然会影响发行可转债的公告效应,但并不一定显著。本章假设可转债的票面利率与累计平均超额收益率呈负相关。

(二) 模型建立

由上述分析结果可知,可转债募集说明书的发布对于基础股票的影响主要集中于公告日附近的短期窗口内,因此本章选择(-1,+1)作为基准窗口。将(-1,+1)窗口期内的累计平均超额收益率作为被解释变量,选取了9个变量来构建模型。这些变量既包括了可转债发行的条款设计信息,也包括了

发行公司的基本面信息,其中条款设计来自募集说明书,公司基本面数据来自上市公司公开发布的财务报告。构建的模型如下:

CAR(-1,+1) = Constant + C(1)×负债比例 + C(2)×公司成长性 + C(3)×流通股比例 + C(4)×发行相对规模 + C(5)×可转债存续期 + C(6)×转股概率 + C(7)×流通股稀释程度 + C(8)×票面利率 + C(9)×销售净利率

(三)实证结果

本章采取向后剔除逐步回归法对各个解释变量和被解释变量进行多元线性回归分析。本章默认进入多元回归方程的变量系数的 F 统计量概率是 0.05,从回归模型中剔除的系数的 F 统计量概率是 0.10,经过逐步剔除,最后进入回归模型的变量的 F 统计量为 3.350,显著性概率为 0.029,小于 0.05,复相关系数(R)为 0.624,判断系数(R Square)为 0.390,调整判断系数(Adjusted R Square)为 0.273,由此可知回归结果是具有解释力的(见表 9.22 和表 9.23)。

表9.22 解释变量单因素方差检验结果

Model	R	R Square	Adjusted R Square	F	Sig.
	0.624	0.390	0.273	3.350	0.029

表9.23 回归系数

Model	Unstandardized Coefficients		Standardized Coefficients	t	Sig.	Collinearity Statistics	
	B	Std. Error	Beta			Tolerance	VIF
(Constant)	0.273	0.125		2.191	0.040		
负债比例	0.095	0.043	0.389	2.194	0.040	0.926	1.080
流通股比例	0.009	0.004	0.459	2.503	0.021	0.866	1.155
转股概率	-0.306	0.123	-0.478	-2.492	0.021	0.789	1.267
票面利率	4.795	2.376	0.363	2.018	0.057	0.898	1.114

对于以上回归结果,本章进行了多重共线检验,统计学上认为当容许度(Tolerance)接近于 0,方差膨胀因子(VIF)在 10~100 之间时,存在着较强的多重共线性。从上表可以看出,各解释变量的容许度不接近于 0,方差膨胀因子远小于 10,因此各解释变量之间不存在多重共线性,回归结果可信。

从表 9.23 可以看出,常数项的显著性概率(sig)为 0.040,小于 0.05,常

数项与零值存在显著性差异,因此常数项在回归方程中,回归方程模型采用的是非标准化系数(Unstandardized Coefficients)。逐步回归结果显示,上市公司发布可转债的募集说明书引起的累计平均超额收益率与负债比例、流通股比例和票面利率呈正相关关系,与转股概率负相关。

(四)实证结果分析

1. 负债比例

回归结果显示,负债比例的回归系数为0.095,显著性概率为0.040,在0.05的水平上显著,因此可转债发行公司的负债比例与可转债发行对基础股票的累计平均超额收益率的影响呈显著正相关。这与Abhyankar和Dunning(1999)的研究结果相一致,他们认为高负债比例的公司发行可转债向市场传递的信号是,其对于未来的股价走势和自己的偿债能力有足够的信心,投资者也会认为这些公司发行可转债是为了募集资金提高公司价值,这也可以看出投资者更注重可转债的"债"性。目前国内发行可转债的公司都是信誉良好的企业,因而投资者对于发行公司的偿还能力有足够的信心,负债比例高的公司发行可转债,向市场传递的是上市公司债券融资的决心,并且成功运用了债务融资的税盾和杠杆作用。而且对于负债比例高的公司来说,债权人能够对公司经理人起到有效的监督作用,避免其做出损害公司和债权人利益的行为。因此可转债发行公司的负债比例越高,投资者对于发行公司的期望越高,基础股票的累计平均超额收益率也就越高。

2. 流通股比例

回归结果显示,流通股比例的回归系数为0.009,显著性为0.021,小于0.1,因此可转债发行公司的流通股比例与可转债发行对基础股票的累计平均超额收益率的影响呈显著正相关。因此根据我们的研究结果可知,自2005年开始的上市公司股权分置改革带来的上升的流通股比例,提高了可转债发行对基础股票的累计平均超额收益率的影响。另外伴随着股权分置改革的进行,我国的可转债市场在发展壮大,并且已经逐渐成为上市公司重要的再融资方式,因此研究流通股比例对于可转债发行的公告效应的影响具有重要的现实意义。我们认为,股改前我国上市公司的流通股比例远远低于非流通股比例,发行可转债通常是以牺牲流通股股东的利益来为非流通股股东牟取利益,因此投资者对于上市公司发行可转债通常会产生排斥反应,造成股价下跌;而股改后,随着流通股比例的提高,流通股股东的决策权在不断增强,上市公司逐渐重视流通股股东的利益,发行可转债是为了提升公司整体价值的意图越来越强,因此投资者会提高对于发行公司未来价值的期望,从而使得股价提升。综上所述,上市公司股权分置改革为可转债发行的公告效应带来了巨大影响。

3. 转股概率

回归结果显示,转股概率的回归系数为 -0.306,显著性概率为 0.021,在 0.05 的水平上显著,因此可转债发行公司的转股概率与可转债发行对基础股票的累计平均超额收益率的影响呈显著负相关。

随着转股概率的上升,转股价格逐渐超过股票价格,一般认为转股价格越是高于股价,投资者在转股后损失越大,因此越容易出现投资者拒绝转股的情况。

根据优序融资理论,上市公司外部融资时首先会选择债务融资然后才会选择股权融资,一般认为股权融资实际上是向外传递股价被高估的信号。而可转债转股的可能性越高,发行可转债越会被视为股权融资,导致投资者的排斥反应,继而造成股价下跌。但这些研究成果的前提是股权融资的成本高于债务融资成本,而我国上市公司很少进行股利分配,所以可转债转股后的股利分配成本很低,并且转股能够减少利息费用的支出,所以与普通债券融资相比,上市公司更倾向于发行可转债融资。

与普通的公司债券相比,可转债的票面利率很低,普通债券的票面利率一般为银行一年期无风险利率的四到五倍,而法律规定,可转债的票面利率一般不能高于银行一年期无风险利率,所以投资者获得的利息收入较少,并且由于我国上市公司很少进行股利分配,所以投资者购买可转债的主要目的是希望获得转股后的股票价差。转股概率低的可转债在转股后价格波动通常很大,因此投资者能够获得较高的价差收入,从而吸引了更多的投资者,导致股价上升,因此转股概率和可转债募集说明书的公告效应成反比在现实中是成立的。

4. 票面利率

回归结果显示,票面利率的回归系数为 4.759,统计学上显著异于 0,显著性概率为 0.057,小于 0.1,因此可转债发行公司的票面利率与可转债募集说明书的公告效应存在显著正相关。由于股市的低迷,可转债的股性价值在降低,债性价值的高低成为吸引投资者的关键,而高票面利率意味着投资者能够获得高利息收入,并且票面利率越高,可转债的债性越强,向外界传递发行公司债券融资的意向越强烈,因此不但能够吸引投资者,也能够提升股价。

但高利率意味着发行公司的高债务负担,也会使发行公司采取措施促进转股,从而对基础股票的价格产生影响,但转股对股价带来的负面影响小于债性价值提高为股价带来的正面影响,因此票面利率与可转债的公告效应成正比。

不可忽视的一点是,由于可转债的正公告效应在短期内会被市场吸收,因此从长期来看,高票面利率带来的股价正效应在被市场吸收后,企业将会承担高额的利息费用,并不有利于企业价值的提升。

5. 相对规模

在逐步回归中,相对规模被剔除出了方程,说明其对于可转债发行的公告效应的影响解释能力较弱。考虑到样本组合中各只可转债的相对规模差距较大,最小的为2.45%,最大为30.41%,平均值为15.47%,因此本章按照流通股稀释度从小到大的顺序将26个样本的累计超额收益率平均分为两组,做独立样本T检验,来考察不同组别的累计超额收益率是否有显著性差异。回归结果见表9.24。

表9.24 相对规模独立样本T分析结果

	相对规模	N	Mean	t	Sig. (2-tailed)
CAR	1	13	0.002 9	-0.906	0.374
	2	13	0.017 7		

独立样本T分析结果显示双侧检验的P值为0.374,大于0.1,证明两组之间没有显著性的差异,进一步证明相对规模对于累计超额收益率没有显著性的影响。相对规模主要度量的是发行可转债对于上市公司资本结构的影响,由于本章度量的是围绕公告日的可转债公告效应,可转换债券还没有进入转股期,所以对可转换债券发行对于资本结构的影响并不能准确判断,因为根据最优资本结构理论,如果不实施转股,转债发行会增加负债比例,向市场传递积极信号,促使股价上升,而实施转股,则会降低负债比例,向市场传递消极信号,导致股价下跌。从以上两种情况可知,由于投资者对于可转债是否转股有不同判断,而不同判断产生的投资行为使后续引发的股价效应会相互削弱,从而使得相对规模对于公告效应的影响并不显著。

6. 流通稀释度

在逐步回归中,流通股稀释度被剔除出了方程,说明其对于可转债发行的公告效应的影响解释能力较弱。我们认为,证券市场的连续低迷造成可转债投资者抗拒转股,并且现有股东对于发行的可转债具有100%的优先认购权,而本章的各样本公司的股东都参与了可转债认购,导致发行可转债对股票规模的稀释程度有限,对股权结构的影响也比较小,因此对股价的影响也就不显著。考虑到样本组合中各只可转债的流通股稀释度差距较大,最小的为4.21%,最大为448.09%,平均值为42.59%,因此本章按照流通股稀释度从小到大的顺序将26个样本的累计超额收益率平均分为两组,做独立样本T检验,来考察不同组别的累计超额收益率是否有显著性差异。回归结果见表9.25。

表9.25 流通股稀释度独立样本T检验结果

	稀释度	N	Mean	t	Sig. (2-tailed)
CAR	1	13	0.003 1	1.712	0.099
	2	13	-0.023 8		

由表9.25可知,两组有显著性的差异,流通股稀释度较大的组,其累计平均超额收益率为-0.023 8,流通股稀释度较小的组,其累计平均超额收益率为0.003 1,这说明流通股稀释度对可转债的公告效应还是有一定影响的,可转债一旦全部转股,将会对股票价格产生负面冲击。

7. 存续时间

在逐步回归过程中,存续时间被剔除出方程,单独将存续时间与窗口期累计平均超额收益率进行回归分析,得到的回归结果显示,存续时间的回归系数为-0.005,显著性概率为0.979,大于0.1,因此存续时间对于可转债发行的公告效应的影响虽然呈负相关,但并不显著。我们认为,可转债的存续时间越长,虽然对于发行公司来说偿债压力变大,发行公司转股的意愿将变得越强烈,因此造成了发行公司采取强制转股等措施催促投资者转股,从而对股价产生了一定的负效应,但是由于本章选择的样本的存续时间过于集中,所以影响了回归结果(见表9.26)。

表9.26 存续时间回归系数

Model	Unstandardized Coefficients		Standardized Coefficients	t	Sig.
	B	Std. Error	Beta		
(Constant)	0.013	0.092		0.139	0.891
存续时间	0.000	0.017	-0.005	-0.026	0.979

8. 成长性和销售净利率

在逐步回归过程中,成长性和销售净利率被剔除出方程,说明投资者对于成长性和销售净利率这类反映企业未来发展能力的财务指标并不关心,反映出投资者还不够成熟,只关注简单的基本面指标。

五、结论与对策

(一)可转债发行信息公告对基础股票价格影响的研究结论

本章将2008年至2011年所有成功发行可转债的26家上市公司(剔除了金融机构)作为研究样本,研究其包含发行公告日在内的前后共21个交易日的基础股票平均超额收益率和窗口期累计平均超额收益率的变动幅度。研究结论如下。

1. 董事会拟发行公告对于股价的影响

通过研究发现,样本组合的长期窗口和短期窗口的累计平均超额收益率的检验结果都不显著,而通过观察可转债交易日的平均超额收益率后发现,虽然公告日当天公告效应不显著,但是有个别交易日的公告效应非常显著,因此本章认为拟发行公告对股价的影响虽然从整体上来看并不显著,但是对股价还是具有一定影响的,只是影响方向难以判断。

而通过对清洁样本组和非清洁样本组的拟发行公告的股价效应对比后发现,两组没有显著的差异,但清洁样本组的累计超额收益率高于全样本组,这一方面说明可转债发行对于股价价格产生了正效应,另外一方面说明由于投资者对于业绩报告有不同的解读,所以导致了非清洁样本组的累计平均超额收益率低于清洁样本组。

另外,本章根据各样本的拟公告年份分组,多重比较研究各组短期窗口和长期窗口内的股价效应的区别,研究发现在长期窗口内,由于各年度经济环境存在差异,所以导致人们对于可转债发行有了不同的看法,导致各年度的公告效应存在差异。

2. 可转债募集说明书公告对于股价的影响

本章通过研究发现,可转债募集说明书公告日当天的平均超额收益率以及围绕公告日的短期窗口累计平均超额收益率都为显著性的正值,中期窗口($-5,0$)和长期窗口($-10,0$)也出现了显著的正值,由此判断可转债募集说明书对发行公司股价产生了显著的正效应,且正效应主要集中在发债以前。

我们认为正效应集中在公告之前的原因是,上市公司倾向于在个股超额收益率高于市场平均收益率时发行股票。

而通过对于不同行业的上市公司分组研究发现,不同行业发布可转债募集说明书对于基础股票的影响不存在差异,但是对比发现,行业类别为交通运输业的上市公司可转债的正的股价效应比其他行业上市公司要显著一些。

为了进一步探究经济环境对于可转债发行的公告效应的影响,本章对于样本数量比重最大,对经济环境最敏感的制造业企业按公告年度进行了分组研究,进一步证明了经济环境将会影响投资者对于可转债发行的反馈,并在此基础上,提出了可转债发行的最佳时机是经济环境由低迷过渡到复苏的时期,这一时期发行可转换债券将会带来投资者和上市公司的双赢。

(二)关于影响可转债募集说明书的股价效应的因素的研究结论

本章以募集说明书公告日窗口(1,+1)的累计平均超额收益率为被解释变量,通过回归分析确定了显著影响公告效应的解释变量。结果显示,可转债募集说明书引起的累计平均超额收益率的变化与发行公司的负债比例、流通股比例和可转债票面利率呈显著正相关,与可转债转股概率呈显著负相关。分析这些解释变量对于公告效应的传导机制,可得到以下结论:

负债比例越高,投资者会认为其债务融资的意愿越强,提高了投资者的期望,引致股价上升。流通股比例越高,流通股股东的利益越容易受到保护,发行可转债是为了提高公司价值的目的越明确,从而向市场传递积极信息,促使股价上升。可转债的票面利率越高,债性越高,向市场传递债务融资的信号越强,导致股价上升。票面利率高也会吸引投资者对可转债进行投资,进一步影响股价。可转债的转股概率越小,转股后股价波动越大,投资者转股后越能够获得较高的价差收入,因此发行转股概率低的可转换债券会向市场传递积极的信息,从而提升股价。

虽然其他解释变量与累计平均超额收益率的关系并不显著,但我们认为也存在一定的研究意义。

相对规模对于公告效应不存在显著性的影响,原因是不同投资者对于是否实施转股有着不同判断,由于个人不同的判断引发的股价变动会相互抵消,导致相对规模不能显著性地影响股价效应。流通股稀释度与发行可转债的公告效应的关系并不显著,但通过独立 T 样本检验研究后发现,流通股稀释度对公告效应有一定的负面解释能力,即流通股如果转股,会对发行公司股价产生一定的负面影响。

(三) 对策与建议

基于对可转债发行的公告效应以及影响公告效应的因素的分析结果,我们对可转债市场的主体,即发行可转债的上市公司和投资者提出建议。

1. 上市公司的可转债融资决策

(1) 选择合适的发债时机。随着股权分置改革的进行,上市公司流通股比例不断提升,公司经理人必须重视流通股股东的利益,所以应该选择在发行公司的股票超额收益率高于整个市场超额收益率的时机公布可转债发行公告,这样既有利于可转债申购,也有利于保证流通股股东的利益。

另外可转债受到投资者青睐的重要原因是其能够在一定条件下实施转股,从而使投资者获得价差收益。因此可转债发行公司应该选择在证券市场由低迷逐渐过渡为复苏的时机发行转债,一方面投资者认为此时的可转债在转股后能带来价差收益,从而提高了可转债申购率;另外一方面是如果投资者能够在经济复苏后积极地实施转股,那么发行公司支付的利息费用就会因此而减少,从而减轻了财务负担。

可转债发行公司的自身情况也会影响发债时机的选择,当发行公司负债比例过高时,并不适合于发行可转债,虽然负债比例越高,可转债发行的公告效应越大,但我们认为负债比例过高的公司发行可转债将会加重公司的财务负担和偿债风险,甚至出现财务危机,并且随着负债比例的提高,债权人对公司决策的影响变大,将会削弱股东对公司决策的影响,激化股东和债权人之间的矛盾,因此公司的负债比例过高时并不适合发行可转债。

(2) 优化公司基本面情况。投资者非常重视发行公司的基本面信息,因此发行公司只有不断地提高公司价值,才能够吸引投资者。投资者对于可转债的投资主要看重两个方面,一是转股前可转债的票面利率;二是转股后的股票价值。而公司价值的提升首先能够保证承担为了吸引投资者而支付的高额的利息费用;其次是公司价值最终会影响到股票价值,公司的未来发展能力越强,股票的未来走向会越强势,因此提高公司价值将会有利于可转债的发行。另外通过本章的研究可知,流通股比例对于提高可转债的公告效应具有正面作用,因此上市公司应该加快股权分置改革的进程,这样不但能够提高公告效应,也能够保证流通股股东的利益。

(3) 合理的可转债条款设计。高票面利率能够吸引投资者,并且能够保障投资者的收益,在短期内也能够提升公司的股价,但票面利率的增加意味着企业的利息费用加重,从长远来看并不有利于企业发展,会对企业价值产生负面影响。因此企业在做出融资决策时,必须要做好高票面利率导致的短期股价提升、可转债申购率和高利息费用之间的平衡。

目前发行可转债募集到的资金主要用于投资周期较长的项目,发行存续时间短的可转债公司一般在没有回收项目成本之前就要承担还本可转债的利息负担,因此上市公司在选择可转债的存续期时,应该在政策容许的范围内,尽量选择较长的存续期。

2. 投资者的投资决策

首先,投资者投资可转债的时机应选择在市场虽然处于低迷状态,但是未来会出现经济复苏的时间点,这一时间点,转股价格较低,而票面利率却较高,所以经济复苏以后投资者转股会获得股票价差收益,不转股则会获得较高的利息收入。但是值得注意的是,近几年我国的经济形势出现了较大起伏,因此投资者必须理性看待经济形势变化,尽量避免盲目地在经济形势出现短期波动时进行投资,因为可转债投资作为一种长期投资工具,极易因投资者对于短期形势的误判而导致投资时机选择错误,最终导致投资者利益受损。

其次,提高投资理念,重点考察影响发行公司未来发展的信息,如成长性指标和盈利能力指标,因为可转债是股权和债权结合的衍生产品,所以发行公司未来的发展将会影响股票的价值,从而影响投资者转股后的利益。并且投资者如果将可转债作为一种长期投资工具,就应该更加关注公司的未来价值。

最后,理性分析可转债的条款信息。可转债票面利率较高虽然能够提高利息收入,但是高票面利率会影响公司未来的价值,投资者如果在转股后打算长期持有发行公司股票,则应该避免选择高票面利率的可转债,但如果投资者不倾向转股或在转股后只做短线投资,则应该选择高票面利率的可转债。

参考文献

[1] Arrow, K. Uncertainty and the welfare economics of medical care [J]. *American Economic Review*, 1963(53):941-973.

[2] Akerlof, G. A. The market for "lemons": Quality uncertainty and the market mechanism[J]. *Quarterly Journal of Economics*. 1970(84):488-500.

[3] Riphahn, M. & J. Stiglitz. Equilibrium in competitive insurance markets: The economics of markets of markets with imperfect information[J]. *Quarterly Journal of Economics*, 1976(90):629-650.

[4] Puelz, R. & A. Snow. Evidence on adverse selection: Equilibrium signaling and crose subsidization in the insurance market [J]. *Journal of Political Economy*, 1994, 102(2): 236-257.

[5] Chiappori, P. & B. Salanie. Testing for asymmetric information in insurance markets [J]. *Journal of Political Economy*, 2000, 108(1):56-78.

[6] Dionne, G., C. Gouriéroux & C. Vanasse. Testing for evidence of adverse selection in the automobile insurance market: A comment[J]. *Journal of Political Economy*, 2001, 109(2): 444-453.

[7] Simon, K. I. Adverse selection in health insurance markets? Evidence from state small-group health insurance reforms[J]. *Journal of Public Economics*, 2005(89):1865-1877.

[8] Jack, W. Equilibrium in competitive insurance markets with ex ante adverse selection and ex post moral hazard[J]. *Journal of Public Economics*, 2002, 84(2):251-278.

[9] Inderst, R. & A. Wambach. Competitive insurance markets under adverse selection and capacity constraints[J]. *European Economic Review*, 2001, 45(10):1981-1992.

[10] Dionne, G. & S. E. Harrington. Foundations of Insurance Fconomics: Reading in Economics and Finance[M]. Springer. 1992(12):1-748.

[11] Kan, X. Y., Wu J. P. & Meng Q. J. China's Internet financial risks and risk prevention research [J]. *Modern Economy*, 2015(6):857-861.

[12] Brammertz, W. Risk and regulation [J]. *Journal of Financial Regulation and*

Compliance,2010,2(2):181.

[13] Ojo,M. The growing importance of risk in financial regulation[J]. *The Journal of Risk Finance*,2010,11(3):249 - 267.

[14] Anderson, R. *The Credit Scoring Toolkit*[M]. New York:Oxford University Press,2007.

[15] Costantino, F. Regulation of supervision on financial markets[J]. *International Journal of Public Sector Management*,2012(25):437 - 443.

[16] 梅广清,沈荣芳,张显东.基于委托——代理理论的自然灾害保险模型[J].运筹与管理,1998(12):14 - 18.

[17] 林毅夫,潘士远.信息不对称、逆向选择与经济增长[J]世界经济,2006(1):3 - 11.

[18] 石峰,刘翠侠.综合灾害风险管理理论指导下的灾害保险发展模式[J].集团经济研究,2006(3):123 - 124.

[19] 王珺,高峰,宋逢明.保险市场逆向选择的模式研究[J].保险研究,2008(1):36 - 40.

[20] 陈华,王玉红.保险消费者保护:市场失灵、政府介入与道德风险[J].保险研究,2012(10):14 - 19.

[21] 吴铭奇,王润,姜彤.联邦德国自然灾害保险述评[J].自然灾害学报,1999(5):38 - 42.

[22] 沙治慧,马振林.重大自然灾害保险基金的国际经验及其借鉴[J].社会科学研究,2012(2):105 - 108.

[23] Stemler, A. R. *The JOBS Act and crowd funding*:Harnessing the power—and money—of the masses[J]. *Business Horizons*, 2013,56(3):271 - 275.

[24] Mollick, E. The dynamics of crowdfunding:An exploratory study[J]. *Journal of Business Venturing*,2014(29): 10 - 14.

[25] Berglin, H. & C. Strandberg. Leveraging customers as investors:The driving forces behind crowdfunding[D]. Uppsala University, Department of Business Studies, 2012: 9 - 13.

[26] Bradford,S. B. Crowdfunding and the federal securities laws[J]. *Columbia Business Law Review*, 2012(1):5 - 8

[27] Agrawal, A.K., C. Catalini & A. Goldfarb. Some Simple Economics of Crowdfunding[R]. National Bureau of Economic Research, 2013:11 - 17.

[28] Working,H. New concepts concerning futures markets and prices[J]. *American Economic Review*,1960(52):431 - 459.

[29] Johnson,L. L. The theory of hedging and speculation in commodity futures[J]. *Review of Economic Studies*,1960(27):139 - 151.

[30] Stein J. L. The simultaneous determination of spot and futures price[J]. American Economic Review,1961(51):1012-1025.

[31] Ederington L. H. The hedging performance and basis risk in stock index futures[J]. The Journal of Futures Markets,1979(34):157-170.

[32] Witt,H. J. ,T. C. Schroeder & M. L. Hayenga. Comparison of analytical approaches for estimating hedge ratios for agricultural commodities[J]. The Journal Futures Markets,1987(7):135-146.

[33] Herbst,A. F. ,D. Kare & J. F. Marshall. A time varying, convergence adjusted, minimum risk futures hedge ratio[J]. Advances in Futures and Options Research,1989(6):137-155.

[34] Myers, R. J. & S. R. Thompson. Generalized optimal hedge ratio estimation[J]. American Journal of Agricultural Economics,1989(71):858-867.

[35] Baillie, R. T. & R. J. Myers. Bivariate garch estimation of the optimal commodity futures hedge[J]. Journal of Applied Econometrics,1991(6):109-124.

[36] Engle, R. B. & C. W. Granger. Cointegration, estimation and testing [J]. Econometrica,1987(55):251-276.

[37] Ghosh,A. Hedging with stock index futures:estimation and forecasting with error correction model[J]. The Journal of Futures Markets,1993(13):743-752.

[38] Kroner, K. F. & J. Sultan. Time-varying distributions and dynamic hedging with foreign currency futures [J]. Journal of Financial and Quantitative Analysis, 2003 (28):535-551.

[39] Diamond,P. & J. Geanakoplos. Social security investment in equities:The linear case[C]. NBER Working Paper. Cambridge Mass:National Bureau of Economic Research,1990,103-105.

[40] Booth,P. M. & Y. Yakoubov. Investment policy for defined contribution pension schemes close to retirement:An analysis of the "lifestyle" concept [J]. North American Actuarial Journal. 2000,4(2):1-19.

[41] Pozen,R. Conditional performance measurement using portfolio weights:Evidence for pension funds[J]. Journal of Financial Economics. 2002,6:249-282.

[42] Lueas, D. Investing public pensions in the stock market:Implications for risk sharing,capital formation and public policy in the developed and developing world[J]. International Review of Finance. 2004,2(3):179-202.

[43] Gollier,C. Intergenerational risk-sharing and risk-taking of a pension fund[J]. Journal of Public Economics,2008,92.

[44] Abhyankar, A. & A. Dunning. Wealth effects of convertible bond and convertible

preference share issues: An empirical analysis of the UK market[J]. *Journal of Banking and Finance*,1999(23):1043 – 1065.

[45] Ambarish, R. & John. K & J. Williams. Efficient signalling with dividends and investments[J]. *Journal of Finance*,1987(2):23 – 31.

[46] Asquith, P. & D. W. Mullins. Equity Issues and Offering Dilution[J]. *Journal of Financial Economics*,1986(15):61 – 891.

[47] Billingsley, R. S. & D. M. Smith. Why do firms issue convertible debt[J]. *Financial Management*,1996(25):93 – 99.

[48] Barclay, M. & R. H. Litzenberger. Anouncement effects of new equity issues and the use of intraday price data[J]. *Journal of Financial Economies*,1988(21):71 – 99.

[49] Burlacu, R. New evidence on the pecking order hypothesis: the case of french convertible bonds[J]. *Journal of Multinational Financial Management*,2000(10):439 – 459.

[50] Dann, L. & W. Mikkelson. Convertible debt issurance, capital structure change and financing-related information[J]. *Journal of Financial Economics*,1984(13):157 – 861.

[51] Datta, S., M. I. Datta & A. Pate. Some evidence on the uniqueness of initial public debt offerings[J]. *Journal of Finance*,2000(55):715 – 743.

[52] Davidson, W. N., J. Glascock & T. V. Schwarz. Signaling with convertible debt[J]. *Journal of Financial and Quantitative Analysis*,1995(30):425 – 440.

[53] De Roon, V. Announcement effects of convertible bond loans and warrant—bond loans: An empirical analysis for the Dutch market[J]. *Journal of Banking and Financel*,1988 (22):1481 – 1506.

[54] Eckbo, B. E. Valuation effects of corporate debt offerings[J]. *Journal of Financial Economics*,1986(15):119 – 151.

[55] Galai, D. & R. Masulis. The option pricing model and the risk factor of stock [J]. *Journal of Financial Economies*,1976(3):53 – 81.

[56] Gosselin, G. New evidence of market impact of convertible bond issues on United States firms[D]. Paper of master degree, Concordia University, 2003.

[57] Green, R. Investment incentives, debt and warrants [J]. *Journal of Financial Economics*,1984(13):115 – 136.

[58] Jensen, M. Agency costs of free cash flow corporate finance and takeovers [J]. *American Economic Review*,1986(2):323 – 329.

[59] Jensen, M. C. & Meckling, W. H. Theory of the firm: Managerial behavior, agency costs and ownership structure [J]. *Journal of Financial Economics*,1976(3):305 – 360.

[60] Kang, Jun-Koo et al. An analysis of the wealth effects of japanese offshore dollar denominated convertible and warrant bond issues [J]. *Journal of Financial Quantitative*

Analysis,1995(30):257-270.

[61] Kang,Jun-Koo & R. M. Stulz. How different is japanese corporate finance? An investigation of the information content of new security issues[J]. *Review of Financial Studies*, 1996(9):109-139.

[62] Leland,H. E. & D. H. Plye. Informational asymmetries financial structure and finnacial intermediation[J]. *Journral of Finanee*,1977(32):371-387.

[63] Mikkelson,W. & M. Partch. Valuation effects of security offerings and the issurance process[J]. *Journal of Financial Economics*,1986(15):31-60.

[64] Miller,M. Debt and taxes[J]. *Journal of Finance*,1997(32):261-276.

[65] Miller,M. & K. Roek. Dividend policy under asymmetric information [J]. *Journal of Finance*,1985(40):1031-1051.

[66] Modigliani,E. & M. H. Miller. Coporate income taxes and the cost of capital:A correction[J]. *American Economic Review*,1963(53):433-444.

[67] Myers,S. C. & N. S. Majluf. Corporate financing and investment decisions when firms have information that investors do not have[J]. *Journal of Financial Economics*,1984(13):187-221.

[68] Scholes,M. The market for securities:Substitution versus price pressure and the effects of information on stock prices[J]. *Journal of Business*,1972(4):45.

[69] Smith,C. W. Investment banking and the capital acquisition process [J]. *Journal of Financial Economies*,1985:21-39.

[70] Stein,J. Convertible bonds as back door equity financing[J]. *Journal of Financial Economics*,1992(32):3-21.

[71] 杜林.日本地震保险模式分析及借鉴[J].学术论丛,2009(4):26-27.

[72] 鲍文.灾害保险的国际比较与借鉴[J].理论月刊,2010(6):114-117.

[73] 孙南申,彭岳.自然灾害保险的产品设计与制度构建[J].上海财经大学学报,2010(6):18-24.

[74] 牛强,胡艺.互联网金融:创新、风险及其监管政策研究[J].云南社会科学,2015(06):71-74.

[75] 孟亚君.完善我国互联网金融监管分析[J].中外企业家,2016(02):57.

[76] 陈健.论互联网金融创新——基于第三方支付支付宝视角[J].中国市场,2014(02):63-65.

[77] 王露祎,宁秀云.阿里金融小微信贷运行模式及其风险控制研究[J].现代商业,2014(09):130-131.

[78] 蓝齐.电商冤家变亲家 腾讯京东联手逼宫阿里[J].IT时代周刊,2014(06):42-43.

［79］党均章.互联网金融创新的风险[J].中国金融,2014(08):40-41.

［80］余程辉,曲艺.从创新与监管看余额宝的发展与风险[J].银行家,2014(06):105-107.

［81］许玥,陈勉,夏江山,曾薇,陈玥,余小建.互联网金融创新产品"余额宝"的风险分析及政策建议[J].金融发展评论,2014(05):55-58.

［82］郭强,马文鹏.中国互联网金融的发展脉络与现实约束——以阿里金融为例[J].华北金融,2014(05):50-54.

［83］罗明.走向十字路口的互联网金融:创新与监管[J].时代金融,2014(21):60-61.

［84］莫虹,王明宇,刘淑贞.电商触金——探析"阿里金融"模式[J].电子商务,2013(07):10-11.

［85］黄海龙.基于以电商平台为核心的互联网金融研究[J].上海金融,2013(08):18-23+116.

［86］孙柏.阿里金融帝国:马云的野心和梦想[J].金融博览(财富),2013(07):38-40.

［87］温信祥.互联网金融创新与现代金融变革趋势[J].新金融,2014(11):4-9.

［88］宋江燕.网络金融的创新特点及其监管分析[J].时代金融,2014(32):54.

［89］李二亮.互联网金融经济学解析——基于阿里巴巴的案例研究[J].中央财经大学学报,2015(02):33-39.

［90］李钰.京东金融:迟到的逆袭者[J].中国品牌,2015(04):35-37.

［91］张海涛.互联网金融创新监管思路探讨[J].商场现代化,2015(10):162.

［92］程举.新常态下的互联网金融创新[J].现代经济探讨,2015(06):65-68+87.

［93］李昕彤.关于我国互联网金融监管的思考[J].商,2015(25):171-172.

［94］构建开放合作平台,腾讯深度布局互联网金融[J].金卡工程,2015(09):24-25.

［95］李淼焱,吕莲菊.我国互联网金融风险现状及监管策略[J].经济纵横,2014(08):87-91.

［96］沈丽,林冬冬.互联网金融风险管理文献综述[J].山东财经大学学报,2014(05):15-20.

［97］王泽华.互联网金融风险及风险管理研究[D].河南大学,2014.

［98］唐正伟.互联网金融风险影响因素及其防范机制研究[D].浙江财经大学,2015.

［99］于莹.互联网消费金融资产证券化的应用[J].财会月刊,2017:94-100,7.

［100］钱艳艳.互联网消费信贷风险的法律监管机制研究[J].重庆科技学院学报(社会科学版),2017:19-22,4.

[101] 曾虎.大数据下的互联网消费金融ABS研究[R].天津:南开大学经济学院,2016.

[102] 张荣.我国互联网消费金融发展困境与路径探寻[A].技术经济与管理研究,2017.

[103] 苗晓宇.网络P2P信贷风险与防范[J].甘肃金融,2012(02):23-26.

[104] 曹楠楠,牛晓耕.P2P网贷行业的发展现状及风险控制分析——以人人贷商务顾问有限公司为例[J].中小企业管理与科技(下旬刊),2013(08):35-38.

[105] 许婷.P2P网络贷款平台潜在风险分析及对策[J].金融科技时代,2013(06):43-45.

[106] 施俊.美国P2P平台如何做风控[J].新财经,2013(08):65-64.

[107] 张娜.P2P网络信贷行为研究.西南财经大学硕士论文,2011.

[108] 李广明,诸唯君,周欢.P2P网络融资中贷款者欠款特征提取实证研究[J].商业时代,2011(01):13-17.

[109] 丁婕.我国P2P网络借贷平台及借款人行为研究[D].西南财经大学硕士论文,2012.

[110] 庄维强.P2P网贷金融的运行模型分析[D].上海社会科学院硕士论文,2015.

[111] 荆亮.我国P2P网贷业务风险与防范研究[D].华东理工大学硕士文论,2014.

[112] 刘丽巍.中国P2P网贷行业的监管问题研究[D].东北财经大学硕士论文,2014.

[113] 沈霞.P2P网络贷款的法律监管探究[D].华东政法大学硕士毕业论文,2012.

[114] 唐婧.我国民间网络借贷平台的法律制度研究[D].华东政法大学硕士毕业论文,2012.

[115] 吕祚成.P2P行业监管立法的国际经验[J].金融监管研究,2013(09):33-35.

[116] 毕曙明.P2P:民间借贷的阿里巴巴模式.经理人,2012(07):13-15.

[117] 刘玉红.我国'人人贷'的发展状况、存在问题与有关判断.财经界,2013(07):32-24.

[118] 陈道富.我国P2P行业发展的现状、问题及政策建议[J].重庆理工大学学报(社会科学),2013(04):23-28.

[119] 钱金叶.中国P2P网络借贷的发展现状及前景[J].金融论坛,2012(01):17-19.

[120] 王晓哲.'人人贷'风险扫描[J].理财,2011(12):45-46.

[121] 刘媛.P2P网贷风险亟须破除[J].IT时代周刊,2012(15):25-27.

[122] 艾亚娣.P2P网络借贷平台风险防范[J].中国金融,2012(14):23-26.

[123] 何晓玲,王玫.P2P网络借贷现状及风险防范[J].中国商贸,2013(20):17-19.

[124] 董佳峰.我国 P2P 贷款线下平台风险及对策建议——以宜信公司为例[J].中国证券期货,2013(07):18-20.

[125] 彭江莱.P2P 网络信贷平台资金安全监管的法律问题研究[J].法制与社会,2013(31):34-37.

[126] 陈敏轩.美国 P2P 行业的发展和新监管挑战[J].金融发展评论,2013(03):19-22.

[127] 张欣.中国 P2P 小额信贷中介服务行业法律监管研究[J].浙江工商大学学报,2013(06):34-36.

[128] 徐宇凡.P2P 网贷平台风险管控初探[J].上海保险,2014(08):42-46.

[129] 董妍.P2P 网贷平台风险控制研究[J].兰州学刊,2015(04):133-138.

[130] 张巧良,张黎.P2P 网贷平台风险评价指标研究——基于层次分析法[J].南京审计学院学报,2015(06):85-94.

[131] 乔琳.我国 P2P 网贷平台风险分析及对策研究[J].现代商业,2015(07):181-183.

[132] 郭晓辉.我国 P2P 网贷平台风险管理对策研究[J].现代信息经济,2015(24):228-229.

[133] 王永.小额贷款公司监管法律制度研究[D].安徽大学,2010.

[134] 彭春凝.农村小额贷款公司的相关问题及法律思考[J].绵阳师范学院学报,2007(04):34-37+41.

[135] 王启迪.小额贷款公司监管制度研究[D].南京大学,2013.

[136] 张颖.论我国金融监管体系存在的问题及对策[J].中国乡镇企业会计,2011(8):63-64.

[137] 王绪志.关于构建我国金融监管体系的几点思考[J].中国市场,2010(33).

[138] 何晓玲.小额贷款在我国的发展现状及前景展望[J].商业时代,2007(35):86-87.

[139] 朱启臻.国外小额贷款公司发展的成功经验及对中国的启示[J].世界农业,2007(2):12-15.

[140] 范丹.我国小额贷款公司业务发展现状及存在问题[J].商业时代,2007(35):86-87.

[141] 李志敏.浅谈我国小额贷款公司可持续发展之路[J].新财经(理论版),2010(4):55.

[142] 李有星,郭晓梅.论我国小额贷款公司的监管定位与核心规则[J].中国商法年刊,2008:407-414.

[143] 陈颖健.小额贷款公司监管的法律思考[J].金融理论与实践,2010(03):84-88.

[144] 陈斌彬.完善我国小额贷款公司法律监管的思考[J].南方金融,2009(12):52-54.

[145] 顾庆刚.我国小额贷款公司监管法律问题研究[D].西南政法大学硕士学位论文,2009.

[146] 陈娟.我国小额信贷监管法律问题研究[D].对外经济贸易大学硕士学位论文,2007.

[147] 谢丹婕.我国小额贷款公司法律监管制度研究[D].华侨大学硕士学位论文,2011:12-13.

[148] 秦中峰,申劲颖.浅析我国小额贷款风险及法律监管[J].法制博览,2014(06):278.

[149] 曹凤岐.我国金融监管体系的改革与完善[J].中国市场,2010(33):31-36.

[150] 孙鹤,朱启臻.国外小额贷款发展的成功经验及对中国的启示[J].世界农业,2007(02):12-15.

[151] 汤媛.我国小额贷款公司发展的法律保障[D].湖南师范大学,2014.

[152] 中国人民银行小额信贷专题小组编.小额贷款公司指导手册[M].北京金融出版社,2006.

[153] 邝桂梅.小额贷款公司法律问题研究[D].西南政法大学硕士论文,2010.

[154] 徐红红.我国商业性小额贷款公司的法律监管研究[D].山东大学硕士论文,2010.

[155] 蒲潇.小额贷款公司可持续发展研究[D].西南财经大学硕士论文,2013.

[156] 刘丽.小额贷款公司贷款利率定价研究[D].重庆大学硕士论文,2013.

[157] 李远锋.小额贷款公司经营模式研究及实例分析[D].复旦大学硕士论文,2009.

[158] 李哲.小额贷款公司可持续发展研究[D].中国地质大学硕士论文,2013.

[159] 郭颂平,赵春梅.保险营销学[M].中国金融出版社,2007:1.

[160] 菲利普·科特勒(Philip Kofler).营销管理(第10版)[M].中国人民大学出版社,2001:517-518.

[161] 亚瑟·梅丹(Arthur Meidan).金融服务营销学[M].中国金融出版社,2000:1,99.

[162] 王慧.对我国寿险公司个人营销制度的思考[J].华东经济管理,2003(06):139.

[163] 阳露昭,吴洋.论保险个人代理人的法律地位[J].武汉金融,2007(7):30.

[164] 杨敏.个人保险代理人道德风险与激励机制研究[J].中国农业银行武汉培训学院学报,2009(01):35.

[165] 辛桂华.寿险个人代理制营销模式的缺陷及其创新[J].经济论坛,2010

(08):183.

[166] 王辉.寿险个人代理人失信行为的正式制度分析[J].江西金融职工大学学报,2008(06):37.

[167] 叶朝晖.我国寿险营销制度的理论评价及政策建议[J].保险研究,2003(04).

[168] 中国保险市场 2010 年经营状况分析.2011 中国保险年鉴:18.

[169] 中国保险监督管理委员会.中国保险业发展"十二五"规划纲要.2011 - 08 - 18. http://www.circ.gov.cn/tabid/106/InfoID/175322/frtid/3871/Default.aspx.

[170] 蓝岚.美国寿险营销体制的转型.中华保险网,2006 - 03 - 07. http://www.123bx.com/insurance/154/baoxian28475_1.html.

[171] 黄蕾.保险业人力净流失背后:佣金收入难以安居乐业[N].上海证券报,2011 - 09 - 08.

[172] 李飞.保险服务三重特征的营销价值[J].保险研究,2004 - 01.

[173] 赵萍.保险公司增员维艰 20 年保险代理人制再受拷问[N].21 世纪经济报道,2011 - 04 - 23.

[174] 中国保险业——中国寿险业的未来.HSBC 环球研究,2010 - 11.

[175] 蒋美云.期货市场基差与套期保值效果的实证研究[J].北方经贸,2001(12):149 - 151.

[176] 齐明亮.套期保值比率与套期保值的绩效——上海期铜合约的套期保值实证分析[N].华中科技大学学报社会科学版,2004(2):51 - 54.

[177] 袁象,王方华,曹范愚.协整关系对期货套期保值策略的影响[J].数理统计与管理,2003(3):44 - 47.

[178] 王峻,张宗成.SHFE 金属铜期货的套期保值比率与绩效[J].系统工程理论方法应用,2005(5):41 - 43.

[179] 王峻,张宗成.中国硬麦和大豆期货市场套期保值绩效的实证研究[N],中国农业大学学报,2005 - 10(4):131 - 137.

[180] 彭红枫,叶永刚.中国铜期货最优套期保值比率估计及其比较研究[N].武汉大学学报,2007 - 11(6):863 - 868.

[181] 胡利琴,李殊琦.基于协整的最优套期保值比率的估计[N].武汉理工大学学报,2007 - 8(8):201 - 204.

[182] 陈雨生.中国玉米期货市场套期保值功能的实证分析.农业技术经济[J],农业经济技术,2008(2):31 - 34.

[183] 彭红枫,胡聪慧.中国大豆期货市场最优套期保值比率的实证研究[J].技术经济,2009(1):23 - 25.

[184] 杨显.基于误差修正和 GARCH 模型的铜套期保值比率研究[D].河南大学硕士论文,2009:25 - 32.

[185] 宋芝仙. 中国期货市场套期保值绩效研究[D]. 山东大学硕士论文, 2011: 29-33.

[186] 邵永同, 王常柏. 中国玉米期货市场套期保值绩效实证研究[J]. 华北金融, 2012(5): 12-15.

[187] 陈媛. 我国铜期货套期保值比率实证研究[D], 安徽农业大学硕士论文, 2013: 11-16.

[188] 易丹辉. 数据分析与 Eviews 应用[M]. 中国经济出版社, 2003: 200-460.

[189] 郭纲. 社保基金投资的比例与安全性[J]. 中国软科学, 2001(6).

[190] 王琦. 社保基金境外投资分析[J]. 经济前沿, 2004(8).

[191] 肖华. 社保基金不该轻易涉足股市[J]. 就业与保障, 2012(Z1): 73.

[192] 刘永泽, 唐大鹏. 社保基金偿付能力风险理论分析与实证检验[J]. 审计与经济研究, 2012(3): 56.

[193] 邵怡蓉. 论中国社会保障基金的保值增值[D]. 上海交通大学硕士论文, 2007: 11-13.

[194] 郭悦红, 齐莉丽. 基于VaR的社保基金投资组合风险预测研究[J]. 天津工程师范学院学报, 2009(19): 63-65.

[195] 高鹏, 梁海明. 社保基金在证券市场的风险衡量及统计检验[J]. 河北金融 金融监管, 2010(8): 43.

[196] 裴宏波. 社保基金入市对公司治理效率的改进[J]. 经济师, 2003(5): 93-95.

[197] 孙一帆. 我国社保基金筹资的弊端分析及出路建议[J]. 商业会计, 2012(06): 107.

[198] 张良. 统一延迟退休的利弊分析[J]. 知识经济, 2013(2).

[199] 陈煜. 延迟退休的利弊思考以及政策建议[J]. 时代金融, 2013(2).

[200] 李茹兰, 吴玉梅. 基于RAROC模型的社保基金增值效率分析[J]. 山东财政学院学报, 2012(3): 68-70.

[201] 彭玲. 浅谈社保基金的监督管理[J]. 经济管理者, 2013(31): 274.

[202] 姜金蝉. 中国证券市场社保基金的行为和监管[J]. 时代金融, 2012(03): 45.

[203] 黄国平, 贺芳. 我国社保基金投资渠道分析[J]. 保险与金融, 2008(1): 39.

[204] 李俊强, 胡继成. 基于GARCH-VaR模型对社保投资风险的度量[J]. 金融教学与研究, 2010(2): 63-64.

[205] 肖倩. 论社保基金入市后的风险管理[J]. 科技进步与对策, 2003(9): 66-68.

[206] 陈晓莉, 樊庆红. 香港人民币债券发行的公告效应及其影响因素分析[J]. 国际金融研究, 2012(4): 42-52.

[207] 付雷鸣, 万迪昉, 张雅慧. 中国上市公司公司债发行公告效应的实证研究[J]. 金融研究, 2010(3): 130-143.

[208] 付雷鸣,万迪昉,张雅慧.融资有序理论新证:公司债、可转债和增发股票宣告效应的比较分析[J].金融评论,2011(1):101-114.

[209] 胡乃武,阎衍,张海峰.增发融资的股价效应与市场前景[J].金融研究,2002(5):32-38.

[210] 刘成彦,王其文.中国上市公司可转换债券发行的公告效应研究[J].经济研究,2005(4):99-108.

[211] 刘娥平.中国上市公司可转换债券发行公告财富效应的实证研究[J].金融研究,2005(7):45-56.

[212] 刘力,王汀汀,王震.中国A股上市公司增发公告的负价格效应及其二元股权结构解释[J].金融研究,2003(8):60-71.

[213] 刘舒娜,陈收,徐颖文.可转换债券发行动因及股价效应研究[J].金融研究,2006(1):62-69.

[214] 罗毅,王国盛,张宗成.中国市场可转债宣告效应的实证研究[J].华东经济管理,2006(1):142-146.

[215] 潘晓洁.基于条款设计的可转换债券融资对股价影响的实证研究[D].浙江大学硕士论文,2006.

[216] 宋晓梅.股权分置后可转换债券对股价影响的实证研究[J].生产力研究,2009(18):96-98.

[217] 唐孥,苑倩.我国上市公司发行可转债对公司价值影响的实证分析[J].金融经济(理论版),2010(5):126-127.

[218] 田柯,劳兰.我国上市公司可转换债券发行的财富效应研究[J].上海管理科学,2004(6):9-11.

[219] 王慧煌,夏新平.发行可转换债券对公司股票价格影响的实证研究[J].中南民族大学学报(自然科学版),2004(23):106-109.

[220] 徐子尧.我国上市公司可转换债券融资动机研究—基于融资成本的分析[J].经济与管理研究,2009(2):25-29.

[221] 杨伟.我国上市公司可转债发行的公告效应研究[J].会计之友,2010(8):71-74.

[222] 杨如彦,魏刚,刘孝红.可转换债券及绩效评价[M].北京:中国人民大学出版社,2002:215-228.

[223] 尹韵,费方域.可转换债券市场价格与其基准股票市盈率关系初探[J].上海管理科学,2005(1):16-17.

[224] 袁显平.可转换债券融资相关事件的股价效应研究[J].管理评论,2009(4):17-24.

[225] 张鸣.可转换债券顶级理论与案例研究[J].上海财经大学学报,2001(10):

29-35.

［226］张雪芳.我国可转换债券的发行预案公告效应[J].财贸经济,2008(6):37-41.

［227］郑振龙,康朝锋.可转换债券时间价值的理论与实证分析[J].厦门大学学报(哲学社会科学报),2006(1):110-117.

后　记

本书是"China Knowledge：金融与管理系列丛书"中的一本。该系列丛书由编辑组成员合作完成，法国SKEMA商学院（SKEMA BUSINESS SCHOOL）苏州分校前校长李志森教授主编，编辑组成员由陈作章（副主编，总编）、于宝山（副主编）、胡怡彤（副主编）、陈奕君、戴子一、邹佳琪、史佳铭等组成。

本书共九章，第一章由宝山和陈作章撰写，第二章由徐敏纬和于宝山撰写，第三章由郭佳琪、杨栋和于宝山撰写，第四章由唐豪和陈作章撰写，第五章由杜康华和邹嘉琪撰写，第六章由熊巍和陈作章撰写，第七章由沈雅婧和胡怡彤撰写，第八章由吴亿嘉和胡怡彤撰写，第九章由战丽媛和胡怡彤撰写。在本书研讨与撰写过程中，得到苏州大学商学院、苏州大学出版社有关领导与专家的支持和帮助，在此一并表示感谢！

本书研究中国特色社会主义市场经济发展中金融机构业务创新与金融市场监管问题，以理论联系实际、实事求是的研究态度，透过现象看本质的指导思想，问题导向的研究思路，针对中国金融发展的实际问题深入研究，因此，该研究成果具有较高的理论参考和实际应用价值。本书可作为中外金融机构高管、中外高等院校教师、研究生和MBA学员等学习与研究的参考资料。

本书研究的重点围绕金融机构业务创新与金融市场监管问题进行案例研究，由于著者研究水平有限，书中难免存在疏漏和错误之处，恳请各位专家和学者批评指正。

附：

关于中盛

中盛集团致力于为全世界投资者提供中国市场的商业资讯、投资咨询以及其他相关产品的服务。中盛集新闻、出版、在线、传媒、研究和咨询服务于一体，为在中国投资的海外客户提供一站式服务。同时，中盛也为中国国内的客户提供产品和服务，帮助中国政府机构和企业在海外扩大影响及开拓国际市场。

中盛独有的商业模式以及具有强大优势的产品集合，不仅满足了客户对基本投资信息的需要，更在错综复杂的执行层面上为投资者提供服务。

专业出版

中盛出版致力于为全球的投资者、银行家、专家学者等提供高质量、有深度的专业出版物。在经常性的市场调研和对客户深入了解的基础上，中盛在世界上首次推出了一系列以行业划分的专业商务指南。这些出版物在形式和内容上的创新，为中盛赢得了广泛赞誉。

中盛出版依托其母公司新加坡中盛集团，将出版物发行到四大洲，40多个国家。

市场调研

中盛集团的行业研究处于国际领先水平，为有意投资中国市场的投资者提供深入、广泛的行业信息。中盛的研究咨询服务始终保持着全面、高品质的优势。

时至今日，中盛的研究领域已经扩大到中国的40多个行业。散布于中国众多城市的高素质的研究团队，始终为客户提供高品质的研究服务，在各种投资项目中扮演着重要角色。

中盛的研究报告也可以通过汤姆森咨询（Thomson Corporation）、彭博通讯社（Bloomberg）、路透社（Reuters）或众多在线分销商获得。

新闻专线

中盛新闻提供及时、深入报道中国经济的付费新闻服务。中盛新闻通过众多平台发布，覆盖了平面媒体、电台、电视台以及网络等媒体的广大受众。众多全球知名的资讯提供商都在使用中盛新闻来丰富其信息资源。

近几年，世界上众多大型的传媒机构、新闻提供商以及研究机构纷纷采用中盛的新闻。例如彭博社（Bloomberg）、道琼斯路透资讯（Factiva）、律商联讯（Lexis Nexis）、汤姆森资讯、FactSet以及欧洲货币的ISI新兴市场、香港贸发局等。

中盛针对中国重大的经济和金融事件发表独特、深入的评论，受到传媒业内人士、客户和读者的好评。每天，中盛的新闻和评论都能及时到达追求高质量报道的读者手中。

咨询服务

中盛咨询致力于为在中国市场的外国投资者提供全方位、有深度的投资咨询服务；同时也为中国政府和企业提供投资海外的咨询服务。

中盛咨询之所以能帮助客户在较短时间内解决投资过程中遇到的各种复杂问题，并得到他们的信任，在于它对中国的行业发展有着深入的研究，并了解外商在中国投资的程序和具体事宜。中盛的业务已经扩大到中国的众多省份。几年来，中盛咨询以财经顾问的身份参与了众多大中型投资项目，为这些项目的实施提出了大量有价值的建议。

中盛咨询的团队成员敬业乐业、充满激情，深受客户的信任，并随时准备迎接新的挑战，为客户创造更大的价值。

Appendix:

About China Knowledge

China Knowledge is in the business of providing business solutions and products on China. Within the Group, we have publishing, newswires, research, online and a wide range of consulting services offer to foreign businesses seeking opportunities in China. Our products and services also serve domestic clients which include governments, ministries, state-owned and private enterprises seeking to market to the global markets.

Our business model is unique and powerful as it seeks to fulfill the most basic informational needs to complex execution services.

Professional Publishing

China Knowledge Press is a leading provider of high-quality and in-depth contents to professional, investors, bankers and academia worldwide. We constantly research the markets to understand the needs of our clients. As a pioneer in publishing some of trendsetter guidebooks have earned us the reputation of being the first in numerous industries and sectors.

Since its inception into China Knowledge Group, the products have reached out to more than 40 countries across 4 continents.

Market Research

Our research reports pioneer in publishing some of the world's first industry intelligence. We seek to deliver in-depth and objective information, and offer services to global businesses seeking opportunities in China, and pride ourselves on maintaining the highest standards of quality and integrity in our research and consulting service.

Today, our research capability covers more than 40 industries across China. Our teams of research analysts based in numerous Chinese cities are highly qualified and excel in providing the highest quality business intelligence that is business practical. The analysts are often engaged in collaborative consulting relationships with our clients to make executable strategies in meeting business and financial objectives.

The contents are also available in Thomson Corporation, Bloomberg, Reuters and many other online resellers.

Newswires

China Knowledge Newswires is a premium brand on quality, in-depth and timely news covering China. Our newswires is featured on a variety of platforms and reaches an extensive audience on print, radio, TV and the Internet. The global content providers and news aggregators have been relying on our news to enhance their content and extend their sources.

Over the years, the world's largest media groups, news providers and research vendors use our newswires to add to their product lines. For example, China Knowledge's newswires is resold in Dow Jones & Company's Factiva, Lexis Nexis, FactSet, Thomson Corporation's Dialog, ThomsonOne, Euromoney's ISI and many other similar businesses are negotiating for our newswires.

Consulting

China Knowledge Consulting has been the most dynamic and complete in terms of consulting services to foreign companies seeking business opportunities in China. On the outward, we offer the most complete services to local Chinese government departments and companies in pitching their services to overseas businesses.

We have become a trusted name in executing complex tasks required by our clients in many parts of leveraging on our extensive operations. We have unparallel depth of both functional and industry expertise as well as breath of geographical reaches in China. Over the years, our consulting has evolved into one that adds tremendous values in areas of financial advisory services capable of executing mid to large size transactions.

At heart, we are a big family who are passionate about taking immense challenges that create values and trusted relationship with our clients.